# 寓言新話

朱培庚編著

文史哲出版社印行

# 寓言新話　卷頭語

一、甚麼叫「寓言」？《商務辭源》說：「有所寄託之言也」。《三民大辭典》說：「有所寄託或比喻的語文」。《中華辭海》說：「語文有寄託之意者也，《莊子》書中有『寓言』專章」。《上海通用漢語詞典》說：「用比喻的手法說明道理，帶有諷刺的意義，如柳宗元的『黔之驢』」。本書各篇，均合於上述定義。

二、甚麼叫「新話」？原本是艱澀的舊文言，轉譯成淺顯的「新」語體，這是其一。篇後引伸文意，抒發一些題內題外的雜「話」，請大家參考，這是其二。

三、空是空虛無物，蒙是蒙昧不明。「空蒙子」者，是心中跑野馬，筆下爬蝸牛之鴂舌俚人也。喋喋呷呷，贅附貂尾。低矮兩格，表示不敢與正文同齊，拋磚請益也。

四、本書取材廣泛，多以趣味化、隱喻化之問答對談來比擬人生，期有啓發作用。

五、原文是根，引附於篇後，請對照參看，可驗證是否杜撰？唯偶爾使文意連貫而將語譯略作鋪陳，似亦有其必要也。原文除正文外，尚旁引有關的附文，以增廣視界。

六、現今工商社會，時間珍貴，長篇閱來疲累，不受歡迎，崇尚輕短精薄。故本書原文都未逾五百字。凡超過者，雖佳亦割愛不取。

七、本書每篇獨立，可任意跳選欣賞，讀來沒有負擔。

八、如果特意要欣賞某位喜愛人物，可自書後的人名索引中查出篇章。

九、編者譾陋，輯譯欠周，敬請方家教正！

中華民國九十年（二〇〇一）**朱培庚**識於台北

# 寓言新話　目錄

## 識見第一



## 俠技第二

## 仙鬼第三



## 諷諧第四



## 因果第五

怪誕第六



貪狨第七

## 智愚第八



## 喻意第九

# 寓言新話

## 識見第一

### 一　鯤化鵬飛

北方極遠之處，有個北海。北海之中，有一條神魚，名叫鯤魚。鯤魚身軀之廣，不知道有幾千里的巨大呀！忽地裡，牠變化成一隻神鳥，名叫鵬鳥。僅只量一量牠的背部，就不知道有幾千里的寬闊呀！當牠奮起高翔時，翅膀伸展開來，就好像撐掛在天邊的一片錦雲一般。這隻大鵬鳥，當海上勁風迅起運行時，便要乘風遷徙到南海去了。

當牠遠赴南海起飛之初，海水被強力的翅膀拍擊，怒濤洶湧，浪頭高達三千里。然後牠隨著雲氣上升，扶搖盤旋，直沖霄漢，飆飛進入九萬里的高空。南海雖遙，一飛即達，牠會在那裡暫作六個月的停留憩息（郭象曰：莊子之意，無為而自得也）。

小蟬兒和小鳩鳥看到大鵬遠距離高空飛行，互相譏笑道：「我們跳一跳也能飛起來，完全不必要靠風的幫助嘛。飛起之後，有時碰到榆樹枋樹就停止算了，有時則因力氣不夠，飛不太高，那也不過是投落到地上而已，這也讓我們很滿足了呀！何必一定要奮力高翔到九萬里，向那遙遠的南方飛去幹甚麼呢？」

【空蒙子曰】：鯤化天池，鵬程萬里，都出自《莊子》。這本書洸洋自恣，神味雋永，詞旨淵懿。寓意深遠，我們很不容易體會出它的奧祕。為這書作注解的，不下百數十家，十分浩瀚。本文摘自第一篇《逍遙遊》。意思是：「逍遙」自在，超脫於萬物之外，配合自然之理，上與天地造物者同「遊」。而這一篇的本旨，是說明眼光有大小之別，境界有高低之分，而淺陋者常常不克自知。鯤鵬氣勢磅礴，志趣遠大。蜩鳩卻是小格局，短視。因蜩鳩習於故常，久了就安於現狀，還認為自得、滿意，反而譏笑鯤鵬，不知自愧。我們在旁觀察比較之餘，是不是會有若干啟發？

【原文引參】：北冥有魚，其名爲鯤；鯤之大，不知其幾千里也。化而爲鳥，其名爲鵬；鵬之背，不知其幾千里也。怒而飛，其翼若垂天之雲。是鳥也，海運則將徙於南冥。鵬之徙於南冥也，水擊三千里，摶扶搖而上者九萬里，去以六月息者也。蜩與鷽鳩笑之曰：我決起而飛，槍（碰撞）楡枋，時則不至，而控於地而已矣，奚以九萬里而南爲？（戰國、莊周：《莊子》、逍遙遊）

【另文附錄】：窮髮之北，有冥海者，天池也。有魚焉，其廣數千里，未有知其修者，其名爲鯤。有鳥焉，其名爲鵬，背若泰山，翼若垂天之雲，摶扶搖羊角而上者九萬里。絕雲氣，負青天，然後圖南，且適南冥也。斥鴳笑之曰：彼且奚適也？我騰躍而上，不過數仞而下，翱翔蓬蒿之間，此亦飛之至也，而彼且奚適也？（戰國、莊周：《莊子》、逍遙遊）

# 二　古人糟粕

我們讀書，是從書本中透過文字，來吸取前人思想中的精髓，變成我們的營養。但老木匠輪扁卻認爲書本中的文字，都僅是前人智慧的糟粕。

春秋時代，五霸之首的齊桓公（他九合諸侯，尊王攘夷）在皇宮殿堂上讀書。有個叫輪扁（《韓詩外傳》稱為倫扁）的木工老師傅，同時在堂廡下做車輪子。

輪扁見齊桓公讀書很專注，頗爲好奇，就放下刀錐斧鑿，走上殿堂，問道：「請問君王你讀的是甚麼書呢？」

齊桓公說：「是聖人講的話呀。」

輪扁道：「這聖人今天還在不在呢？」

齊桓公說：「聖人早就已經死了，如今不在了。」

輪扁道：「如此看來，君王你讀的書，不過是古人留下來的渣滓而已。」

齊桓公怒道：「我身爲國君，正在讀聖人之書，何等莊嚴恭敬。你這個木匠，不識之無，竟敢妄肆評議，侮辱古人，這還了得？若有解釋，倒還罷了；若無解釋，我要判你死罪！」

輪扁答道：「我嘛，只是憑我的木工經驗來推想罷了。當我做車輪時，如果太鬆了，就裝不牢穩。如果太緊了，又套不進去。必要不緊不鬆，才會恰到好處。這是全靠經驗才能體會出來的。我得之於手，而應之於心。我嘴裡說不出來，但心中自有拿揑。這些奧妙的巧處，我不能明白地用語言講給我兒子聽，我兒子也沒法單單從我的口述中學得來。所以我快要七十歲了，仍然只能做個製車輪的老木匠而已。依此推想，那些古代的聖人，他們擁有的高明玄妙的思想，諒必也很難用語言文字留傳下來。那些奧祕的精髓不但口頭講不透徹，也是文字寫不完美的。這些都已隨同他們的身體一齊死亡了。君王你現在讀的聖人之書，只不過是古人留下的糟粕而已呀！」

【空蒙子曰】：《易經繫辭上傳》：子曰：「書不盡言，言不盡意」。注釋說：「言之所傳者淺，象（徵兆）之所示者深」。《莊子天道篇》說：「世之所貴者、書也，書不過語。語之所貴者、意也，意有所隨。意之所隨者，不可以言傳也」。《舊唐書卷一百九十一》許胤宗說：「意之所解，口莫能宣，其深趣不可言傳焉」。申言之：「思想」是翻騰澎湃，起伏萬端，每時每刻都像電光火石般瞬息萬變的。而「文字」卻是死板板的，詞句有其侷限，實在無法確切地表現出思想的全部。說不定墨瀋未乾，思想又起了改變，已出手的文字卻來不及修正補充了。請看：孔子說「仁」，《論語》裡記下了四十七種解釋，誰敢誇口能經由這些文字領悟到「仁」的確切完整的定義了呢？又請聽：當年佛祖說「法」，只見摩訶迦葉拈花微笑，獨得真傳，誰又能用文字恰切地寫出那「微笑」所領悟的內涵呢？我們不妨坦然說：文字病在呆滯，而思想卻太精微。所以文字不但難以完整正確地描述出思想的精髓，而且也老是跟不上思想的運轉。再說「感覺」吧：譬如我喝了一口水，你沒有喝，你要我用文字說明這水的溫度，我雖寫上千言萬語，還是說不恰切，除非你自己來喝一口。再看那「出師表」「祭妹文」「陳情表」，我們都背過的，文字雖然感人，其表達哪能寫盡諸葛、袁、李內心的摯意？這便是文字的技窮之處。今天我們透過文字，間接去體察古人的思想，能吸收到文字表面意義的幾成呢？即使全部吸收了、懂了，又能領悟到文字背後沒有寫出來的古人固有的思想究有幾成呢？

【原文引參】：桓公讀書於堂上，輪扁斲輪於堂下，釋椎鑿而上，問桓公曰：敢問公之所讀書，何言耶？公曰：聖人之言也。曰：聖人在乎？曰：已死矣。曰：然則君之所讀者，古人之糟魄（同粕）已夫。桓公曰：寡人讀書，輪人安得議乎？有說則可，無說則死。輪扁曰：臣也，以臣之事觀之：斲輪徐，則甘而不固。疾，則苦而不入。不徐不疾，得之於手，而應於心。口不能言，有數存焉於其間，臣不能以喻臣之子，臣之子亦不能受之於臣。是以行年七十而老斲輪。古之人，與其不可傳也、死矣。然則君之所讀者，古人之糟魄已夫。（戰國、莊周：《莊子》、天道）

【另文附錄之一：倫扁問楚成王】：楚成王讀書於殿上，倫扁在下，作而問曰：主君所讀何書也？成王曰：先聖之書。倫扁曰：此先聖王之糟粕耳。成王曰：子何以言之？倫扁曰：以臣輪言之：夫以規爲圓，矩爲方，此其可付乎子孫者也。若夫合三木而爲一，應乎心，動乎體，其不可得而傳者也。則凡所傳，眞糟粕耳。故唐虞之法，可得而考也，其喻人心，不可及矣。詩曰：上天之載，無聲無臭，其孰能及之。（漢、韓嬰：《韓詩外傳》、卷五）

【另文附錄之二：古書未美】：古書雖多，未必盡美。（晉、葛洪：《抱朴子》）

【另文附錄之三：知者不藏書】：王壽負書而行，見徐馮。馮曰：事者爲也，爲生於時，時者無常事。書者言也，言生於知，知者不藏書。今子何獨負之而行？於是王壽因焚其書。故知者不以言談教，慧者不以書藏學。（戰國、韓非：《韓非子》）

【另文附錄之四：不如無書】：盡信書，則不如無書。吾於武成，取二三策而已（武成是古文尚書中的一篇，文曰：武王伐紂，血流漂杵）。仁人無敵於天下，以至仁伐至不仁，而何其血之流杵也？（戰國、孟軻：《孟子》、盡心下）

【另文附錄之五：許胤宗不著書】：柳太后病風，不能言。許胤宗（唐初名醫）曰：口不可下藥，宜以湯氣（藥煮沸產生之蒸氣）薰之。其夜便可言語。或問何不著書？胤宗曰：醫者意也，在人思慮。「意之所解，口莫能宣。」夫脈之深趣，不可以「言傳」也。吾思之久矣，故不欲著書也。（宋、歐陽修：《新唐書》、卷二百〇四、列傳一百二十九。又見：後晉、劉昫：《舊唐書》、卷一百九十一、列傳一百四十一）

# 三 不受寶玉

西周時代，周成王封微子爲宋公，是當時的十二諸侯之一，約在現在的河南省東部，史稱宋國。

宋國有個鄉野農人，在犁地時，從土中翻出一塊寶玉，特意呈獻給執掌國政的司城子罕（司城就是司空，見《左傳》文十六年注）。但子罕辭謝不受。

鄉人說：「這是我鄉下人挖到的寶玉，特來獻給大人，希望相國收下才好呀！」

子罕回答道：「你認爲『玉』乃是珍寶，我則認爲『不受』才是珍寶。」

宋國的長者讚美道：「司城子罕不是沒有珍寶呀，不過他心中所寶的和世俗人的觀念不同罷了。」

【空蒙子曰】：人生在世，很難開口說「不」，這要意志堅強，拒絕誘惑，有定力，能克制，才辦得到。今且借用《呂氏春秋》原書的話來略作說明：如若你拿一百兩黃金與一筐糖果給小孩挑選，小孩必會選糖果。如若你拿一塊和氏之壁與百兩黃金給鄉巴老挑選，鄉巴老必會選黃金。又如你拿和氏之壁與道德之至言珍籍給賢士挑選，賢士必會選書籍。大凡智慮愈精深的，選取必愈精，智慮愈粗淺的，所選必愈淺，以上乃是呂覽的話（參見另文附錄之一）。又《大學・第十章》說：《楚書》曰：「楚國無以為寶，惟善以為寶」。舅犯（晉文公之舅，名狐偃，字子犯，故稱舅犯）曰：「亡人無以為寶，仁親以為寶。」這裡所提示的「善」和「仁親」，都已超越了物質層面，而進入到精神的境界裡去了，觀念昇華之後，理想就高了。為國為民的人，「所寶唯賢」，請體會本篇的真義。

**【原文引參】**：宋之野人，耕而得玉，獻之司城子罕，子罕不受。野人請曰：此野人之寶也，願相國爲之賜而受之也。子罕曰：子以玉爲寶，我以不受爲寶。宋國之長者曰：子罕非無寶也，所寶者異也。（秦、呂不韋：《呂氏春秋》、十二紀、異寶）

**【另文附錄之一：賢者必取至言】**：今以百金與摶黍以示小兒，小兒必取摶黍矣。以和氏之璧與百金以示鄙人，鄙人必取百金矣。以和氏之璧與道德之至言以示賢者，賢者必取至言矣。其智彌精，其所取彌精。其智彌粗，其所取彌粗。（秦、呂不韋：《呂氏春秋》、十二紀、異寶）

**【另文附錄之二：子罕不受玉】**：宋之鄙人，得璞玉，而獻之子罕，子罕不受。鄙人曰：此寶也，宜爲君子器，不宜爲細人用。子罕曰：爾以玉爲寶，我以不受玉爲寶。（戰國、韓非：《韓非子》、喻老）

**【另文附錄之三：公孫儀不受魚】**：公孫儀相魯而嗜魚，人爭買魚獻之，公孫儀不受。其弟曰：子嗜魚而不受者，何也？對曰：夫既受魚，必有下人之色，將枉於法。枉於法，

則免於相。免於相，雖嗜魚其誰給之？無受魚而不免於相，雖不受魚，能長自給魚。（漢、劉安：《淮南子》、道應訓）

【另文附錄之四：公儀休不受魚】：公儀休，爲魯相。客有遺相魚者，相不受。客曰：聞君嗜魚，遺君魚，何故不受也？相曰：以嗜魚，故不受也。今爲相，能自給魚。今受魚而免，誰復給我魚者？吾故不受也。（漢、司馬遷：《史記》、循吏列傳第五十九）

【另文附錄之五：鄭相不受魚】：昔者，有饋魚於鄭相者，鄭相不受。或謂鄭相曰：子嗜魚，何故不受？對曰：吾以嗜魚，故不受魚。受魚失祿，無以食魚。不受得祿，終身食魚。（漢、劉向：《新序》、卷七、節士第七）

## 四　楚弓楚得

楊子說「爲我」（個人為尊），墨子倡「兼愛」（人我平等），莊子願「齊物」（物我齊一）。各有主見，各立門派。若要比較誰家的說法最好呢？這就看各人眼光的遠近，立論的寬嚴，範疇的大小，很難遽下定論。例如下述的寓言，便互有千秋。

楚國有人（另文一說是恭王，另文二說是共王）遺失了珍貴的射箭的弓（另文一說是烏皚之弓，另文三說是繁弱之弓），卻不打算去尋回來。他的理由是：「『楚人丟了，楚人得了』，何必去找？」

孔子聽了，說：「可惜這個說詞還不算宏闊。天下本是一家，何必限於『楚』呢？大可去掉那個『楚』字，只要說『人丟了，人得了』。那不是很好嗎？」

老子聽了，說：「可惜這個說詞還不算廣博。萬物本爲一體，何必限於『人』呢？大可去掉那個『人』字，只要說『丟了，得了』。那樣不是更好嗎？」

【空蒙子曰】：思想有深有淺，觀念有廣有窄，境界也有高有低。因之，有以國家為本位的（楚人丟了，楚人得了）。有以人類為本位的（人丟了，人得了）。也有以萬物為本位的（丟了，得了）。在這篇寓言中，如果去掉「楚」，便打破了國家觀念，世界齊一了（仍是小公）。如果去掉「人」，便打破了人本觀念，物我齊一了（便成大公）。如果將「物」也去掉，那便回歸到宇宙初始時期僅有基本元素的混沌境界中去了（終爲至公）。試看我國兩千兩百多年前的先哲們（呂不韋死於公元前二三五年），寫下了簡短的幾句話留傳下來（古文無標點，原文只四十五字，另文一只三十一字，另文二只五十四字，另文三只七十四字），卻蘊藏了這個高深而幽邃的哲理，讓我們來思考，我們應怎樣來交待這個問題呢？

**【原文引參】**：荊人有遺弓者，而不肯索。曰：荊人遺之，荊人得之，又何索焉？孔子聞之曰：去其荊而可矣。老聃聞之曰：去其人而可矣。（秦、呂不韋：《呂氏春秋》、十二紀、貴公）

**【另文附錄之一：恭王亡弓】**：楚恭王出遊，亡烏嵦之弓。左右請求之。王曰：已之，楚王失弓，楚人得之，又何求之？（魏、王肅：《孔子家語》、好生）

**【另文附錄之二：共王遺弓】**：楚共王出獵，而遺其弓。左右請求之。共王曰：止。楚人遺弓，楚人得之，又何求焉。仲尼聞之曰：惜乎其不大，亦曰：人遺弓，人得之而已，何必楚也。（漢、劉向：《說苑》、卷十四、至公）

**【另文附錄之三：楚王喪弓】**：龍聞楚王張繁弱之弓，載忘歸之矢，以射蛟兕於雲夢

之圃，而喪其弓。左右請求之。王曰：止、楚人遺弓，楚人得之，又何求乎？仲尼聞之曰：楚王仁義而未遂也。亦曰：人亡弓，人得之而已，何必楚哉？（戰國、公孫龍：《公孫龍子》、卷上、跡府第一）

弓圖

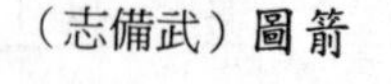

箭圖（武備志）

**【另文附錄之四：夏后氏有弓名繁弱】**：夏后氏有良弓，名繁弱，其矢亦良，即繁弱箭服也。（漢、司馬遷：《史記》、卷一百十七、司馬相如傳、索隱）

**【另文附錄之五：黃帝烏號之弓】**：黃帝之治天下也，百神出而受職於明堂之庭。帝乃采銅，作大爐，鑄神鼎。鼎成，群龍下迎，乘彼白雲，至於帝鄉。群小臣不得上，攀龍之鬚，力顫而絕，帝之弓墮焉。百姓奉之以長號，名之曰烏號之弓。（春秋、程本：《子華子》）

# 五　兩兒辯太陽

春秋時代，孔子（公元前五五一—前四七九，明世宗嘉靖九年尊為至聖先師）到東方去遊歷。東方是太陽升起的方位，是觀賞日出的正向。他在半途中，見到兩個小孩在辯論，各不相讓，就暫停前進，問爲甚麼爭執？

小孩甲說：「我認爲太陽在初升時離我們最近，而日中當午時離我們最遠。」

小孩乙說：「我認爲太陽在初升時離我們最遠，而日中當午時離我們最近。」

小孩甲說：「太陽初升時，大到有如車輪，等到日中當午時，小得好像盤盂。這不是看來小的距離遠，而看來大的距離近嗎？」

小孩乙說：「太陽初升時，溫度清清涼涼，等到日中當午時，溫度灼灼炎炎。這不是證明感覺熱時的距離近，而感覺涼時的距離遠嗎？」

孔子聽了，一時也不知如何決斷。

兩個小孩笑道：「你不是飽學嗎？你都不能斷定，誰說你是位多智的聖者呢？」

【空蒙子曰】：這是一篇看來淺近卻耐人深思的寓言。由此可以窺知我國古代賢哲的思想是如何的高妙。所揭示的現象，似乎很難解答，這就是它的了不起之處。若以現代的科學眼光來看，這似是屬於物理學的範疇。甲童乃是從距離的遠近，亦即以視角(visual angle)的大小來推斷。乙童乃是從溫度的高低，亦即以熱幅射(thermal radiation)的強弱來推斷。這是兩種不同的領域，不可以擺在一起來比較的。列子是戰國時代的人，距今兩千三百年了。那時紙還沒有發明（蔡倫造紙是東漢時事），列子竟能把這種天文物理學與天體光度學的思維以寓言方式寫出了這篇趣談，雖然是虛構，但流傳至今，仍可作為談助，何其高也？從知我國自古到今，有許多美善的寓言，有待我們去發掘，提供大家來鑑賞，並盼能見賢思齊，發揚光大。惜乎編者拙陋，未能將諸般妙諦充分表達為愧耳。有道是：「寓」意求深廣，「言」行鑑古今；

「新」聲尋美善，「話」匣愧空蒙。

【原文引參】：孔子東遊，見兩小兒辯鬥，問其故。甲兒曰：我以日始出時去人近，而日中時遠也。乙兒曰：我以日初出遠，而日中時近也。甲兒曰：日初出，大如車輪，及日中，則小如盤盂，此不爲遠者小而近者大乎？乙兒曰：日初出，滄滄涼涼。及其日中，如探湯，此不爲近者熱而遠者涼乎？孔子不能決也。兩小兒笑曰：孰謂汝多智乎？（戰國、列禦寇：《列子》、湯問篇）

【另文附錄】：晉明帝，幼而聰，爲晉元帝所寵。年數歲，嘗坐置元帝膝前，適長安使來，因問明帝曰：日與長安孰近？對曰：長安近，不聞人從日邊來，可知也。明日，宴群僚，又問之，對曰：日近。元帝失色，曰：何乃異乎？對曰：舉頭見日，不見長安。

（唐、房玄齡：《晉書》、卷六、帝紀第六）

【寓言】的定義：

◇中華《最新增訂本辭海》：「言文有寄託之意者曰寓言。」

◇商務《重編國語辭典》：「以淺近假託事物表達抽象觀念的文字。」

◇商務《辭源》：「有所寄託之言也。」

◇三民《大辭典》：「有所寄託或比喻的語文。」

◇遠流《台灣話大辭典》：「有所寄意的文章。」

◇敦理《國台雙語辭典》：「用假託的故事來闡明某項觀念，通常有諷刺性質。」

◇台笠《普通話閩南語辭典》：「有所寄託的話，用假設的故事說明某項道理。」

◇上海《簡體字・通用漢語詞典》：「用比喻的手法說明道理，帶有諷刺意義。」

◇正中《中國古典文學辭典》：「寓言是有所寄託意在言外之故事以發人深省。」

◇百科《當代國語大辭典》：「寓言就是擬人化，表現諷刺及教訓的一種比喻。」

◇智燕《中國文學史料術語大辭典》：「寓言是是影射的文學作品，有諷世之功。」

◇商務《教育大辭典》：「寓言者，譬喻式的敘事也，其事不必真。」

◇大陸《簡體字・辭源》：「有所寄託或比喻之言。」

# 六　渴者飲於海

春秋時代，曾經是五霸之一的晉國，出現了一位當權的大夫趙簡子（晉卿趙鞅，卒謚簡，故叫趙簡子）。有一天，他請教孔子的學生子貢（姓端木，名賜，字子貢。元前五二〇—前四五六）說：「孔子是魯國聖人，他的人品學養怎樣？」

子貢答道：「我還不太了解哩。」

趙簡子以爲子貢有意敷衍搪塞，不很高興，質問說：「孔子是你的老師，你跟隨他幾十年，直到學業有成才離開。今天我問你，你卻說還不太了解，怎麼會有這種答案？」

子貢解釋道：「我投入孔子師門，爲的是追求學問。這好比我口渴了，到長江江畔或大海海邊去喝口水，喝夠了就心滿意足了。孔夫子就好比長江大海，我哪能知道那江海究竟有多深多廣呢？」

趙簡子沉吟了一會，回道：「比喻很對，你端木先生的這番話也滿有道理的。」

【空蒙子曰】：學海無涯。大科學家牛頓說：「科學之海浩瀚，我只是在海灘上拾到幾片貝殼而已；那大海中的寶藏有多少，誰知道呢？」這是何等客觀！先師孔子也在《論語・子罕》中說：「吾有知乎哉？無知也。有鄙夫問於我，空空如也。」這是何等謙遜！大寓言家莊子也在《秋水》篇中說：秋天水漲，百水湧入河中，泱泱漭漭，又深又廣，河神大樂，認為天下算他最偉大了。他得意地順流而下，到了大海，只見浩浩茫茫，何處是邊都看不到，於是望洋興歎道：「一個人只懂得百萬分之一的道理，就認為無人比得過自己，這就說的是我呀！」這段寓言，又說得多麼透徹！本篇「渴者飲於海，只求自己小有滿足就夠了」，正與《莊子．逍遙遊》「鷦鷯巢於深林，不過一枝；鼴鼠飲河，不過滿腹」同其意義。進一步說：孔子是老師們的師祖，其聖德仰之彌高，儒道鑽之彌深，不能測也。一般人了解不到，或者不想去了解，就說不過如此。即使了解了一半，或者且誤解了一半，也會說沒啥希奇，借以自高身價，豈不是徒然顯其淺薄嗎（請閱「另文附錄之二」叔孫武叔的心態）？倒是北宋那位妙於翰墨的書畫家米芾（芾音肺，字元章，人稱米顚。一〇五一—一一〇七）說得精準，他有《孔子贊》曰：「孔子孔子，大哉孔子。孔子以前，未有孔子。孔子以後，更無孔子。孔子，大哉孔子。」重覆詠歎，頌讚出孔子的偉大。

【原文引參】：趙簡子問子貢曰：孔子爲人何如？子貢對曰：賜不能識也。簡子不悅。曰：夫子事孔子數十年，終業而去之。寡人問子，子曰不能識，何也？子貢曰：賜譬渴者之飲江海，知足而已。孔子猶江海也，賜則奚足以識之？簡子曰：善哉、子貢之言也。（漢、劉向：《說苑》、卷十一、善說。又見：清、允祿：《子史精華》、卷一二六、言語二、比喻）

【另文附錄之一：夫子宮牆數仞】：叔孫武叔語大夫於朝曰：子貢賢於仲尼。子服景伯以告子貢。子貢曰：譬之宮牆，賜之牆也及肩，闚見室家之好。夫子之牆數仞，不得其門而入，不見宗廟之美，百官之富。得其門者或寡矣，夫子之云，不亦宜乎？（《論語》、子張第十九）

**【另文附錄之二：仲尼日月也】**：叔孫武叔毀仲尼，子貢曰：無以爲也，仲尼不可毀也。他人之賢者，丘陵也，猶可踰也。仲尼、日月也，無得而踰焉。人雖欲自絕，其何傷於日月乎？多見其不知量也。（《論語》、子張第十九）

**【另文附錄之三：夫子不可及也】**：陳子禽謂子貢曰：子爲恭也，仲尼豈賢於子乎？子貢曰：君子一言以爲智，一言以爲不智，言不可不愼也。夫子之不可及也，猶天之不可階而升也。其生也榮，其死也哀，如之何其可及也？（《論語》、子張第十九）

**【另文附錄之四：一累壤增泰山】**：子貢見太宰嚭。嚭問曰：孔子何如？對曰：臣不足以知之。太宰嚭曰：子不知，何以事之？對曰：惟不知，故事之。夫子其猶大山林也，百姓各足其材焉。太宰嚭曰：子增夫子乎？對曰：夫子不可增也。夫賜、其猶一累壤也。以一累壤增泰山，不益其高，且爲不智也。（漢、劉向、《說苑》、卷十一、善說）

**【另文附錄之五：天高不知也】**：齊景公謂子貢曰：子誰師？曰：臣師仲尼。公曰：仲尼賢乎？對曰：賢。公曰：其賢何若？對曰：不知也。公曰：子知其賢而不知奚若，可乎？對曰：今謂天高，無少長愚智皆知之，高幾何？皆曰不知也。是以賜知仲尼之賢，而不知其奚若也。（漢、劉向、《說苑》、卷十一、善說）

指正別人的錯誤，要打蛇打在七寸上。開導別人的思路，要一語驚醒夢中人，此之謂眞知卓見。老謀深算之士，尙且未必能夠看透，小甘羅一言破惑，確然不是凡材。

# 七 甘羅勸服張唐

秦國宰相呂不韋（元前？——前二三五），封文信侯，權大勢大。那時燕國懼怕秦國，把太子送來秦國作人質。呂不韋因請張唐到燕國去，擔任燕相，輔佐兼監督燕王。

張唐推辭說：「我若前去燕國，必須經過趙國（秦國在西，燕在東北，中間隔著趙國和魏國）。我以前曾攻打過趙國，結怨很深。趙國出了賞令，凡是捉到我張唐的，可以領到一百里土地的獎賞。我恐怕不太方便前往罷。」

張唐抗命沒有答應，呂不韋很不高興，不悅之色，掛在臉上，被宰相府裡的一位少年才俊名叫甘羅（甘茂之孫，後來為上卿）的看到了，問道：「相爺今天爲甚麼很不愉快呢？」

呂不韋說：「今天我親自請求張唐去燕國爲相，他卻不肯接受。」

甘羅道：「原來是這樁小事，讓我去說服張唐前往燕國也就是了。」

這甘羅好大的口氣，年紀輕輕，顯然少不更事。呂不韋叱罵他道：「你這小孩子懂得多少？膽敢口出大言！我以宰相之尊，親口請他都不行，你憑甚麼說得動他？」

甘羅道：「從前有位項橐（魯國人，《論衡》稱項託），年方七歲，就做了孔子的老師。如今我已十二歲了，應該讓我試試看，有甚麼好呵叱的呢？」

甘羅去訪見張唐，張唐知道他是呂丞相府的幕客，但蔑視他年少識淺，隨便問道：「孺子有何見教？」

甘羅單刀直入，問張唐道：「你爲秦國立下的功勞，比武安君白起（秦國大將白起，一戰就坑殺趙兵四十萬人），誰個爲高？」

張唐說：「白起南挫強楚，北威燕趙，無戰不勝，無攻不克，立下功勛，不知其數。我的功勞，只怕比不上他的十分之一。」

甘羅再問：「應侯范睢（執行遠交近攻之策，秦王很寵信他）在我秦國當權，他與丞相呂不韋（秦始皇尊他為仲父，權傾內外）比較，誰的權大？」

張唐說：「這個人人都知，范睢雖然有權又當寵，但比呂不韋差多了。」

甘羅解釋道：「你知道嗎？范睢要攻打趙國，白起反對。出城離此地首都咸陽不過七里，范睢就借故把白起絞殺了。你看看：你自承功勞比不上白起，而白起又比不上范睢，那范睢又遠不及呂不韋。可以說：呂不韋是超級老大，你只算是第四級的老么。你與呂不韋之間，相隔了好幾層，低矮了好一大截。你想想：那范睢尚且容不下白起，難道呂不韋會容得下你嗎？呂丞相手操生殺大權，哪裡會饒恕抗命的人呢？他親自來請你，已經是賞給你大面子了，你不肯答應，這是自己找死呀，我不曉得你將在何時何地因何事何故被呂丞相一刀殺掉了！」

張唐恍然大悟，連忙回道：「甘小哥說來有理，眞個是一語驚醒夢中人。就憑你這一場話，我決定前去便了！」

【空蒙子曰】：本篇閱畢，且引四句打油：「幼聰排第一，看事不宜偏，政壇多惡鬥，真假費猜疑。」敬供參酌。第一句幼聰排第一者，前人聰慧例子太多，白居易生六七月能辨之無二字，司馬光五歲能破缸救人，但都是小格局，比不上甘羅對國事權貴勢位強弱的精斷，這是大格局，他幼聰應排第一。第二句看事不宜偏者，張唐只看到局部，耽心趙國要抓他，沒有看到整個政治大環境的全貌，未想到抗命呂不韋必將喪命。看事偏離到危及性命，錯誤可太大了。第三句政壇多惡鬥者，在政治權力圈中，多的是生死之爭，順我者昌，叛我者死，其中存亡禍福，十分險惡。如何在劣境中掙扎，這是投身在權力舞台上打滾者的必修課程。第四句真假費猜疑者，甘羅僅十二歲，在年齡上說，稚氣未除，乳臭方乾而已。在學問上說，是才唸完國民小學的學齡，淺識文字而已。在社會上說，涉世未深，歷練不足，勉可自立而已。憑這菜鳥的觀測、判別、辨解、論斷，很難做到一針見血，但他卻洞察到諸多當權的風雲人物，且能一一比較優劣，評鑑高低，還真是利口鐵斷。由於他一席話，保全了張唐的性命，維繫了呂不韋的威嚴。接著他馬上出使趙國，替張唐開路，又說服趙王割讓五個城邑給秦國，再釋放燕太子丹返燕，並助趙攻燕得了三十城邑。這一連串計謀及功勳，都是由十二歲的甘羅主動，哪來這番能耐，能不懷疑嗎？本篇是摘自《潼山子》，撰者就是甘羅自己，是不是真假混雜，自我吹噓，實實虛虛，不無疑惑。或謂：此事同樣見於《戰國策·秦策》及《史記·甘茂傳》，是否係互相轉抄，也待查證。總之，倘若甘羅十二歲果然如此精透，那他長大之後，不但會建大功立大業成大事，其貢獻更必然會超過任何人而名垂千古（例如統一六國）。今未聞有後續的偉績展現，難道應驗了另一神童孔融十歲時所說的「小時了了，大未必佳」的讖語了嗎？

【原文引參】：文信侯請張唐相燕，張唐辭曰：燕者必徑於趙。趙人得唐者，受百里之地。文信侯不快。甘羅曰：君侯何不快甚也？文信侯曰：今吾自請張卿相燕而不肯行。甘羅曰：臣請行之。文信侯叱曰：去！我自請且不肯行，卿安能行之？甘羅曰：夫項櫜七歲而爲孔子師，今臣十二歲矣，君其試臣，奚遽叱也？甘羅見張唐曰：卿之功孰與武安君？唐曰：不如也。甘羅曰：應侯孰與文信侯專？曰：應侯不如文信專。甘羅曰：應侯欲伐趙，武安君難之。去咸陽七里，絞而殺之。今文信侯自請卿相燕，而卿不肯行，臣不知卿所死之處矣。唐曰：請因孺子行。（戰國、甘羅：《潼山子》、說趙）

# 八 晉師三豕涉河

書本上難免有錯字，不要盲目接受。所以孟子說「盡信書不如無書」（《孟子・盡心下》），這要細心留意才能看出來。讀書時，難免認錯了字，這是做學生的粗心大意之故。如果因此而鬧出笑話，豈不慚愧？本篇引個古例。

孔子的學生子夏（元前五〇七—前四〇〇，姓卜名商字子夏），後人尊他爲孔門十哲之一。他長於文詞，孔子說：「就文學一科而言，優秀的弟子，當推子游和子夏」（見《論語・先進》第二章）。

子夏從魯國（今山東省）前往晉國（今山西省），途中經過衛國（今河南省）時，聽到有人在朗讀《史記》：「晉師三豕涉河（晉國軍隊的三隻豬渡過黃河）。」

子夏說：「這句話錯了，不是『三豕』渡河，應該是『己亥』渡河。這是由於『三』和『己』外貌形似，而『豕』與『亥』也很相近。如果不是這位學生讀錯了字，便是這片竹簡寫錯了字（春秋時代，還無紙筆，醮著漆寫在竹片上，叫簡，簡片連綴起來，叫簡冊，就是古代的書）。

子夏到了晉國，一經查問，果然是「晉師己亥涉河」（晉國大軍，在己亥之日，渡過黃河)。足證文字有時似非而是，有時似是而非。是非正誤之分，不可不弄清楚。這是讀書治學的人所當愼的，今日來說，更是人人該當力求的。

【空蒙子曰】：本篇有兩點提供商榷：第一：文字由於近似而弄錯了，有句成語叫「魯魚亥豕」。亥豕是出自本篇。魯魚是出自《抱朴子遐覽》所說「書三寫，魚成魯，帝成虎」。這或因粗心，將「荼毒」錯寫成「荼毒」，將「壼範」錯寫成「壺範」，將「病入膏肓」錯寫成「病入膏盲」。其次或因檢字打字之不經心，把文字弄錯，校對時務須注意，在重要關鍵處更不可放過。誤植和漏校的實例很多，茲僅舉其一：已故的新聞界鉅子龔德柏與成舍我，於民國十三年，在北京辦世界晚報，正逢奉直軍閥大戰，該報頭版頭條新聞用大字標題刊出「前敵總司令張福來今晨出發」，卻誤將「福」字錯成「禍」字(這兩字形似)，這個禍可闖大了！那時一個總司令，說句話就是法律，一聲怒吼，下令殺人。龔與成趕忙逃出北京，倖免被殺，報社則被查封關門了。因此現在有些重要文書，多商請撰稿人自行校對，以免誤失也。至於第二：本篇係錄自《呂氏春秋》，算是正書，但這一段卻是不對的，何以故？子夏是孔子門人，《史記》則是四百多年之後由漢代司馬遷寫的，春秋時代的子夏，哪會聽得到後來漢代的《史記》？再者、《呂氏春秋》是秦代撰成的，那時司馬遷還未出生，怎麼可能把漢代的《史記》，提早寫進秦代的《呂氏春秋》裡去的？這等於說「宋版康熙字典」一樣的不通。但有人說：《呂氏春秋》中所提的《史記》，不是指司馬遷寫的那一部，而是另有他書，也未可知。但魯魚亥豕的典故，已是寓言式的成語，故可錄供參考。

**【原文引參】**：子夏之晉，過衛。有讀史記者曰：晉師三豕涉河。子夏曰：非也，是己亥也。夫己與三相近，豕與亥相似。至晉而問之，則曰：晉師己亥涉河也。辭多類非而是，類是而非。是非之經，不可不分，此聖人之所愼也。（秦、呂不韋：《呂氏春秋》、卷二十二、愼行論第二、察傳）

**【另文附錄之一：王維魯魚詩】**：「楚詞共許勝揚馬（指揚雄、司馬遷），梵字何人辨魯魚。」（唐、王維：《苑舍人能書梵字，兼達梵音，皆曲盡其妙，戲為之贈》詩句）

**【另文附錄之二：章學誠魚魯豕亥】**：「因取歷朝著錄，略其魚魯豕亥之細，而特以部次條別，考其得失之故，而爲之校讎。」（清、乾隆進士、國子監、章學誠：《校讎通義・序》）

**【另文附錄之三：不同的斷句】**：余聞一學生朗讀論語曰：「民可使由之，不可使知之。」余曰：此語除了上述讀法之外，尚可另行斷句，讀爲「民可，使由之；不可，使知之」，或「民可使，由之；不可使，知之。」斷句不同，意也不同。（清、朱秋雲：《秋暉雲影錄》）

## 九　親目所見不可信

親目所見，假不了。眼見爲信，錯不了。但也不盡然，聖如孔子（至聖先師，元前五五一—元前四七九），也可能有看走眼的時候，發生所見的不眞，所信的有疑之誤。

有一次，孔子帶著學生，周遊列國，由衛國經過陳國蔡國（陳蔡都是小國，在今河南省境內）之間時，當地的住民叫匡人，誤認孔子是他們的仇人陽虎（魯國大夫，別字陽貨，貌似孔子。《史記》說：陽虎曾暴於匡），匡人將孔子和他的學生們圍困了七天。雖然後來誤會消失解圍了，但當時的確受了一場無妄之災，糧食都斷缺了，許多天沒有食物充饑（《論語衛靈公篇》說：孔子在陳絕糧。《孔子家語在厄篇》說：絕糧七日，藜羹不充）。

這天，孔子白天睡個午覺休息。他的學生顏淵（又名顏回。元前五二一—前四九〇）設法弄到少許米粒，臨時架鍋洗甑來煮飯。飯剛煮熟，孔子也初醒了，他從眼縫中窺見顏淵揭開飯甑蓋子察看。過不久，他竟然挑出了一團熱飯，自顧自地先偷吃了。待到飯全好了，便稟告孔子，大家來用餐。

孔子假裝沒有看見顏淵先偷飯吃，洋洋坐起，故意對顏淵說道：「剛才我作了一個夢，夢見我父親來看我。我特地做了潔淨的飯，自己不敢先嚐，正要先盛出來奉獻給尊親，這時你喚醒我了。」

顏淵回稟道：「老師在夢中也守禮，弟子十分敬佩，但有時也不可能完全做到呀！剛才，我做飯時，掀開鍋蓋看看飯熟了沒熟？不巧樑上的塵灰，掉落進飯甑裡，挑出來丟掉實在可惜，我只好把那團飯自己吃下算了。」

孔子這時才明白眞相，他錯怪了顏淵。不禁長吁一口氣，對學生們說道：「我們都相信眼睛看到的（看到顏淵偷飯吃），應當是眞實的吧（偷吃不對）？然而眼睛看到的卻不可信（他是吃掉塵灰）。我們又都相信心中判斷的（判斷顏淵不誠實），應當是正確的吧（不誠是大惡）？然而心中判斷的卻不可靠（不把塵飯奉給老師）。你們這些弟子記住了：要了解一個人的行爲，竟然是如此的不容易呀！」

【空蒙子曰】：我們相信的是眼睛，故有耳聞不如目見、眼見為信的成語。我們對事情也常下判斷，故《莊子》有「目擊（眼睛看到）而道存。」《無量壽經》有「慧眼見真」的話。其實，眼睛不能全信，判斷也會失真。良以世事紛紜，錯綜複雜，要下個評斷頗難，可不要掉以輕心才是。至於本篇故事，容或還可提醒兩事：第一、孔子曾經責備弟子宰予晝寢（睡午覺）的不是，說他「朽木不可雕也。」（見《論語》公冶長）本篇孔子自己晝寢，難免使人懷疑所記不實。第二、孔子以誠施教，他說：「誠之者，人之道也。」（《中庸》）本篇記述孔子假裝作夢，不肯直說窺見顏淵偷飯吃，卻錯怪了顏淵，似乎都乖離了聖道。其故安在？由於本篇是引自《呂氏春秋》，又稱《呂覽》，乃係戰國時代秦國宰相呂不韋的門客眾人雜纂湊成，內容欠純，假託偽造似也難免，將它當作寓言可也。不過，從本篇敘述中，也當獲得一番啟示，那就是：親眼所見之妄，事卻非妄，目不可信也。聖心斷以為疑，事卻非疑，心不足恃也。人固未易知，知人固未易也。

【原文引參】：孔子窮乎陳蔡之間，藜羹不斟，七日不嘗粒。晝寢，顏淵索米得而爨之，幾熟。孔子望見顏淵，攫其甑中而食之。選間，食熟，謁孔子而進食。孔子佯爲不見之。孔子起曰：今者，夢見先君，食潔而後饋。顏淵對曰：不可。嚮者，煤適入甑中，棄食不祥，回攫而飯之。孔子歎曰：所信者目也，而目猶不可信。所恃者心也，而心猶不足恃。弟子記之，知人固不易矣。（戰國、秦、呂不韋：《呂氏春秋》、任數）

# 一〇　一鎚擊碎玉連環

小聰小慧很精敏的人，不一定大智洞明。我們要培養的是立大志、定大計、成大功，創大業的高識。漢代揚雄《法言・吾子》說：「雕蟲末技，壯夫不爲」，良有以也。

戰國時代（公元前四〇三—前二二一），強大的秦國，建國於現今的陝西省；國勢也盛的齊國，立國於現今的山東省。西東對峙爭雄，國力難分高下。

秦昭王（元前三〇六登位）派遣外交特使，訪問齊國，帶著一件珍貴而精巧的玉連環，專程齎送齊王。

那玉連環是用碧玉製成的許多圈環，通常共有九個，諸環連扣，故名九連環。還有一個窄長的圈環貫套九環，成爲一串。必須反覆穿套釋放，才可以一環一環的解脫分開，又可用相反的程序將分開的圈環套回成爲一串，是一種益智兼遊戲的玩樂之具。分合都要運用智慧，還須具有高度的耐性。

特使呈獻禮物，述明來意：「齊國人士，智慧很高，有誰能夠解開這個精巧的玉連環不？」

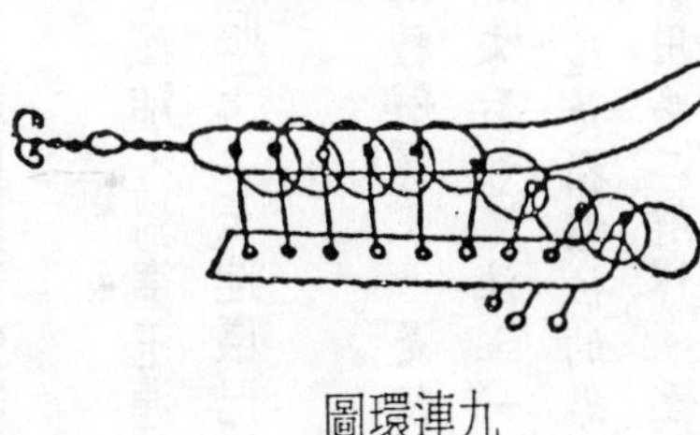

圖環連九

齊王先將玉連環遞傳給兩廂文武朝臣們一一察看，問誰能夠解得？群臣都不知曉，無人可以解開。

玉連環最後仍傳回到齊王的御案上。他凝視一陣之後，拿起一把鐵鎚，對準玉連環，當頭一擊，那串玉圈，應聲而碎。齊王諭告秦使說：「請你回謝秦昭王，玉連環已經解了！」

【空蒙子曰】：原文說玉連環送給齊之「君王后」。君王后有兩種解釋：一是依《禮記曲禮》說：「天子有后」，這是指皇王的嫡妻。另一是依《說文后部》注：「后之言後也（后古通後）。開創之君在先，繼體（嗣位也）之君在後」，這是指繼位的君王。我們查對戰國時代齊國國君的世系表，都沒有女后為王的，故當用第二解釋。至於送環一事，好像近乎戲弄，其真實性頗為有疑，權以寓言視之可也。大凡心緒細密的人，適合這種解環之戲。因為這個連環玩具，可以一個個解開，又可以重行串套回去，說它有益智之功是可以的。猶如前數年的魔術方塊(magic square)風靡一時，同樣都可鍛練思考力。但是、解得了吧，肯定了多少？解不了吧，又否定了多少？小技雖精，非關大用，可不能拿它來斷定成敗的呀！腦力激盪的方法很多，解連環只是百中之一而已。閒暇之餘，拿來消遣自無可厚非，若在朝殿上當正經事來幹，那就不識大體了。再者、這個九連環，只說要解，解的方法並未設限。某些事，若照正規去做，曠時廢日，不可取。不如走捷徑，採快刀斬亂麻之法，一鎚擊碎，不就解了嗎？這種當機立斷的急智，才是處理大事的最佳舉措。

**【原文引參】**：秦昭王遣使遺君王后以玉連環，曰：齊人多智，能解此環不？君王后以示群臣，咸不知解。君王后引鎚擊碎，謝秦使曰：已解矣。（漢、劉向：《戰國策》、卷十三、齊策）

**【另文附錄：亂絲必斬】**：北齊主高洋，內明外晦，衆莫知之。其父高歡獨異之，曰：此兒智慮過人，他日必成吾志。一日，歡欲試諸子之志，使各理亂絲。衆方經治，洋乃引刀斬之，曰：亂者必斬。歡益奇之。（唐、李百藥：《北齊書》、卷四、文宣帝紀）

## 一一　官司勝敗不一定

有個讀書士人，去京城應考，正值長夏大暑天，氣候溽熱，他爲圖個涼爽，便趁著月色，晚上趕路。走累了，便在一座廢棄的荒村古廟階前，暫時坐下休息。正想打個小盹，忽覺廟後有人談話。他一時好奇，就傾耳細聽。晚上清靜，談話入耳清楚。

有一人說：「我正跟鄰居爲爭墳地埋葬而互打官司。你這位師爺歷來精於訴訟，點子很多，請評估一下我的勝算有多少？」

另一人說：「你眞是個不用腦筋的人。雖然你讀書很多，卻還是個書呆子。你以爲打官司一定是勝負分明嗎？沒有這回事。官司勝負無常，輸贏的情況有好多種，我分析給你聽吧：

「第一種情況，可以讓被告獲勝：這只要指責原告說：『被告他不願打官司而你卻挺身打官司，這必是你想侵佔他的土地而主動起訴，惡人先告狀，這動機很明顯呀！』

「第二種情況，可以讓原告獲勝：這只要責問被告說：『原告告你而你不敢反告他，這證明是你理虧，不應該竊佔他的土地。不對的是你，所以才被他告發呀！』

「第三種情況，可以讓後葬的獲勝：這只要怪罪那先葬的說：『你是趁對方還沒有下葬之前，就搶先一步佔了這塊地。他今雖是後葬，一定是他有理，才敢起訴你呀！』

「第四種情況，可以讓先葬的獲勝：這只要質問那後葬的說：『地界原本以前就劃定好了，相安這樣久了。你現在卻才提出訴訟，一定是你無事生非，想佔別人的便宜呀！』

「第五種情況，可以讓有錢的一方獲勝：這只要責怪無錢的說：『你是窮得無聊了吧，才故意要來打官司。你其實是想叫那有錢的富翁厭煩打官司而送一筆錢給你以求息事寧人，你是存心敲詐呀！』

「第六種情況，可以讓無錢的獲勝：這只要挑剔有錢的說：『你一定是財大氣粗，爲富不仁，兼且貪心不足，金錢要愈滾愈多，土地要愈佔愈大，用財勢來壓服窮人，好逼他就範呀！』

「第七種情況，可以讓強勢的一方獲勝：這只要追究弱小的說：『你是想利用社會上大家欲打擊豪強幫助弱小的正義傳統，以爲大衆知道你居於弱勢地位而錯誤的申援你，妄想會獲得同情呀！』

「第八種情況，可以讓弱小的獲勝：這只要逼問強大的一方說：『天下只有強的欺負弱的，沒有弱的敢於反抗強的。如果不是弱小的他眞的受了冤屈，他哪有膽子敢冒險向你這強人爭是非？他一定是不得已而且理由充足呀！』

「第九種情況，可以讓雙方都贏：這只要宣判說：『你們都沒有土地文契，也沒有登記憑證，既然誰也不願認輸，今由本人行使國家的公權力，裁定你倆從中央平分，兩方都該息爭了事呀！』

「最後第十種情況最壞，可以讓雙方都輸：這只要宣判說：『屬於人的土地都有疆界，但屬於鬼的土地哪有界線？除了棺木本身所佔的面積之外，其餘都不是死人所應保有的。今茲由法庭裁定：棺柩以外的土地，都非你們任何一方所有，一律作爲閒田，收爲公有。本案就判結了呀！』

「我分析的以上十種情況，請你想一想：都有理由堅持（言之成理），也都有理由翻案（都可駁倒），勝乎敗乎？輸贏哪有定數呢？」

兩人交談到這裡，就停了，不明去向。廟前趕路的士子，懷疑可能是兩鬼對談，回味起來，覺得這位回答的師爺，眞是個精於打官司而且經驗豐富的老訟棍呀！

【空蒙子曰】：《說文・注》解釋：「爭財曰訟，爭罪曰獄」。由於法律太複雜，普通人多半搞不懂，常要請專家代辦。這種代辦訴訟的人，往昔叫訟師，現今叫律師。我國最早的律師，恐怕要算春秋時代鄭國的鄧析（元前五四五—前五〇一），與鄭國宰相子產同時，距今兩千五百多年了。漢代劉向說他能「操兩可之說，設無窮之詞」，使社會大亂（見本書第八〇篇）。中國人能忍讓，怕打官司（訟則終凶），律師為生存，要搶生意。美國人注重個人利益，律師太多，為生存也要搶生意。因而五花八門的歪事不少，甚至有包攬訴訟，簽下契約，打輸了一文不要，打贏了取百分之七十五的事例。至於法官斷案，有所謂「自由心證」，即憑他個人主觀的看法，憑藉想像的判斷來認定有罪無罪，以致有一審判重刑而二審判無罪的實例。由此觀之，勝敗輸贏，真是難以測度的了。

【原文引參】：有書生赴試，長夏溽暑，趁月夜行，倦投一廢寺之前小憩。聞有人聲，一人曰：頃與鄰家爭墳地，互訟，先生老於幕府，請揣勝負。另一人曰：汝眞書癡，勝負烏有常耶？此事、可使後訟者勝：詰先訟者曰：彼不訟而爾訟，是爾侵彼也。也可使先訟者勝：詰後訟者曰：彼訟而爾不訟，是爾先侵彼，知理曲也。也可使後至者勝：詰先至者曰：爾趁其未來，早佔之也。也可使先至者勝：詰後至者曰：久定之界，爾忽翻訟，是爾無故生釁也。也可使富者勝：詰貧者曰：爾貧無賴，欲使彼畏訟賂爾耳。也可使貧者勝：詰富者曰：爾爲富不仁，兼併不已，欲以財勢壓彼乎？也可使強者勝，詰弱者曰：人情抑強而扶弱，爾欲以切身之痛而聳聽乎？也可使弱者勝：詰強者曰：天下有強凌弱，無弱凌強，彼若非眞枉，不敢嬰爾鋒也。也可以使兩者勝：曰：無券無證，中分以息訟。也可使兩敗：曰：人有阡陌，鬼寧有疆畔？一棺之外，非爾所有，讓爲閒田可也。以此觀之，烏有常乎？語迄遂絕，眞老於幕府者也。（清、紀曉嵐：《閱微草堂筆記》、卷十八、姑妄聽之四）

## 一二　風波亭下水滔滔

岳飛，字鵬舉（謚武穆，追封鄂王），湯陰人。宋徽宗崇寧二年生，高宗紹興十一年遇害（公元一一〇三—一一四二），死時年僅三十九歲。

宋代國勢欠強，北方金兵攻入首都汴京（今河南開封），擄徽宗欽宗北去。高宗南渡，建都臨安（今杭州）。此時宰相秦檜（一〇九〇—一一五五）主和，岳飛主戰。他統率岳家軍，在郾城破了金兀朮的拐子馬，進軍朱仙鎮大捷，距北宋首都汴京只剩四十華里。方期痛飲黃龍，豈知秦檜連傳十二道金牌（御前發下，急腳快遞，日行五百里，牌上朱漆金字聖諭），旨令班師。

岳飛不得已，只好罷兵回京。他率領部隊南歸，途經江蘇鎮江的金山寺時，寺中方丈道月禪師，勸他不要回去晉見皇上，岳飛沒有接納這番忠告。道月眼見無法攔阻，只好贈詩一首，曰：

風波亭下水滔滔　千萬堅心把舵牢
祇恐同行人意歹　將身推落在深濤

岳飛讀了這首詩，雖然心有所疑，但還不太能領略其中的禪意。及至到了首都臨安，秦檜逮他下獄，地點就在杭州市小東橋的風波亭（一說風波亭在獄署內），岳飛才悟出當初道月禪師贈詩的寓意。他自忖道：悔不該未聽禪師的話，如果當時就歸隱山林，甚至出家，那該多好。

秦檜眼線廣佈，竟然知悉道月禪師贈詩岳飛的事，有心弄死道月。他指派軍士何立，前往拘捕。何立北上來到金山寺，只見道月禪師正在大殿上對全體信衆，宣揚佛法。何立只好暫且在殿中守候，打算散場時就動手。

道月禪師說法，告一段落時，話鋒一轉，宣示道：「今天正逢吉日，將有要事發生，你們有幸同作見證，也當是德慧雙修所致。我今唸唱一偈，你們記住，作爲我的交待：

吾年四十九　是非日日有　（出家人關心國事）
不為自家身　只為多開口　（贈詩給岳飛招禍）
何立從南來　我往西方走　（京都臨安在南方，極樂淨土在西方）
不是佛力大　幾乎落人手　（決意即刻坐化，免殃）

偈語唸畢，道月跏趺端坐，閉目不言，良久不見動靜。諸信衆上台趨近一看，才發覺道月禪師意態安祥，慈眉善貌，竟然當場坐化，魂歸西方極樂淨土去了。

【空蒙子曰】：南宋時代，偈促於江南一隅，國力衰微，小朝廷只求苟安，不思振作，以致屢受北方悍族之侵侮。只有岳飛，誓言要「長驅渡河洛，直搗向燕幽。馬蹀閼氏

（音煙支，北方君長之妻）血，旗梟可汗（音客寒，北方國主）頭」（這是他「送紫巖張先生北伐」詩。岳飛手書摹刻在湯陰廟中）。他喊出「還我河山」的壯語，好不令人振奮。秦檜要主和，民心卻是向著岳飛的。劉沅在《壎篪集》中吟道：「撼山容易撼軍難，痛飲黃龍夢裡看。『道月』有心憐捉虎，『風波』無計避狂瀾……」，可見一斑矣。本篇事例，真假殊難認定，但即算是郢書燕說的齊東野語，不也正藉此來反映當時草野間的輿情嗎？連出家僧人道月都知道朝廷刻意謀和，岳飛歸去，好似老虎入柙，凶多吉少，暗示他要提高警覺，卻為了送四句小詩而惹禍，這是犯了哪一條呢？畢竟是、道月禪師修「道」有成，把死生看似鏡花水「月」，因此對肉身了無眷戀，一切看開，即時圓寂，避免受辱，何其高妙也。因代他續吟一偈，有道是：宰相主和你主戰，為何不聽老衲勸？我今一死先走了，誰是誰非誰解怨？

**【原文引參】**：岳武穆班師，過金山寺。禪師道月，勸之勿赴闕，武穆不聽。道月遺以詩曰：風波亭下水滔滔，千萬堅心把舵牢。祇恐同行人意歹，將身推落在深濤。武穆至臨安，繫大理獄，有亭，扁曰風波，始悟詩意，悔不從其言。檜聞其事，遣卒何立捕道月。道月方集衆說法，何立伺之。道月忽說偈曰：吾年四十九，是非日日有；不爲自家身，只爲多開口。何立從南來，我往西方走；不是佛力大，幾乎落人手。言訖，端坐而化。（清、褚稼軒：《堅瓠集》。又見、今人、茶陵、彭國棟：《岳飛評傳》、第三章、班師前後）

## 一三 焦頭爛額爲上客

《易・既濟・象》說：「君子以思患而豫防之」。是說災難在未起之前就預先防止了。但因功跡難以突顯，以致不受重視。

西漢時代，大將軍霍光（公元前？—元前六八），是霍去病之弟。漢武帝時，爲奉常都尉，極爲寵信，受遺詔輔佐幼主漢昭帝，拜大司馬，封博陸侯，國政都由他專決。昭帝崩，他迎立昌邑王爲帝（名劉賀）。不久又推倒他，扶立漢宣帝，仍舊由他主政。他連仕三朝二十多年，權傾內外，威震人主，使漢宣帝有如芒刺在背，非常怕他。

霍光生性豪奢。有位茂陵人（古地名，因漢武帝葬此，故名茂陵，在今陝西）徐福，向漢宣帝奏說：「霍氏必將敗亡。由於奢侈，便少謙德。由於少謙，便會侮慢皇上。由於侮上，便是逆臣。他位在百官之先，必會有人妒害。」指出霍氏驕泰滿盛，應當善予抑制，免至敗亡。呈了三次奏疏，卻都未見理睬。

霍光一死，不少人舉發他謀反，以致霍家宗族全被殺了。這些告發的人，都因檢舉有功而封了官，卻全然忘記了那位有先見之明的徐福。

因此有位直臣，深爲徐福叫屈，上書給漢宣帝說：

「愚臣聽聞一則寓言說：有位客人，見富家主人廚房中大灶上的巨型煙囪，直直的通向屋頂（昔時家家都用柴草燒火，煙囪促使空氣對流，灶火才旺）。但火燼常從直的煙囪中墜落到灶口之外的地上，而這家的灶口前又堆放了許多乾柴乾草。客人奉勸他應該改砌爲轉折彎曲的煙囪，使火星不致直落到灶外。薪柴草堆也要搬離灶口，否則極易釀成火災。主人雖然聽到了，但並沒有在意。

「未久，果然失火了。鄰居們奮力搶救，幸而人多，總算救熄了。主人十分感激，連忙宰牛備酒，慰謝救火的人，頭額被火灼傷的最有功勞，請坐上席，其餘出力的人，也全部按功勞依次入座。卻就是忘記了那位有先見之明，早就要他曲突移薪（突者煙囪也。煙囪要改為彎式，柴薪也要移走）的客人。

「有人提醒主人說：『你以前如果照那位客人的話做了，今天就不必破費牛肉美酒，根本不會有火警。如今你感恩報德來酬謝大家，是不是「曲突徙薪」的人毫無恩德，而只有「焦頭爛額」的人才該尊爲上客而請坐首席呢？』主人這才想起，趕忙將那位客人也請到了。

「如今且論霍光一案。當年徐福三次上奏，早就料到今日之禍。那時如果採納，便不會有謀叛滅族的慘劇發生。過去的錯失已經無法挽回了，如今多人都爲此而封官，獨有徐福未被理會，唯請皇上俯察補救。」

漢宣帝看到奏疏，也覺冷漠了徐福，乃賜他帛綢十匹，後又封他爲郎官。

【空蒙子曰】：「消患於未萌」，這是極高的境界。有遠見的人，常能弭禍於將起之先，這須有大智（猶如扁鵲說他大哥見病尚未成害即除之，是神醫。請參第二四篇）。事先預防費力小，事後急救費力大。衣裳綻線了，今天不縫一針，來日要縫十針。堤壩上有個螞蟻窩，如果有人去堵塞它，這是小事一樁，沒有甚麼值得誇獎的。假如認為螞蟻洞很小不去堵，可能那十仞高堤，潰於這個蟻穴。一旦堤壩垮了，洪水沖沒鄉村城鎮，釀成巨禍，這時千百人去搶救，人人立下大功。為何當初那舉手之勞，竟然想不到也沒人做呢？《宋書・吳喜傳》說：「防微杜漸，憂在未萌」。《春秋胡氏傳・文九年》說：「防微杜漸之意，其為萬世慮，深遠矣。」旨哉斯言！

【原文引參】：初、霍光奢侈。茂陵徐生曰：霍氏必亡。夫奢則不遜，不遜必侮上，侮上者，逆道也。在人之右，衆必害之。乃上疏言霍氏泰盛，宜以時抑制，無使至亡。書三上。其後霍氏誅滅，而告霍氏者皆封。人爲徐生上書曰：臣聞：客有過主人者，見其灶直突，傍有積薪。客謂主人更爲曲突，遠徙其薪，不者且有火患。主人嘿然不應。俄而家果失火，鄰里共救之，幸而得熄。於是殺牛置酒，謝其鄰人。灼爛者在於上行，餘各以功次坐，而不錄言曲突者。人謂主人曰：嚮使聽客之言，不費牛酒，終無火患。今論功而請賓，曲突徙薪無恩澤，焦頭爛額爲上客耶？主人乃寤而請之。今茂陵徐福，數上書言變，嚮使福說得行，則無逆亂誅滅之敗。往事既已，而福獨不蒙其功，唯陛下察之。上迺賜福帛十匹，後以爲郎。（東漢、班固：《前漢書》、卷六十八、霍光傳第三十八）

【另文附錄：曲其突遠其薪】：孝宣皇帝時，霍氏奢靡。茂陵徐先生曰：霍氏必亡。孔子曰：奢則不遜。不亡何待？乃上書言：陛下既愛之，宜予抑制。書三上，未採納。其後霍氏果滅，董忠等以功得封。有爲徐先生上書曰：臣聞客有過主人者，見其灶直突，傍有積薪。謂曰：當曲其突，遠其薪，不者將有火患。主人未應，無幾何，果失火，里中人救之，火幸熄。於是置酒，燔髮者在上行，餘各以功次坐，而反不錄言曲突者。今往事既已，而徐福獨不與功，惟陛下察「遠薪曲突」之策，而使居「燔髮灼爛」之右。書上，賜徐福帛十匹，拜爲郎。（漢、劉向：《說苑》、卷十三、權謀）

# 一四　不敢錄者不可爲

我國北方女眞族（滿族前身）完顏阿骨打（完顏是複姓，他是金太祖）有勇略、善用兵，建立了金國（一一一五—一二三四），滅了遼國，終結北宋。最後才亡於蒙古族元太宗窩闊台，金國共歷一百二十年。

楊伯雄，字希雲，金熙宗皇統二年（一一四二）進士。後來在金世宗時做了丞相，卒諡莊獻，這是後話。

及至完顏亮（死後降為海陵庶人，故原文稱海陵）執政，一向與楊伯雄是熟交，叮囑他該時時來執政府中走走。伯雄應允了，卻從來不去拜會。

有一天，兩人遇見了，完顏亮問及此事，伯雄答道：「承蒙你看重於我，眞誠關愛，十分感激。但君子進當以禮，如果巴結逢迎，希求討好，那不合我的個性。」由此完顏亮愈加器重他了。

完顏亮殺了金熙宗，自立爲帝（史稱金廢帝）。楊伯雄官任起居注，這是掌理記錄帝王言行的官職，常與皇帝接近，國事也常受諮詢。

完顏亮急於整治金國，對施政常常議論到晚上。有一夜，國政檢討完了，話題順便轉到鬼神的眞幻，完顏亮詢求楊伯雄的意見。

楊伯雄回奏說：「從前、漢文帝半夜召見太傅賈誼（元前二〇一—前一六九，政論家兼辭賦家），不問民間疾苦，卻問鬼神之所本。被唐朝李商隱寫下『宣室求賢訪逐臣，賈生才調更無倫，可憐夜半虛前席，不問蒼生問鬼神』的詩句來譏諷他。如今你不以我爲愚陋，要我參與決斷天下大計，深感榮幸。至於怪力亂神的種種，虛渺無憑，我還沒有學過，不敢胡亂奉告。」

完顏亮道：「姑且說說聽聽吧，也好藉此調適一下長夜用腦的疲勞嘛！」

楊伯雄不得已，回奏道：「我家藏有一卷古書，記載到有人死後又活轉過來。旁人問他：『陰世間的閻羅王公正嚴明，何以免掉你生前的一切罪行而即刻放你返回陽世，這是甚麼緣故？』這人答道：『你置備一本記事日曆簿，每天白晝所做的事，到晚上就記入此簿。如果不能記或不敢記進去的，就不可去做它，這樣就沒有罪了。』爲臣所知道的，僅此而已。」

金廢帝完顏亮聽後，不禁心生警惕，臉色都改變了。

【空蒙子曰】：我們常聽說：「不欺暗室」，又說「不愧屋漏」。駱賓王《螢火賦》說：「類君子之有道，入闇室而不欺」，暗室是無人窺見的地方，這是說在閒居獨處時也不敢為非作歹。《詩經．大雅．抑》說：「相在爾室，尚不愧屋漏」，屋漏是古時室內西北角上安藏神主的深邃之處，人所罕到。這是說無人之處，尚無愧疚，那末有人之處，更不會做壞事了。宋朝司馬光，是位正人君子，他自稱「事無不可對人言」，這是說他一生從不做損人之事，坦坦蕩蕩，無愧無怍。寫到這裡，覺得古人十分重視品德操守。『德』者本也。立德是首要，然後再談其他。宋孝宗在便殿與尚書羅點（謚文恭）對話，說「天下非『才』不辦。」羅點答奏道：「當先論其『心』（品德好不好）。心苟不正，才雖過人，果何取哉？」（見《宋史》列傳一五二）時到現在，道德仁義式微，貪佞詐偽成為時尚，有人問：品格一斤值多少錢？如此一來，天下哪有安寧之日？

**【原文引參】**：楊伯雄，皇統進士。及海陵執政，自以舊知伯雄，囑使時時至其第，伯雄諾之而不往也。他日，海陵怪而問之，對曰：君子受知於人，當以禮進；附麗奔走，非素志也。由是愈厚待之。及海陵篡立，伯雄改修起居注。海陵銳於求治，講論每至夜分。一夜，嘗問鬼神事，伯雄進曰：漢文召見賈生，不問百姓而問鬼神，後世譏之。陛下不以臣愚陋，幸及天下大計；鬼神之事，未曾學也。海陵曰：但言之，以釋永夜倦思。伯雄不得已，乃曰：臣家有一卷書，記人死復生，或問冥官何以免罪？答曰：汝置一曆，白日所爲，暮夜錄之。不可錄者，不可爲也。海陵爲之改容。（元、脫克脫：《宋史》、卷一百五、列傳第四十三。又見：脫克脫：《金史》、海陵紀）

**【另文附錄之一：褚遂良善惡必記】**：唐太宗時，褚遂良兼知起居事。曰：今之起居，古之左右史也。善惡必記，戒人主不爲非法也。太宗曰：朕有不善，卿必記耶？對曰：君舉必書。劉洎曰：使遂良不記，天下人亦記之。帝曰：朕行有三：一鑒前代成敗，二進善人，三斥遠群小，朕守而勿失，亦欲史氏不能書吾惡也。（宋、歐陽修：《新唐書》、卷一百五、列傳第三十）

【另文附錄之二：鄭朗不隱善惡】：鄭朗爲起居郎。唐文宗恭勤節儉，宰臣等進言，帝作答。時鄭朗執筆螭頭下。宰臣退，上謂朗曰：適所議論，卿記錄未？朗對曰：臣執筆所記，便名爲史。昔太宗時，諫議大夫朱子奢云：史官所述，不隱善惡。又褚遂良曰：今之起居郎，古之左右史也。記人君言行，善惡必書，庶幾不爲非法。（後晉、劉昫：《舊唐書》、卷一百七十三、列傳第一百廿三）

【另文附錄之三：借鬼神勸善】：金廢帝完顏亮嘗問楊伯雄鬼神事。伯雄對曰：漢文帝召見賈誼，不問百姓，而問鬼神，後世譏之。陛下不嫌臣愚，幸及天下大計。鬼神之事，未之學也。金主曰：但言之。伯雄不得已，乃曰：臣家有一書，記人死而復生，或人問：冥官何以免罪？答曰：汝置一册，白日所爲，暮夜錄之，不可錄者，不可爲也。金主爲之改容。（清、畢沅：《續通鑑》、宋紀、高宗）

# 一五　劣樹啞鵝誰免死

政治渾濁的時代，官場中爭權奪利，社會上劫殺詐騙，這叫亂世。怎樣才能自保呢？莊子（約公元前三六九—前二九五）提出了他的處世之道。

莊子名周，戰國宋人，和老子並稱老莊，都是大思想家。有一次，莊子遠去訪友，學生同行。走過一座大山，見到一株大樹，枝繁葉茂，應是上好木材，可是伐木工人全不理會它，只顧去砍倒其他的樹。

甚麼原因呢？伐木工人訴說：「這樹雖高雖大，外表似乎不錯，但其材質窳劣，全無用處。既不能做棟樑，也不能製傢具，甚至不能當柴火燒，因它有煙無火，煮飯不熟，燉肉不爛。即令辛苦砍下來，搬到城裡，也沒人要買。工錢運費都撈不回來，所以不砍。」

這大約就叫樗木。《莊子逍遙遊》說：「吾有大樹，人謂之樗。其大本擁腫而不中繩墨，其小枝捲曲

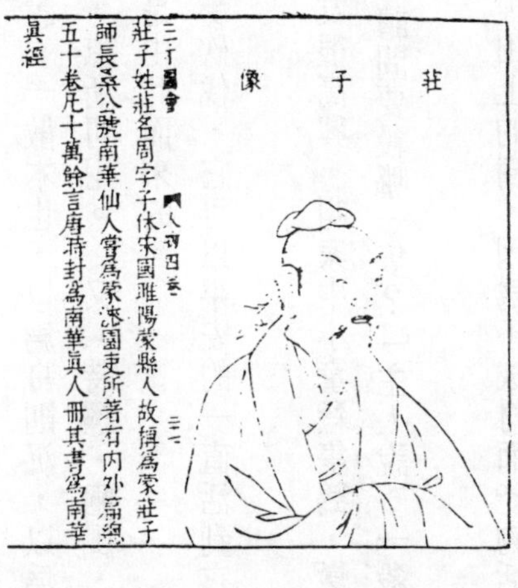

而不中規矩，立之塗，匠者不顧。」又《莊子人間世》說：「散木也，以爲舟則沉，以爲棺則速腐，以爲器則速毀，以爲柱則蠹，是不材之木也，無所可用。」又《詩經・豳風・七月》說：「樗、惡木也。」因而自謙無用叫樗材，便是由此而來的。

莊子感觸很深，歎道：「這樹因爲不成材，反而免受砍伐，它可以平安的一直活到它生命終結的那一天。」

莊子和學生們出了山，到一位老朋友家中作客。老友很高興，叫家中小童殺隻鵝，燉來待客。小童問主人道：「一隻鵝會叫，另一隻不會叫，請問要殺哪一隻？」主人說：「殺那隻不會叫的罷！」

第三天，大夥兒回來了。學生問老師莊子說：「前天山上的樹，因爲不成材而能夠活下來（材質無可利用的免死）。昨天主人家的鵝，卻因不成材而被宰殺（不會叫的先死）。這材與不材之間，實在難於決斷。請問夫子，究應如何自處呢？」

莊子笑著答道：「我的處世哲學，乃是明哲保身。逢此亂世，我將守在材與不材之間。也就是：不要恃強逞能，那將遭忌而活不成；也不要一無用處，那將被時代淘汰而難逃一死。這樣常處於『有用』和『無用』的中間地帶，就可以避禍免害了呀！」

**【空蒙子曰】**：莊子生於戰國時代，那是個戰亂鬥爭的世界，所以他提出這個「處乎材與不材之間」的主張，以求自保。我們看看：大象成群覓食時，是由最能幹的象領路，但獵人貪圖象牙，前頭先行的象成為槍殺的目標，後跟的多有機會逃劫（不材的免死）。我們又知道：養雞生蛋的飼場，定期會汰弱留強，生蛋最少的母雞，為免浪費糧食，都遭宰殺（不材的先死）。如此看來，做領袖的象，危險大，不好。不生蛋的雞，會殺掉，更不好。怎麼辦？就唯有守在中間了。宋代辛棄疾（號稼軒，一一四一—一二〇七）《鷓鴣天》詞說：「不向長安路上行，卻教山寺厭逢迎。味無味處行吾樂，材不材間過此生。寧作我，豈其卿？人間走遍卻歸耕。一松一竹真朋友，山鳥山花好弟兄。」也提出材不材間過此生的話（他生於南宋，同是戰亂時代）。大抵在亂世的保身之道，乃是不逞能幹，也不做百無一用的廢料。只想做到不為人先（強出頭會遭殃），不居人後（殿尾恐被截殺），冀圖免禍，這是遁世。可是，一味逃避，就能躲過人間浩劫嗎？只怕未必。《莊子》一書，其義玄奧，有賴博雅君子評釋。

**【原文引參】**：莊子行於山中，見大木，枝葉茂盛。伐木者止其旁而不取也。問其故？曰：無所可用。莊子曰：此木以不材得終其天年。夫子出於山，舍故人之家。故人喜，命豎子殺雁而烹之。豎子請曰：其一能鳴，其一不能鳴，請奚殺？主人曰：殺不能鳴者。明日，弟子問於莊子曰：昨日山中之木，以不材得終其天年，今主人之雁，以不材死，先生將何處？莊子笑曰：周將處乎材與不材之間。（戰國、莊周：《莊子》、山木）

**【另文附錄之一：散木無所可用】**：匠石之齊，見櫟社樹，其大蔽數千牛，其高臨山十仞。觀者如市，匠伯不顧，遂行不輟。弟子走及曰：自吾執斧斤以隨夫子，未嘗見材如此其美也，先生不肯視，何邪？曰：已矣，散木也。以爲舟則沉，以爲棺則速腐，以爲器

則速毀，以爲門戶則液樠，以爲柱則蠹，是不材之木也，無所可用，故能若是之壽。（《莊子》、人間世）

【另文附錄之二：樗爲惡木】：「七月食瓜，八月斷壺，九月叔苴，采荼薪樗」。漢、鄭玄箋：樗、惡木也。（《毛詩鄭箋》、豳、國風、七月）

【另文附錄之三：狸死而樹可活】：莊子曰：子獨不見狸狌乎（狐狸和野貓）？卑身而伏，以候敖者（等候捕捉雞鼠），東西跳梁，不避高下，中於機辟（被捕獸機夾住了），死於網罟（被網住死了）。今子有大樹，患其無用（不成材），何不樹之於無何有之鄉（種在莫須有之處），廣莫（莫是大）之野，彷徨乎無爲其側（在樹旁無所事事的盤桓），逍遙乎寢臥其下（在樹蔭下舒適的睡臥），不夭斤斧（不會被斧頭砍伐），物無害者（它不會妨害別人），無所可用（雖然對你沒有用處），安所困苦哉（有甚麼困苦煩惱呢）？（莊周：《莊子》、內篇、逍遙遊）

# 一六　無能子百年猶一夕

從剎那來看，百年好長好久。從永恆來看，百年只是一眨眼。生命好像很難懂，究竟是短暫或是悠長？各人會有不同的體認。這該怎樣看待才對？是不是要斤斤計較，為一根蔥蒜而爭得死去活來呢？或是放開一切，學學宰相肚裡好撐船呢？這就是人生觀了。

唐代有位隱者，名叫無能子（假託之名。無古作「无」。本篇即選自《无能子》一書），家境貧窮。他兄弟的兒子——他的姪兒，也是衣不能禦寒，食不能果腹，一同過著窮困的生活。有一天，姪兒對無能子說：「我這幾年來，白天常常感到饑餓，到了晚上，卻常夢見做了大官，擁有高車駿馬，華衣美食。夢裡十分快樂，醒來又愁吃愁穿。我可以將晚上的夢境與白天的窮苦兩者對換嗎？」

無能子問道：「白天憂愁，夜裡快樂，這不就扯平了嗎？何必對換呢？」

姪兒說：「晚上快樂，那是作夢嘛！」

無能子再問：「你在夢裡，騎著健馬，擁著雄財，吃著美味，穿著華衣，和醒來時你所希望得到的，有甚麼不同嗎？」

姪兒說：「那倒正是與我白天所想望的完全一樣，沒有絲毫不同。」

無能子說：「既然沒有兩樣，那你怎能斷定究竟睡著時的所作所爲是夢？還是醒來時的所作所爲是夢呢？況且，人生不過百歲；在這百年之中，晝夜各佔了一半。你一半時間雖然愁苦，另一半時間卻很快樂，這又何必埋怨呢？要知道：從宇宙的觀點來看，一百年不過是一個晚上而已。你想通了，心境就會坦然開朗了。」

【空蒙子曰】：從前、莊子作夢，變成蝴蝶，覺得很快樂，不知道自己是莊子了。隔一會醒過來，才知道自己是莊子，不是蝴蝶了。但他弄不清白，究竟是莊子作夢變成了蝴蝶呢？還是蝴蝶作夢變成了莊子呢？他沒有提出答案（見《莊子》齊物論）。李白說：「夫天地者萬物之逆旅，光陰者百代之過客，而浮生若夢，為歡幾何？」（見李白《春夜宴桃李園序》）蘇東坡也說：「寄蜉蝣於天地，渺蒼海之一粟，哀吾生之須臾，羨長江之無窮。」（見蘇軾《前赤壁賦》）無能子則說：「百年猶一夕也，汝其思之。」這其中都含有精微妙諦，足供吾輩探討。

【原文引參】：無能子貧，其兄弟之子，寒而且饑。一日，兄子謂無能子曰：吾饑有年矣。夕則多夢祿仕，而豐乎車馬衣帛。夢則樂，寤則憂，其可易乎？無能子曰：晝憂夕樂，均矣，何必易哉？曰：夕樂，夢耳。無能子曰：夫夢中之乘肥馬，進美食，與夫寤而所欲者，有所異乎？曰：無所異。曰：無所異，則安知寐而爲之者夢耶？醒而爲之者夢耶？且人生百歲，其間晝夕相半。半憂半樂，又何怨乎？百年猶一夕也，汝其思之。（唐、僖宗時之隱者、不著名氏：《无能子》、答通問篇）

# 俠技第二

## 一七 崑崙奴救紅綃女

唐朝代宗大曆年間（七六六—七七五），有位才子崔生，任職爲皇室近衛（官名千牛，職掌禁衛），少年英俊，容貌如玉。

有一天，他奉父命去拜候一位生病的顯赫高官。這位父執輩高官見崔生舉止安和、言詞清雅，十分喜悅，延入內室談話，由府中的歌姬們捧來果品飲料待客。崔生見美女當前，害羞拘謹，不敢造次。高官便吩咐一位穿紅綃（紅色絲絹）衣的歌姬，盛一盅醴酪，用銀湯匙要來餵他。崔生這才接著，喝完了，紅綃女一勁看著他，面含微笑。

告辭時，高官溫聲說道：「賢郎有暇就常來坐坐，不要疏隔太久，免我想望。」叫紅綃女送崔生出院。

崔生走出大門，心生眷戀，回首探望，紅綃女仍站在門前。只見她遙遙的伸出三個指頭，又展開手掌，翻覆三次，然後指一指她胸前的小鏡子，說道：「請記住！」就回身入門隱去了。

崔生回到家裡，神迷意亂，談話沒興趣，臉色少笑容，眼神呆滯，飲食無心，只是喃喃吟詩道：

「誤到蓬山頂上遊，明璫玉女動星眸；
朱扉半掩深宮月，應照瓊芝雪豔愁。」

崔生這種突變，旁人都不知究是甚麼緣故？那時他府中有位崑崙奴（請參閱【空蒙子首段解說）叫磨勒的，問道：「官人、你心中若有鬱結，何不告訴我？不論遠近難易，我自信都能替你效勞化解！」

崔生聽他說話甚有把握，就將一切相告。磨勒回道：「這是小事一樁嘛！爲何不早說？天天受煎熬，何必自苦呢？」

崔生又將紅綃女的啞謎手勢說了。磨勒解釋道：「這不難懂嘛。她伸出三個指頭，是說那官府中有十進院落，她是住在第三院裡呀。翻覆三次手掌，是五個手指的三倍，就是十五呀。胸前小圓鏡，是說陰曆十五晚上，月圓如鏡，可來相會呀。」

崔生一聽，恍然頓悟，心中大喜，問道：「有甚麼方法可以去相會呢？」

崑崙奴磨勒道：「後天就是十五，請你換穿青色緊身衣，以便夜間行動。高官府內，有猛犬守院，這隻凶狗機警如神，兇暴似虎，世界上還只有我可以殺掉牠。我當先去除掉惡犬，然後送你入院。」

那一夜，磨勒先去斃了那隻曹州孟海大惡狗，回來待到三更，背著崔生，飛躍十重大院，停在第三進門前。只見繡戶尚未全關，窗裡燈光半亮，室內還傳出輕微的歎息之聲，好像在久等甚麼似的。宅中的警衛都入睡了，四周一片寂靜。

崔生輕掀錦帘，徐步入室。紅綃女趨前迎道：「我猜郎君聰明，所以用手語相告。但府中戒備嚴緊，你是怎麼進得來的？」

崔生把崑崙奴磨勒的全盤主意都說了，是磨勒背著他翻跳進來的。」

紅綃女問道：「磨勒現在哪裡？」

崔生答道：「就在門外。」

紅綃女忙將磨勒請入室內，用金杯斟上美酒款待他。然後對他說：「我家原在北方，本是殷實富戶，突遭大變，逼我暫爲姬僕。住在這裡，猶如坐牢，想起來生不如死。你這位磨勒先生既有飛天神功，求求你替我解困，把我也救出去好嗎？」

崑崙奴磨勒說：「這也不過是一樁小事嘛！」他先飛躍院牆進出三次，把紅綃女的珍貴細軟都送往府外，回來說道：「時候不早，再遲就不方便了。」即刻挾著崔生同時背負著紅綃女，跳出十多道高牆，那些守衛們全未知曉。

及至天明，高官才知出了事故，一看狗也死了，大驚道：「這必是絕高神俠來過了。既然如此高強，就不必張揚出去，否則再來光顧一次，便更爲不妙了。」

**【空蒙子日】**：《舊唐書・南蠻傳》說：「自林邑（見《南史・林邑國》，又叫占城國，即今越南）以南，皆拳髮黑身，號為『崑崙』」。按在唐宋時代，稱呼現今南洋爪哇諸島及中南半島南部一帶居民為「崑崙」種族，即現在的「馬來」人種。該地居民，每來中華上國謀生，隱身豪門富家做僕人的就稱為「崑崙奴」。本篇主角崑崙奴磨勒，看他平時深藏不露，有事則乍顯神威，令人驚歎。因此之故，此崑崙不該賤稱為奴，試看磨勒背負兩個大人，飛越多重大院，魁勇之極，實應譽之為崑崙「俠」。再者，此事尚有後續發展：紅綃女與崔生隱居兩年之後，為高官之家僕偵得其住處，高官派出勇士五十人包圍，誓言必擒磨勒。哪知磨勒躍出高垣，疾如飛鳥，箭射如雨，莫能中之。頃刻之間，不知所向，真是神龍見首不見尾也。不過，像這樣多次飛天進出，如入無人之境的本領，似也太過神奇，超越了體能的極限，也難以考證其真實性，或許摻有若干神話和寓言的成份吧？又按：明代梁伯龍依據這個傳奇，改編為「紅綃雜劇」，和另一傳奇「紅線女」（見第二〇篇）併稱為「雙紅劇」，都不失為美談。雅賞之餘，似宜歌讚，歌曰：異域英豪兮俠士雄，連番解困兮小事情；飛天救美兮何其神？紅綃崑崙兮兩揚名。

【原文引參】：大歷中，有崔生，容貌如玉。承父命，往省某高官疾。高官忻然，命一紅綃歌姬擎一甌與生食。辭別時，命紅綃女送出。生回顧，女立三指，反三掌，又指胸前小鏡云：記取。生返，神迷意奪，吟曰：誤到蓬山頂上遊，明璫玉女動星眸，朱扉半掩深宮月，應照瓊芝雪豔愁。左右莫究其意。家中有崑崙奴磨勒曰：郎心有事，何不告老奴？遂告之，兼及隱語。勒曰：此小事也。立三指者，府中有十院歌姬，此乃第三院也。反三掌者，十五也。小鏡者，十五夜月圓如鏡時，可相會也。生喜。是夜三更，崑崙奴先往，以錬椎斃守院之曹州孟海巨犬，回來負崔生踰十重垣，止第三門，戶未扃，侍衛皆寢，生搴簾入，女郎迎曰：郎君何能至此？生具告磨勒之謀。問曰：何在？曰：在門外。遂召入。女曰：磨老既有神術，可爲我脫困乎？磨勒曰：此小事也。遂負生與女飛越峻垣十餘重，守衛無有警者。及旦，高官家方覺，大駭曰：此必俠士所爲，無更聲聞，徒爲禍患耳。

（宋、李昉：《太平廣記》、一九四、豪俠、崑崙奴）

**【另文附錄：另一崑崙奴】**：陶峴，開元末，家於崑山，富有田業。身則泛然江湖，自製舟船，遍遊山水。有親戚爲南海守，因往訪。郡守嘉其遠來，贈以古劍，長二尺：玉環、徑四寸：及崑崙奴，名摩訶，善游且勇。遂歸，曰：吾家三寶也。及返棹，入湘江，快意時，即投環劍，令摩訶入水取之以爲樂。後渡巢湖，亦投環劍而令取之。摩訶獲環劍出，曰：爲毒蛇所噬，遽刃去一指，乃免。一日，舟次西塞山，見江水黑而不流，曰：此下必有怪物。乃投環劍，命摩訶入水，久而方出曰：不可取，有龍高二丈，環劍在其前，試取時龍輒怒目。峴曰：汝與環劍，吾之三寶，今亡環劍，汝將安用？摩訶不得已，披髮大呼，一入，不復出矣。久之，見摩訶支體磔裂，浮於水上，峴懼，乃迴棹迅歸。（明、陶宗儀：《說郛》。又見：宋、李昉：《太平廣記》、四百二十、注出甘澤謠）

## 一八　古押衙救劉無雙

唐德宗建中（七八〇—七八三）年間，王仙客父親死了，母親攜他返回京都到舅舅劉尚書家同住，與表妹劉無雙兩小無猜，玩在一起，好像金童玉女，且已論及婚嫁。哪知太尉（專管武事，位同丞相）朱泚（七四二—七八四），被叛軍擁立爲皇帝，在長安即位，取代唐朝，國號大秦。唐德宗逃往奉天，京都大亂，仙客避往襄陽。三年後，叛亂已平，仙客入京城打探舅舅的消息。在街上遇見舊僕塞鴻，才知道劉家遭逢了大變，劉尚書因不該受任叛亂政府的官職，與夫人同被斬首，女兒無雙已沒入皇宮充當宮女，但無雙的婢女采蘋仍在。

王仙客悲傷欲絕，塞鴻勸他要節哀振作。他以往曾任官爲富平（屬陝西省）縣尹，這時被派爲長樂驛丞（轉運站長），他接來塞鴻及采蘋住在一起。

隔不了幾月，接到公文說：有太監押送皇室宮女三十人，前往先朝皇帝的墓地陵園擔任打掃，中途將住宿長樂驛，要驛站準備接待。仙客對塞鴻說：「這些宮女中，或許無雙會在裡面，你可替我一探。」

於是叫塞鴻假扮驛站隨員，在通往內室的簾幕外邊煮茶招待。宮女都在簾內，只聽到講話的嘈雜聲，卻沒法看到面目。到了半夜，塞鴻還守著爐火，不敢離開。忽然聽到簾內悄聲問道：「塞鴻、塞鴻，你怎麼知道我在這裡？王郎還好吧？」

塞鴻低聲回道：「王相公現在是這長樂驛的站長，他猜想你可能在此，叫我問候你。」

簾內又說：「我不敢多說話了。明天一早，我們走後，你到東北房舍最裡邊的紅檀雕花床上，掀開紫色褥子下層，會找到一封信，煩你交給王郎。」說完，便轉身走了。

第二天，塞鴻在紫褥下找到書信，交給仙客，讀到最後，有兩句緊要的話：「聽京官說：富平縣古押衙是世間有心人，能否求他相助？」

王仙客辭掉驛丞，在富平縣尋訪到古押衙，結爲好友。凡是古押衙所想望的事，仙客都努力辦到。先後贈送的寶玉采緞不計其數，一年多沒有開口請託任何事。

古押衙探問道：「我是一介平民，王相公待我太好了。是不是有事要我效勞的呢？我會全力答報。」

仙客流下眼淚，將實情瀝告。古押衙聽罷，抬頭仰望蒼天，用手拍著腦袋，半晌說：「這件事大不容易，但我會設法試著去辦，只是不能限定我早晚就可了結。」

仙客說：「只求生前能見一面就足夠了，哪敢冀望遲早。」

過了半年，全無消息。一天，古押衙來，問王仙客道：「相公府上，可有哪位女的認得無雙？」

仙客喚來采蘋，介紹是無雙的舊婢。古押衙端詳了一會，喜道：「可以了，我要暫時借留采蘋三五天。」

又過了數天，街坊上謠傳京城皇宮派了人來，處罰了陵園掃墓的宮女。仙客放心不下，叫塞鴻急去打聽。得來的訊息，竟然是無雙被處死了。仙客大慟，哭道：「本來寄望古押衙相救，現在突然沒命了，我好傷心呀！」

這晚半夜，敲門聲特別急促，開門一看，只見古押衙帶人扛著一個又長又重的大竹籠，裡邊包紮得緊緊的，匆忙進屋，他支開衆人，急對王仙客說：「這就是無雙，現在死了，但心胸還是暖的，到明天就會轉活，那時少量餵點溫湯，就會漸次康復。一定要安靜嚴密守護，不可小有差錯。」

仙客把無雙抱進內室，獨自一心守著。等到天亮時，她遍身已有暖氣。睜眼一看，見到仙客在旁，哭了一聲，又暈過去了。仙客連忙救護，讓無雙恢復安靜。直到這天夜晚，才轉痊癒。

古押衙說：「好不容易今天才得報恩，總算完成了這樁大事。以往我就聞知茅山道士煉有神奇靈藥，服下此藥立刻會死，但等待三天後又會轉活。我去專求，分到一顆。昨天指示采蘋，假扮成京城皇宮裡派來的緊急特使，宣告無雙是叛逆朱泚的同黨，罪大不赦，命她吞服藥丸自盡。我則僞托爲遠房親戚，送了一百段細絹，領到了無雙的屍體，趕忙奔到這裡，幸未誤事。爲免消息走漏，凡與本案有關的人，甚至包括塞鴻在內，都被我殺了，不會擔心洩密。我也會自作了斷。你今不可在此多留，門外已備妥良馬五匹，采絹二百段。

五更天亮前，你和無雙就該離去，變姓改名，遠走他鄉避禍才是！」

古押衙說罷，舉起利刀，仙客急忙攔阻，他已自刎死了。仙客匆忙埋葬後，天還未明，就偕無雙從陝西經四川下三峽到湖北省江陵縣隱居，安度夫婦五十年。

【空蒙子曰】：愛情的力量真是太偉大了。王仙客與劉無雙，兩小無猜，卻因戰亂分散。亂平後，無雙沒入宮中，這真是「皇門一入深如海，從此蕭郎是路人」了。愛情雖然堅貞，困難如何消解？幸而世間出了個古押衙，確是「古」道熱腸，虧他施出千古只此一樁的奇計。先以叛逆黨羽罪名賜死無雙卻是詐死，繼則冒充親屬名義贖屍卻非真親。使茅山靈藥，發揮神效，猝死三天會轉活，令無雙與仙客團圓，這就已夠稀奇了。不但此也，為了絕對保密，將一干有關人等及塞鴻都滅了口，古押衙也自行刎頸，這就更夠俠義了。此事絕後空前，應該特予表揚，以示敬佩。再者、明代陸采十九歲寫的《明珠記》，也是依據這件奇事鋪衍成為戲曲，還增加了轉贈明珠的情節，可見風行的一斑。不過、明代胡應麟（一五五一——一六〇二）《莊嶽委談》說：「王仙客事太奇而不情，蓋潤飾之過，或為『烏有』『無是』之類亦未可知。」胡氏甚至懷疑無雙未必真有此人？這個疑團，以及本篇究是實事或是寓言，都留待讀者來判斷吧！

【原文引參】：王仙客與劉無雙自幼相洽。朱泚叛攻長安，王劉失散。三年後尋之，遇舊僕塞鴻，乃知無雙已籍沒入皇宮，唯婢女采蘋仍在。仙客留養塞鴻采蘋，後任長樂驛丞。嗣有宦者領宮女三十人前往園陵灑掃，宿長樂驛。仙客命塞鴻充驛吏，烹茗於簾外。

夜深，聞簾內語曰：塞鴻塞鴻，郎健否？塞鴻曰：郎君現知此驛。曰：我不可久語，明日我行，可於紫褥下取書。塞鴻得書，交仙客。書後云：聞說古押衙乃俠士，能求之否？仙客尋訪古押衙，納交。古曰：察君之意，似有求於我耶？仙客以情告。古曰：此大不易，姑且試求。半歲無訊。忽傳有宮女賜死。是夜，叩門急，開視，古生肩一巨囊入曰：此無雙也。今死矣，後日當活。仙客守之，三日轉活。古曰：茅山道士有藥，服者立死，三日卻活。余求得一丸，命采蘋僞裝皇宮使者，以無雙爲逆黨，賜藥令自盡。余託以親故，贖屍來此。君宜速離，變姓名以避禍。言訖，舉刀自刎。（宋、李昉：《太平廣記》、四八六、無雙傳）

**【另文錄參：侯門一入深如海】**：唐時有崔郊秀才者，寓居漢上姑母家，與姑之侍婢相悅。其婢端麗，饒音律之能。姑貧，鬻婢於連帥。連帥愛之，以類無雙，給錢四十萬，連帥寵眄彌深。崔郊思慕不已，撰詩云：公子王孫逐後塵，綠珠垂淚滴羅巾；侯門一入深如海，從此蕭郎是路人。或有嫉郊者，抄其詩，置於帥室。帥睹之，令召崔生。左右莫測，郊深憂悔。及見，連帥握手曰：侯門一入深如海，從此蕭郎是路人，便是君作耶？四百千小哉！何惜一書，不早相告？遂命與婢同歸。至於幃幌奩匣，悉爲增飾之，小阜崔郊矣。

（唐、范攄：《雲溪友議》）

# 一九　紅拂李靖虬髯客

隋朝楊素，官封越國公，爵顯位尊，恃貴驕縱。李靖（五七一—六四九，後封衛國公）年青時尚未任官，前去見他，談辯了很久。楊素身後有歌女多人，其中一位最美的，手持一支紅色拂塵，盯眼注視著年輕的李靖，面露好感。

李靖回去後，晚上有人叩門，原來是紅拂女欽慕李靖的雄才大志，願意投身依靠。由於首都長安不便久待，兩人便一同回返山西太原。

途中經過靈石縣（在山西省），在一家旅舍停息。爐灶上大鍋裡燉了羊肉，窗戶內紅拂女正在梳頭，李靖在室外洗刷馬匹。這時來了一人，捲曲的兜腮鬍鬚近似紅色，騎著一匹驢子，進入店中歇腳。他把皮製大口袋丟到爐灶前面，隨手拿個枕頭墊在頸後，半躺著，斜眼看紅拂女梳頭。

紅拂女忖度此虬髯人不凡，梳頭完畢，向前請問他貴姓。半臥的人答道：「姓張。」紅拂女說：「我也姓張，合當是妹。請教你排行第幾？」答道：「第三。」紅拂女向李靖喚道：「李郎快來，見見我家三哥！」於是三人圍坐，飲酒切肉吃飯。

虬髯客問道：「李世兄將往何處？」

李靖說：「此行將去太原。」

虬髯客道：「望氣的星象家告訴我，太原有奇氣，這是顯示該地有非常之人的徵兆。你到太原後，能安排我見一見當地的英雄嗎？」

於是互約日期，在汾陽橋見面。虬髯客跨上驢背，揚鞭離去，疾行若飛。

到了約定之日，虬髯客準時來到，同往會晤李世民（五九七—六四九，即唐太宗）。虬髯客見後，默然無語，心情頹喪，出來對李靖說：「這才是眞正的天子呀！我已確認十之八九了，但還須我的道兄親來觀察一次。」因再約期相會。

第二次相會，李世民一直顯得神清氣朗，顧盼自如。此時道士正在下棋，還沒終局，說道：「這盤棋全都輸了，沒法挽救了。」停棋辭去。出門對虬髯客說：「此間已不是你的世界了，向中原以外的地方去開拓吧！」

虬髯客約期請李靖與紅拂女同去其家，但見門庭壯闊，廳院豪奢，拜會了他那華貴的夫人，享用了配有樂隊演奏的王侯盛宴。餐罷，僕群抬出二十台禮物擔架，列於堂下，揭開覆蓋的錦幔，全是珠鑽珍寶黃金錢貝，價值無法估計。

虬髯客說：「這都是我的所積。我原打算在中華境內舉事，爭戰三五年，用此充作經費。如今不可行了。這裡的一切，包括房屋錢財僕役，全都贈送給你，好好輔佐李世民，必將建成大業。十年之後，東南數千里外，會有大事變發生，那就是我另行創業的成就，你倆屆時以酒遙賀就好了。」說罷，虬髯和他妻子，隨帶一名僕從，騎馬出門，倏忽不見。

李靖輔助李世民，統一天下，建立唐朝。貞觀十年（唐太宗年號，六三六），外番入奏道：「有海船數千艘，甲兵十萬，攻入扶餘國爲王矣。」李靖心知乃是虬髯客遠在外邦稱王，依囑與紅拂女整肅衣冠，備辦太牢，瀝酒灑空，向東南遙遙祝拜，以表慶賀的誠意。

【空蒙子曰】：虬髯客、紅拂女、李靖，譽為「太原三俠」。既為大眾所豔稱，本書乃予收錄，以免遺珠。這個故事，除了南宋洪邁《容齋隨筆》之外，宋代李昉《太平廣記》一九二有《虬髯客傳》、《宋史・藝文志》子部小說類有杜光庭《虬「鬚」客傳》，清代陶珽《說郛》卷一百十二、明代馮夢龍《五朝小說》及《說薈》都有《虬髯客傳》，又張鳳翼、張太和也都有《紅拂記》，可見流傳之廣了。但是，紅拂女只是歌姬群中之一人，也僅見著李靖一次，就連夜私奔，如果遭到拒絕怎樣善後？而李靖竟敢接納，難道不怕權大勢大的楊素追索辦罪？至於虬髯客僅萍水相逢三次，就把億萬家財全數贈完，生活費豈不都沒有了（何不逕送李世民）？這三人雖都豪情萬丈，其動作多少有些輕率吧？再者，依據正史《唐書》所載：唐高祖定京師，要殺掉李靖，是則李靖當初與李世民交好似不確實，這是一也。唐高祖大業十二年底才駐太原，此時楊素已死十多年了，這是二也。虬髯客海外佔國稱王，這要極大的財力兵力和根據地，他如何辦到？原文未說，衡情太不可能，這是三也。原文說「海船千艘」，比鄭和七下西洋的規模還大，鄭和是傾國家之力辦到的，虬髯那千艘海船如何建造訓練？也當大有疑問，這是四也。那時代高麗國有扶餘城，是在中國東北的朝鮮內陸，不是在東南，其時東南海中並無扶餘國，料想是杜撰的，這是五也。如以上各點成立，則本篇屬於虛構的成份似乎很多，只能歸屬於傳奇寓言之類了。不過、我們也不必斤斤計較它一定非要合乎歷史事實不可，那是食古不化的書獃陋見。小說家一時興到的筆墨，也自有其宣洩塊磊的作用。我們大可悦賞這三位奇俠的壯懷豪舉也就是了。

【原文引參】：隋、司空楊素驕貴，衛公李靖以布衣上謁，素之侍姬執紅拂，目公。公歸，夜有人叩門，乃紅拂女來奔。靖與同歸太原，行駐靈石店，見一人，赤髯如虬，取枕欹臥，看紅拂梳頭。紅拂斂衽問姓，臥客曰姓張。對曰：妾亦姓張，合是妹。張氏遙呼曰：李郎且來見三兄。遂環坐，割肉爲食。客問：望氣者言太原有奇氣，必有異人，能致吾一見否？遂約期，言訖乘驢而去。及期果至，俱見太宗，客默然，招靖曰：此眞天子也。然復須吾道兄見之。及期，太宗來，神氣清朗，時方奕棋，道士曰：此局全輸矣。謂虬髯曰：此世界非公世界，他方可也。虬髯因請李靖與張妹同至其宅相晤，虬髯盡以珍寶泉貝相贈，曰：吾本欲中華起事，以此爲經費。今太原李氏，眞英主也，持吾贈以佐之，必極人臣。十年後，數千里外有異，是吾也。言訖乘馬而去。貞觀十年，東南夷奏有海船千艘入扶餘國，公知爲虬髯客，瀝酒遙祝而賀焉。（宋、洪邁：《容齋隨筆》、卷十二、虬髯客傳）

# 二〇　紅線女夜盜金盒

紅線女，年十九，身懷絕技而隱於亂世，充當節度使薛嵩（薛仁貴之孫）府中的使女。薛嵩見她聰敏幹練，且通經史，便命她掌理文牘書信，稱她爲「內記室」。

唐朝安祿山作亂，薛嵩防守山東，另一節度使田承嗣（七〇四—七七八，他的部隊叫天雄軍，威勢極盛）防守河北。田承嗣患有熱毒風的老毛病，每每表示：「我如果移駐山東，那裡氣候最合，我才會長命。」他行事果斷，另外募集了三千武士，個個驍勇，號爲「外宅男」，打算殺進山東，把薛嵩幹掉，奪取地盤。

薛嵩偵知這項凶訊，日夜不安，徬徨無計。紅線女問道：「主公睡不穩，吃不下，是不是耽心鄰境的偷襲呢？」

薛嵩把心事說了，紅線女道：「主公不必憂心，讓我到河北跑一趟不就得了？現刻是晚上初更，此時出發，三更就可回來，危機就會化解了。」

紅線女回到閨房，頭盤烏蠻髻，身穿紫短襖，足踏軟緞鞋，腰佩龍文匕首，拜別後，出門雙腳一蹬，倏忽不見。

薛嵩在廳堂坐候，心中忐忑不寧。半夜，微聞一片落葉墜地之聲，輕問是誰，不正是紅線女回來了？

紅線女說：「趁此黑夜，我由山東趕奔河北，進入田承嗣府中，穿越了數重門衛，到了他的寢宮。外宅男在房廊上守護，甲士們在庭廡中巡邏。我輕身閃隙潛到床前，那田承嗣猶在酣睡。枕旁有一金匣，匣中刻有他的生辰甲子。侍衛四佈，兵器羅列，但半夜裡都已入夢。我只取了這個金匣回來，當作信物，沒有傷殺一人。然後出魏城，過銅臺，循漳水，回山東，往返七百餘里，歷經八九城市，幸而不辱使命！」

薛嵩大喜，連忙派一健卒，帶著親筆書信，馳告田節度使說：「昨天夜裡，有客人從河北來，說自你元帥床頭，拾到一個金盒。不敢私自留下，特遣專人奉上。」

田承嗣枕邊金匣不見，魂都嚇散了，及至看到來信，才知道是薛嵩手下的高人幹的。此人能取金匣，當也能取腦袋，我這條老命豈不昨晚就沒有了？經此一嚇，他就解散了外宅男，不敢再有攻襲山東的念頭了。

紅線女露了這一手，贏得上下的敬重與感佩，但不久她就請求離去。薛嵩留她不住，只得備辦酒筵餞別。紅線女裝作醉了，沒有終席就暫時告退，竟然不知她到哪裡去了。

【空蒙子曰】：紅線一詞，似有兩種解釋：其一是指男女婚姻結合，冥冥中有一根牽繫的紅線，請參考韋固遇月下老人的寓言（請閱第三五篇）。其二是指本篇「紅線盜盒」故事。茲為使兩者有別，筆者擅將本篇篇名加一女字，應可免除混淆不清了吧？因為《太平廣記》《五朝小說》《甘澤謠》《說郛》都只標「紅線」兩字也。此外，唐朝的節度使，原本只限統兵，自唐玄宗後，變成藩鎮，軍事民政一把抓，截留賦稅，自行派官，還私通番賊，且互相攻打，老百姓受罪多了。紅線女盜盒弭兵，她自己說「使兩地和平，保萬人性命」，立德立功不小。今借清代樂鈞《青芝山館詩集》中的《詠紅線詩》曰：「田家外宅男（勇士三千），薛家內記室（記室就是書記，內謂紅線一女），鐵甲三千人，那敵青衣一。金盒書生年（盒中寫有生辰甲子），床頭子夜失（夜半子時叫子夜），強鄰魂膽消，首領向公乞。功成辭羅綺，奇氣洵無匹，洛妃去不還（宓妃死於洛水成神），千古懷煙質。」正可作為本篇寓言的論讚。

【原文引參】：紅線、乃唐節度使薛嵩之青衣也。嵩遣掌牋表，稱內記室。安祿山叛，薛嵩鎮山東，田承嗣節度使鎮河北。承嗣患風，每曰：我若移鎮山東，氣候涼冷，可以延命。因募武勇三千，號曰外宅男，卜日將襲薛嵩。嵩聞之，日夜憂悶。紅線問曰：主人不遑寢食，豈非鄰境乎？嵩具告所以。紅線曰：不勞主憂，今我一更首途，三更可返。言訖，倏忽不見。嵩坐候，半夜，忽聞一葉落，紅線返矣。曰：但取其床頭之金盒，盒內書有其生辰甲子，執以爲信耳。嵩乃發使，遺承嗣書曰：昨夜有客來，云自元帥頭邊獲一金盒，謹馳奉還。承嗣驚怛，由是解散外宅男，打消入魯之念矣。紅線欲辭去，嵩知不可留，乃爲之餞別，紅線僞醉，離席，遂亡其所在。（北宋、李昉：《太平廣記》、一百九十五、注云出自袁郊：《甘澤謠》）

## 二一　沙吒利奪柳又失柳

唐朝韓翃，字君平，南陽人，天寶（唐玄宗年號）進士。他年青時，就很有才華，往來交結的人，都是當時名士。鄰居有位李將軍，與他是好友，李家有位侍姬，叫柳氏，十分美麗，柳氏自門裡窺見韓翃一表人才，說：「韓夫子豈是長久貧賤的人嗎？」李一直看重韓翃，就成全他二人，將柳氏配與韓翃，過著悅樂的日子。

第二年，韓翃獨自返家省親，兩人分開了。直到天寶末年（七五五），安祿山反，長安及洛陽都失陷了，天下大亂，柳氏以貌美，且又獨居，她十分惶恐，因剪掉頭髮，投身在法靈寺中。過了三年，唐肅宗即位，局勢轉穩，韓翃官任平盧節度使侯希逸的書記，派人帶著銀錢到長安來見柳氏，並贈詞曰：

「章臺柳，童臺柳，昔日青青今在否？
縱使長條似舊垂，也應攀折他人手！」（詞牌就叫《章臺柳》）

這章臺，在長安城中，臺下為街。詞意是說柳氏在首都名氣甚大，十分憂心她的安危。

柳氏接信悽然，回贈一首詞道：

「楊柳枝，芳菲節，所恨年年贈離別；
一葉隨風忽報秋，縱使君來豈堪折？」（詞牌為《楊柳枝》，兩首都已入《詞選》書中）

詞意是離別很久，如今我已剪髮隱居在尼姑庵中了。將來見面時，哪堪回首？

隔未多久，有位跋扈的蕃族將軍沙吒利（甚得唐代宗之恩寵），慕柳氏的美貌，將她搶去，置於將軍府中，作爲姬妾。韓翃悲歎思念不已，意念極爲消沉。有位虞候（職司偵察之官）許俊，既有才智，又極勇武，問他原由，韓翃告知一切。許俊說：「這事豈可善罷！請你寫兩三句話，算是一頁短信，我立即去辦，不多久就可回報。」

許俊騎上快馬，又牽一馬，逕奔沙吒利府前，等候沙吒利外出後，算定他離府有一里多遠了，就敞開上衣（表示趕路冒汗匆促之狀），牽著馬匹，直闖衙關（爭取時間，不容攔阻），推卻門衛，奔入大廳，高喊道：「將軍不愼，從戰馬背上跌摔在地，不能動彈，急召夫人前去。」所有差役僕人，都被他的豪舉驚嚇退避，許俊升入內堂，見到柳氏，將韓翃的短信掏出，請她匆匆過目，隨即挾著她跨上鞍馬，快奔回來，將柳氏交與韓翃，說道：「幸而沒有辜負使命，願望達成了！」

【空蒙子曰】：在從前，多有這種行義的俠士，無條件的替人脫困。《史記．遊俠列傳》記述的朱家和郭解，便都是任俠仗義的人。但現代功利主義當頭，凡事先講代價，俠士便找不到了，悲哉！沙吒利仗勢奪美，許俊行俠救美，這故事流傳下來，使得「沙吒利」一詞，成為權貴者強奪人妻的代語。宋朝有位王晉卿，他的歌姬叫囀春鶯，為勢家所奪，王晉卿作詩歎道：「佳人已屬沙吒利，義士今無古押衙」（古押衙見本書第十八篇），就是出於此典。此外，本篇取材自《太平廣記》，乃是「雜記傳奇」。考沙吒利曾為國立功，唐代宗且給予特殊恩寵，想他府第森嚴，怎生了得？哪可任由一個生面孔的府外莽漢，排闥直入女眷內堂，挾貴夫人出府就走了？更難說通的是：跟隨沙吒利外出的侍從者，定是親信而且闔府都識的人，如今聽由許俊來說「將軍墜馬」，何以其他侍從隨員不歸而讓許俊回來？何以對許俊是誰都不加盤問？何以許俊能闖進內堂而攔阻不住？何以閨中沒人陪同柳氏夫人前往？何以不扣下書信作證？何以將軍在外受傷而府中竟不派人隨往料理？這似都是疑團，因此權作寓言看待。

【原文引參】：唐朝韓翃，少負才名，所與遊皆當時名士。鄰有李將軍者，與翃友善，其姬曰柳氏，豔絕。翃素知名，柳氏自門窺之，曰：韓相公豈終貧賤者乎？李將軍素重翃，乃以柳氏妻之。明年、翃獨自歸家省親，分居兩地。天寶末，盜覆二京，柳氏以豔，獨居，恐，乃剪髮寄跡法靈寺。洎宣皇帝返正，翃乃求柳氏，以囊盛金，題詩曰：章臺柳，章臺柳，昔日青青今在否？縱使長條似舊垂，也應攀折他人手。柳氏答曰：楊柳枝，芳菲節，所恨年年贈離別。一葉隨風忽報秋，縱使君來豈堪折。無何、有蕃將沙吒利，劫柳氏歸府，作寵姬。翃歎想不已。有虞候許俊者，以力自負，翃具告之，俊曰：請手書數行字，當力致之。乃乘一馬，牽一馬，馳赴沙府，候沙出行里餘，乃犯關排闥，急趨而呼曰：將軍墜馬，急召夫人。僕侍辟易。遂升堂，出翃札示柳氏，挾之跨鞍馬，絕馳而回，倏忽乃至。以柳氏授韓曰：幸不辱命。（宋、李昉：《太平廣記》、四百八十五、雜傳、柳氏。又見：唐、許佐堯：《柳氏傳》。又見：唐、孟棨：《本事詩》、情感類）

# 二二　公輸班雲梯攻宋

戰國時代，魯國有位巧匠，名叫公輸班（《後漢書》《史記》《文選》作公輸般，《墨子》作公輸盤，《孟子》作公輸子魯班，《朝野僉載》作魯般）。他曾經製造成一具木鳶，可以在天空飛翔。歷代木工都尊奉他爲師祖。

公輸班受楚國之聘，替楚王製造雲梯。依據《武備志》說：「雲梯以大木爲床，下置六輪，上立二梯，中施轉軸。車四面以生牛皮爲屏蔽。車內藏人，推梯前進。及城，則升梯及於雲霄以攻城。」此外據《淮南子．修務訓》高注說：「高與雲齊，故曰雲梯。」

雲梯（宋代）

雲梯製造好了，楚王打算用它攻下宋國（國境約在豫魯蘇皖之間）。有此新式武器，勝算大有信心。

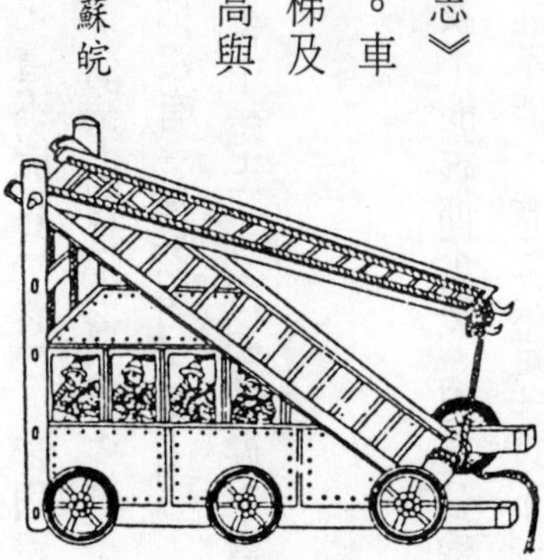

這時，魯國有位思想家兼實行家墨翟（元前？—前三七六），他主張兼愛，提倡節用，反對侵略（非攻）。著有《墨子》一書，後人稱他爲墨家的創始者。他聽說楚王要攻打宋國，決定親自來勸止這場殺戮。他專程由魯國（在山東省）南下，趕赴楚國，步行了十天十夜，到了楚國首都郢城（約今湖北江陵縣附近），會見了公輸班。

墨子說：「我在北方，就聽說你造了雲梯，要攻打宋國。請問：宋國犯了甚麼錯誤，楚國憑甚麼要攻打它？依我看，楚國國土太多而有餘，人口卻太少而不足。讓原本太少的百姓爲了打仗而遭殺戮死亡，去爭奪那多餘而無用的土地，這不能算『智』。宋國沒有過失，楚兵師出無名，這不能算『仁』。你明白這些道理，卻不向楚王稟告，這不能算『忠』。稟告未蒙採納，卻不敢力諫，這不能算『壯』。你沒有一樣做對了嘛！」

公輸班答道：「如今來不及了呀！我已經把作戰計畫報告了楚王，又已經造好了雲梯，楚王也決定了要攻下宋國，不好反悔了。」

墨子說：「那你何不帶我一同去面見楚王呢？」

見到楚王，墨子把來由說了。楚王道：「你的意見，我不能說你不對。但是公輸先生已經替我造好了雲梯，兵員和輜重都已準備好了，現在欲罷不能，我已決定非攻下宋國不可。」

墨子說：「既然如此，就讓我與公輸先生在大王面前，先作一番進攻和防守的作戰預演吧！」

於是墨子解下腰帶，圍鋪在地上，當作城牆。用札版充當各種軍械的代用品，雙方開始演習。公輸班主動進擊，全力攻了九次。墨子成功的抵禦，打退了九次。公輸班出動攻城的械具，包括弓弩、火箭、飛石、撞木、戎車、雲梯等等都用盡了，而墨子的守禦能力還大有裕餘。勝負優劣，已很明白了。

公輸班智窮力竭，不再進行攻擊演習了，卻喃喃說道：「我已經另有方法，知道怎樣對付你了，不過我不說。」

墨子猜到了公輸班的心意，也順著他的口吻說道：「我也知道你會怎樣對付我了，不過我也不說。」

楚王聽不懂，猜不透，問道：「你們兩個在講甚麼？在我面前打甚麼啞謎？」

墨子解釋道：「公輸先生的心意，乃是想殺了我，就沒人阻擋，可以打下宋國了。可是他卻沒有想到，我的那群學生，包括禽滑釐（《列子》稱禽骨釐，《呂覽》稱禽滑黎）在內，合計不下三百人，都已經備齊了守城的器械，在宋國城牆上等著哩！」

楚王沉吟了一陣，說道：「好啦，楚國不攻宋國了！」

【空蒙子曰】：這篇故事有兩處提請讀者裁奪。第一、公輸班主戰，墨子反戰。公輸班不可能帶領墨子一同去面見楚王，這是幫自己的倒忙，在真實世界裡必無這種行動。第二、以「帶」作為城牆，用「牒」代表兵器，居然九攻九敗。疑點是僅用窄而軟的腰帶和薄而小的札板，如何能表演出複雜慘烈的戰鬥攻防行動？如何能模擬到各種不同的戰術陣法到九次之多？用甚麼來代表雲梯呢？怎樣來克制這種先進武器呢？這是很難交代的。因此似乎夾有若干寓言成份在內吧？但這篇敘述，很有說服力，同時也告訴我們：國際間只講利害，只靠力量。如要消弭戰爭，光是空談正義行不通（我沒有犯錯，你師出無名），只靠哀求乞憐也無用（我民弱國小，求你放過我）。憑藉的應該是我有實力，不但不怕你，還可以打垮你。但兵兇戰危，我不想打仗，你還要打嗎（你將必敗）？以戰止戰，或不戰而屈人之兵，這是最高方略。政商產業貿易各界，都可參照。

**【原文引參】**：公輸班爲楚造雲梯，成，將以攻宋。墨子聞之，自魯往，十日十夜而至於郢，見公輸班。墨子曰：吾從北方聞子爲雲梯，將以攻宋。宋何罪之有？楚有餘於地，而不足於民。殺所不足而爭有餘，不可謂智。宋無罪而攻之，不可謂仁。知而不爭，不可謂忠，爭而不得，不可謂壯。公輸班曰：不可，吾既已言之王矣。墨子曰：胡不見我於王？墨子見王，王曰：善哉！雖然，公輸班已爲我造雲梯，必攻宋。墨子曰：何不在王前預作攻防？於是墨子解帶爲城，以牒爲械。公輸班九攻之，墨子九卻之。公輸班之攻械已盡，墨子之守禦有餘。公輸班詘。曰：吾知所以距子矣，吾不言。墨子亦曰：吾知子之所以距我者，吾亦不言。楚王問其故？墨子曰：公輸班之意，不過欲殺臣。然臣之弟子禽滑釐等三百人，已持臣守圉之器，在宋城上待楚矣。楚王曰：善哉，吾請無攻宋矣。（戰國、墨翟：《墨子》、魯問篇。又見：周、魯人、尸佼：《尸子》、止楚師篇。又見：《呂氏春秋》、愛類篇）

**【另文附錄之一：公輸子爲鵲】**：公輸子削竹木以爲鵲，成而飛之，三日不下，公輸子以爲至巧。（戰國、墨翟：《墨子》、魯問篇）

【另文附錄之二：不殺少而殺眾】：子墨子見公輸盤曰：北方有人侮臣，願藉子殺之，公輸盤不悅。子墨子曰：請獻十金。公輸盤曰：吾義固不殺人。子墨子起，再拜曰：請說之：吾從北方來，聞子爲雲梯，將攻宋。宋何罪之有？子義不殺少而殺衆，不可謂智。（《墨子》、公輸篇）

【另文附錄之三：雲車】：列營百數，雲車十餘丈，瞰臨城中。注曰：雲車即樓車。稱雲、言其高也。升之以望敵，猶墨子云：公輸班爲雲梯之械。（南朝宋、范曄：《後漢書》、光武帝紀）

【另文附錄之四：墨子止楚攻宋】：公輸班爲楚設機（製作機械也，太平御覽說是蒙天之階），將以攻宋。墨子聞之，百舍重繭，往見楚王曰：今有人於此，捨其文軒，而欲竊鄰之敝輿。捨其錦繡，而欲竊鄰之短褐。捨其粱肉，而欲竊鄰之糟糠，此爲何若人也？王曰：必有竊疾矣。墨子曰：楚之地，方五千里，宋方五百里，此猶文軒之與敝輿也。楚有松梓豫章，宋無長木，猶錦繡之與短褐也。荆有麋鹿魚鼈，爲天下饒，宋僅有雉兔鮒魚，此猶粱肉之與糟糠也。臣以爲楚之攻宋，爲同類也。楚王曰：善哉，請無攻宋。（戰國、魯、尸佼：《尸子》卷上、止楚師篇）

## 二三 小妾妙智擒群盜

有一夥強盜，搶劫郊外一富豪之家，洗劫了貴重的財物，還挾持了主人夫婦，以致家人莫可奈何，不敢妄動。

主人有位小妾，住在東側廂房裡，賊群未能發覺。她逃往後面廚房，低聲吩咐灶下婢女說：「主人主母都在強盜手上，不可能和盜賊硬鬥。而且屋頂上都有盜幫守著，防備有人救援。但屋簷伸出牆外兩三尺，屋頂上的賊人是看不到屋簷下的動作的。你、由這後窗爬出去，挨著牆走，到後進側屋裡密告那裡的男僕人。叫他們每人騎上駿馬，帶著防身刀棍，從後院溜出去三五里，暫且藏身暗處，等候訊息。

「這夥強盜，四更時分必須回去。如果四更不出，那末天亮前就不能回到他們的賊窩。當強盜衝出我家頭門時，也必定挾持主人同行，怕的是防備有誰為難他們。如果無人阻攔，前行二三里後，就會把主人釋放。因為若不釋放，帶著走，主人就會知道他們的巢穴在哪裡，對他們十分不利。

「等到主人釋放了，你告訴這些僕人，馬上分出兩人護送主人回家，而其餘的人，就要跟蹤這批強盜，但距離總要維持大約小半華里以內，不要跟太近，危險；也不要離太遠，以免跟丟了。

「強盜們會回頭來攻擊你們，這時你們就回頭跑，讓他們追不上。停追時，你們也停。過一會，他們又掉頭繼續前進，你們也跟著前進。他們如再回身追你們，你們就再回頭逃開。他們止，你們也止。他們再轉頭前進，你們也前進。這樣來回幾趟後，你們就會得知賊窩在哪裡了！

「他們必然會回頭想搏殺你們，但總會是追也追不上，卻逃也逃不掉。等天一亮，官兵一到，人贓俱在，這幫盜賊會一個也跑不了！」

這個灶婢，倒也勇敢，依計爬窗出去，貼著牆走，告知那班僕人。大家認為這個計策可行，依法辦事，果然這夥盜賊，都被捉到了，贓物也追回來了。

禍事過後，大家有賞，灶婢更給重賞。那位大太太，原與小妾兩不和協，經歷這場大變，頓然融洽了。問她何以有這番妙策？小妾說：「以前亂世，先父也當過盜酋，後來金盆洗手，幸獲善終。我父在日，曾經述說打劫時，最怕的就是這個糾纏計，但一直沒有人用過。這次情況緊急，逼著姑且一試，竟然十分管用，產生了大效。」

以上是馬德重先生告訴紀曉嵐先生的（本篇原文撰者）。紀先生作結說：「我們要記取兩點：其一是『用兵要懂竅門，首在瞭解敵情』。其二是『以賊攻賊，應無一失』」。

【空蒙子日】：遇到盜賊，當自己體壯時，自可力敵。例如唐代竇建德（曾建夏國稱王），《新唐書卷八十五》說：他壯年時，「有盜夜劫其家，建德立戶下，盜入，建德擊三人死。餘不敢進，請其尸。建德曰：可投繩繫取之。盜投繩，建德乃自縛，使盜曳出，揮刀復殺數人，由是益知名。」這是憑力氣致勝的。但如自知力氣不能勝，就有賴智取。例如本篇，用賊人最怕的方法來制賊，終於全抓到了，可喜。其實，本篇之賊，也可派一狡者獨自停留阻截，擋住僕群，俟群賊遠馳後，狡者再斜出他途逃脫可也。觀本篇過程甚為順利，或係轉述者於實情有所增損之故。茲因其情節甚慰人心，故樂為錄之。

【原文引參】：馬德重言：有盜群劫一富室，主人夫婦並被執，衆莫敢誰何。有妾居東廂，逃匿廚下，語灶婢曰：主人在盜手，是不敢與鬥。屋脊亦有人，以防救應。然不能見簷下。汝抉後窗，循簷出，密告諸僕，各乘馬持械，伏三五里外。盜四更後必出，四更不出，則天曉不能歸巢也。相去務在半里內，彼如返鬥，即還奔。彼止亦止，彼行又隨行。再返鬥仍奔，再止仍止，再行仍隨行。如此數四，彼不返鬥，則得其巢矣。彼返鬥，既不得戰，又不得遁，逮至天明，無一人得脫矣。婢出告，衆以爲有理，如其言，果併就擒。重賞灶婢。妾與嫡故不甚協，至是亦相睦。後問妾何以知此？曰：吾故盜魁女，父在時，嘗言行劫所畏唯此法。然未見有用之者。今事急姑試，竟驗矣。故曰：用兵者，務得敵之情。又曰：以賊攻賊。（清、紀曉嵐：《閱微草堂筆記》、卷十八、姑妄聽之、四）

# 二四　扁鵲醫術最劣

愈有本領的人，愈懂得謙遜。《易經》謙卦說：「勞謙君子（有功勞而能謙），萬民服也」，君子因謙讓而增輝，反而更會獲得尊重。「良賈深藏若虛」，正是同一道理。

名醫扁鵲，是春秋戰國時代渤海郡鄚縣人（鄚音莫，古地名，約今河北任丘縣北）。本名秦越人，精於醫道，天下聞名。為何又叫扁鵲呢？根據《史記・扁鵲列傳・正義》注解說：古時有位扁鵲，本是黃帝軒轅氏時代的良醫，如今這個秦越人的醫術，和扁鵲同樣高明，所以逕稱他為扁鵲。

魏文侯（元前四四五—前三九六在位）很賞識這位現代扁鵲，問他道：「你家兄弟三人，都精醫術，誰是最好的呢？」

扁鵲回答說：「長兄最好，中兄次之，我最差。」

文侯再問：「這倒很有趣了，你能說得明白一點嗎？」

扁鵲道：「且聽我分開來解釋吧：我長兄行醫，是醫之於病尚未生之前。當疾痛還沒有發作，就預防了。別人根本不知道會起病，因此他的名氣也就傳揚不開，只有在家裡的我們知道。但他卻正是最高等的神醫。

「我的中兄治病，是治之於病況初起之際。當小病還沒有擴大，就醫好了。別人以爲那只是輕微的小恙，並非嚴重之疾，因此他的名氣不算很大，只有本鄉本縣的人知道，但他卻是位次高等的良醫。

「至於我扁鵲嘛！我的醫術，乃是長桑君老師（古之良醫，扁鵲師事之，乃以秘傳禁方專予扁鵲）特別傳授給我的，我學了十多年才精通。不過我治病時，常常是醫之於病況轉重之後，當病情已經變得很危急，而其他醫生無法著手之際，我把它治好了。別人看到我挖肌刮骨，破肚滌腸，大動各科手術，皮膚上敷貼烈藥來拔毒，經絡上穿刺脈管來放血，起死而回生，因此名氣最響，天下各國都知道。其實我卻只是個普通的醫生而已，這都沒有甚麼值得特別誇耀的！」

魏文侯讚道：「先生望聞問切四診都精，還可看清病人五臟六腑的癥結（心、肝、脾、肺、腎為五臟。胃、膽、膀胱、大腸、小腸、三焦為六腑），內科病每能藥到病除，外科病一刀奏效。先生的醫術已夠通靈的了，沒人可以比得上，卻仍然這樣謙虛，眞不愧是當代的名醫國手呀！」

【空蒙子曰】：小病若不早治，可能轉成大病。如果身體不好，雖有滿腹經綸，不能施展，徒呼負負而已。只是「預防重於治療」一語，常為大家所忽略耳。本篇採自《鶡冠子》一書，是春秋時代楚國某位不露姓名的隱士所撰，似乎是假託寓言，藉扁鵲之言以寄意吧？因為《史記》卷一百零五就是《扁鵲列傳》，全篇中並未提及扁鵲有兩個兄長，也未述及他的兩兄在扁鵲生前死後行醫。鶡冠子的寓意應在暗示高尚的人，不須自我吹噓，自抬身價，旁人自會有定評也。我們試看孔子，他乃「至聖先師」，卻常「夫子自道」，說「吾有知乎哉？無知也。有匹夫問於我，空空如也。」（論語子罕）。又說「君子多乎哉？不多也」（論語子罕）。又說「君子道者三，我無能焉」（論語憲問）。他愈自謙，我們對他愈加崇敬。

**【原文引參】**：魏文侯問扁鵲曰：子昆弟三人，其孰最善爲醫？扁鵲曰：長兄最善，中兄次之，扁鵲最爲下。魏文侯曰：可得聞耶？扁鵲曰：長兄於病，視神未有而除之，故名不出於家。中兄治病，其在毫毛，故名不出於閭。若扁鵲者，鑱血脈，投毒藥，副肌膚間，而名聞於諸侯。魏文侯曰：善。（春秋、楚、隱名幽人：《鶡冠子》、卷下、世賢第十六）

**【另文附錄：許胤宗治病不著書】**：柳太后病風，不能言，脈沉而噤。許胤宗（唐代初期名醫）曰：口不可下藥，宜以湯氣（沸熱之蒸氣）薰之。乃造黃蓍防風湯，置床下，以氣蒸之，其夜便可言語。或問何不著書？胤宗曰：醫者意也，在人思慮。又脈候幽微，苦其難別。意之所解，口莫能宣。且古之名醫，長於把脈，脈既精別，然後識病。夫藥之爲病，有正相當者，只須單用一味。譬之於獵，未知兔所，多發人馬遮圍，或冀一人偶然逢也。如此療法，不亦疏乎？夫脈之深趣，既不可以言傳，若虛設經方，豈加於舊？吾思之久矣，故不欲著書也。年九十餘卒。（後晉、劉昫：《舊唐書》、卷一百九十一、列傳一百四十一。又見：宋、歐陽修：《新唐書》、卷二百〇四、列傳一百二十九）

## 二五　新淦製筆師

唐代注重寫字，傳說唐太宗極愛王羲之（三〇三—三六一，寫字冠絕古今，號為書聖）寫的《蘭亭集序》，竟然把這份眞跡陪著殉葬了。皇帝如此喜好，寫字之風，就吹遍了全國。

話說唐代有位刺史，任職江西大郡。那時朝中宰相，因知江西省新淦縣製作毛筆很有名（另一處為浙江省湖州府，稱「湖筆」，即今浙江吳興縣），就託這位刺史選送好筆。

宰相是當朝的最高長官，開口要筆，既是榮寵，也是命令，刺史哪敢怠慢。他召集新淦當地的製筆高手，選定了一位年紀較老經驗最多的師傅來製筆。經過了一百天，才製成兩支毛筆。刺史趕緊派出幹員，騎上快馬，千里急馳，從江西逕奔京都長安，晉謁宰相，呈獻新筆。

這位宰相，一方面覺得製筆耽延時日太長，一方面僅得兩支又嫌太少，兩不稱心。權且開筆試寫，發覺筆鋒軟硬極不順手，不禁十分光火，在盛怒之下，復函寫道：「京贛遠隔數千里，時間超過一百天，有勞刺史太操心，寄來兩支惡毛筆……」

刺史拆閱來信一看，心中著了慌，宰相一不高興，自己的官位就保不住了。連忙把製筆老者召來，打算先究辦他應得的拖延時日工作馬虎技術拙劣之罪。

製筆老人婉述道：「大人請莫匆忙降罪，且容我略作解釋：這次製作的兩支筆，乃是想給那些像歐陽詢（五五七—六四一，寫字道勁，號率更體）或褚遂良（五九六—六五八，隸楷均佳，是寫字大師）這輩書法名家們所專用的超級好筆。如今宰相不喜，可能是新筆的品級高而寫字人的腕力低以致產生差距之故。我請求先把相爺親寫的翰墨書法、例如這次的復函給我看看，我會照著他的筆力筆姿，重新製做。如果第二次還不稱意，那時把我下油鍋我也心甘情願！」

刺史也覺有理，便把宰相的復信給他看。他端詳一會之後，笑著說：「製作出寫這種字的筆，只消三十文就夠了，我保證可以輕易的大批做出來。」

沒有幾天，製成了新筆五十支，刺史派專人送往京師。宰相一試，十分滿意，還發下重金，賞賜這位年老的製筆師。

【空蒙子曰】：這是一篇寓言，因為三個主要人物都沒有點出姓名，應是假設的寄託的故事。但敘述有深度，富啟發性。我們可以推知：只能看懂連環圖畫的人，給他春秋左傳他看不懂；只會修腳踏車的人，叫他修飛機他修不成，為甚麼？功夫的深淺層次不夠之故也。寫字最重要的工具是筆，要筆力萬鈞，要筆透紙背，都須從運筆開始。唐代裴行儉說：「褚遂良沒有精筆佳墨就不肯寫字，至於不選擇筆墨還能夠寫出好字的，只有我裴行儉和虞世南兩人而已（《舊唐書》卷八四、列傳卅四）」。本篇這位宰相，書法造詣欠精，給他最高等的好筆，有如隋珠彈雀，恐不適合。而這位製筆老者，他的談話，超乎凡俗，豈僅是位匠人，已然是位悟道的藝師了。這有似《莊子・養生主》中庖丁解牛「以神遇而不以目視」的妙論，也像《莊子・天道》中輪扁斲輪「古人糟粕」的高論（本書第二篇），讀者請留意及之。

**【原文引參】**：唐世、有刺郡江表者。時宰囑以新淦出筆，託製以相寄。刺史召佳手，一老父應命。百日才得二管，馳貢相府。既訝其遲，又薄其鮮，試之、乃絕不堪。大怒曰：數千里，勞寄兩管惡筆來。刺史聞之懼，欲罪老父。老父訴曰：使君勿草草。我所製、乃歐褚所用。丐先示以相君翰墨，再製，苟不稱，甘就鼎鑊。既示之，笑曰：如此只消三十錢。不日、獻五十管。馳上之，相一試大喜，優賜匠者。（清、王士禛：《池北偶談》、卷十二、新淦筆工。引自：宋、岳珂：《玉褚集》）

**【另文附錄之一：毘陵張顥筆，爲此賦詩】**：世間未必無臯夔，九疑虞舜不可追。武皇銳意開絕漠，攉鋒乃亦有衛霍。嗟哉格物本一理，顧人所用何如耳。筆工在昔本市傭，束毫傳管求售同。誰云進技不進道？意匠輒與歐褚通。虔州刺史覓佳筆，雙管何堪須百日？星馳一騎到長安，試手鳳池隨意擲。老奴恂慄丞相嗔，能用此筆能幾人？願窺翰墨減工製，必使揮毫誇入神。斗柄初回閒電笑，櫜鑰果符人所料，中山聚族倘未殫，束帛那容及年少？是知人才用舍識別惟一心，皐夔衛霍無古今。姸媸能否惟在上所使，此筆區區正其比。我生識字僅一丁，眼前所見徒毘陵。未知當年新淦定何若？正恐鍾衛二王無合作。君不見、此老一去知幾年，當時鑒裁無復傳。紛紛鵝毛抱箳賣，恰費書傭三十錢。（清、王士禎：

《池北偶談》、卷十二、新淦筆工）

**【另文附錄之二：柳公權求筆】**：唐、宣城陳氏，世能作筆，家傳右軍求筆帖。至唐，柳公權求筆於宣城，先予二管，語其子曰：柳學士能書，當留此筆；不爾退還，即可以常筆予之。柳果以爲不入用，別求，遂予常筆。陳曰：吾先予二筆，非右軍不能用也。此事與上述新淦筆工絕相類。（清、王士禎：《池北偶談》、卷十二、新淦筆工，引自《學圃萱蘇》）

**【另文附錄之三：筆仙】**：晉高士，名不顯。每夜作筆，曉合戶（天亮即閉門），以筒置壁外，購者置錢於筒，筆自躍出。因善於養生，人稱筆仙。（南唐、沈汾：《續仙傳》）。

又見：宋、葉廷珪：《海錄碎事》、文學部、筆門）

## 二六 畫龍點睛

南北朝時代，蕭衍（四六四—五四九）廢了齊和帝而自立爲天子，國號梁。他信奉佛教，曾三次捨身國泰寺，因此廣建寺廟，將佛寺裝飾得極爲華盛。他博學能文，書不離手，著述也不少，死後諡爲梁武帝。

那時有位張僧繇（江蘇吳縣人），最會畫人物，尤其善繪雲龍。梁武帝每次修建了寺院佛塔，總要請張僧繇繪製壁畫。所繪佛像，神態生動。與無錫人顧愷之、吳縣人陸探微、陽翟人吳道子（四人都長於繪描人物）相較，顧陸筆法綿密，張吳疏簡。但張的優點是形象完足，線條簡勁，下筆如有神助。

金陵（即南京）安樂寺修竣了，張僧繇在寺中照壁上畫了四條巨龍，栩栩如生，但龍的眼眶中沒畫眼珠，這叫沒有「點睛」。旁人問他這是甚麼緣故？張僧繇回答說：「我若替它點睛，就會飛上天去！」

旁人都認爲這太誇張了，哪會發生這種荒誕的怪事，堅持要他把眼睛畫上。張僧繇被迫不已，只好點睛。纔畫完兩條龍，頃刻間天昏地暗，烏雲密佈，雷鳴電閃，雨驟風狂，那兩條已經點睛的巨龍，竟然掙脫那照壁，騰空飛走，乘雲駕霧，沖往天上去了，剩下那尚未點睛的兩條龍仍然安份的留在照壁上。

【空蒙子曰】：眼睛是靈魂之窗，畫人像或動物生動與否，全看眼神而定。我們到巴黎羅浮宮（Louvre 國家博物館）去參觀達文西（Leonardo da Vinci 1452-1519 又譯達芬奇）畫的蒙娜麗莎(Mona Lisa)像，不管你站在右邊左邊，都覺得她的眼睛在瞧著你，真是不可思議。筆者先父是位業餘的繪相家，在正職之暇，為興趣替親友義務畫大幅人頭像。當一九〇〇到一九三〇年時代，照相館的縮放技術還未開發問世，有賴手工描繪放大，顏料是松煙，只有黑白兩色。先父照著小相片放大十倍描畫，每次留下眼眶空白，要待全部完成後，再端詳角度，補繪眼珠、瞳孔，人就活了，這同是「點睛」的應用。我們寫文章時，在緊要之處點明要旨，使人特別注意，也同是點睛之法。

【原文引參】：梁武帝崇飾佛寺，張僧繇丹青絕代，多命僧繇畫之。於金陵安樂寺畫四龍於壁，不點睛。人問其故？張僧繇曰：點之即飛去。人以爲妄誕，固請點之。纔及二龍，須臾即雷電破壁，二龍乘雲騰驤上天而去。唯未點睛之二龍猶見在。（唐、張彥遠：《歷代名畫記》、梁朝）

【另文附錄之一：畫人不點睛】：顧長康畫人，或數年不點目精。人問其故？顧曰：四體妍蚩，本無關於妙處。傳神寫照，正在阿堵（阿堵是六朝人的口語，意為這裡，此處指謂眼睛）中。（宋、劉義慶：《世說新語》、巧藝。又見：唐、房玄齡：《晉書》、顧愷之傳）

【另文附錄之二：龍鳳皆不點睛】：列裔、騫霄國人，善畫。以指畫地，長百丈，直

如繩墨。又畫爲龍鳳，騫翥若飛，皆不可點睛。（苻秦、王嘉：《拾遺記》、秦始皇）

**【另文附錄之三：畫鷹鳥雀不入】**：張僧繇畫龍點睛，便破壁飛去。顧光寶畫獅子，能爲陸溉治祟，口血淋漓。楊子華畫馬，夜聞蹄齧聲。韓幹畫馬，鬼使乘之以請醫。吳道子畫驢，踏破僧房家具。此皆理之所無，抑恐譽者過當？至若畫鷹鷂而鳥雀不入，畫雉兔而野鷹來攫，則有之矣。（明、謝在杭：《文海披沙》、畫事非真）

**【另文附錄之四：畫馬長鳴】**：北齊、楊子華，官直閣將軍、員外散騎常侍。嘗畫馬於壁，夜聽蹄齧長鳴，如索水草。圖龍於素，舒卷則雲氣縈集。武成帝重之，號爲畫聖。（臧勵龢：《中國名人大辭典》、十三畫、楊部）

# 二七　老翁殺虎

某縣城的近郊山中，出現了老虎，已經咬傷了好幾個獵戶了，還沒有捕捉到它。邑人請求縣長說：「除非敦請徽州府（在今安徽省）的唐打獵前來，否則不能除此孽畜！」

於是縣長派一官員，帶著錢帛前往。官員回來稟報說：「唐打獵選拔了技藝頂高的兩位獵師前來，已經上路，不久就會到了。」

獵師來了，縣長一看，一個是鬚髮全白的老頭兒，還不時咯咯咳嗽。一個是年僅十六七歲的青少小子，經驗想必淺嫩，縣長大爲失望，忍耐著暫且爲他倆安排午飯。

這位老頭兒察覺到縣長的心中不悅，躬身稟告道：「聽說這老虎藏身之地離城不到五里，我想先去解決它，然後回來吃飯不遲呀！」

縣長便指派衙役領路前往，剛走到山谷入口之處，那衙役膽怯懼怕，停步不敢前進了。

老頭兒笑道：「有老夫在此，你還害怕甚麼呢？」

他毫不浪費時間，一馬當先，領頭進入。行到半山中，不見動靜，老頭對青少小子道：「這畜生好像還在睡覺休息，你把它叫醒吧！」

少年人用手團著嘴唇，從丹田運氣，吼聲迸裂而出，一時山鳴谷應，聽來就是虎嘯。

那老虎聞聲，自密林中竄了出來，一見老頭，正是送上門來的肉食，縱身高躍，飛撲上來。

這老頭手上拿著一把短柄斧頭，長約八九寸，寬約四五寸。他兩臂伸起，雙手緊握，斧柄與髮頂齊高，斧刃朝天，眼瞪前方，屹立不動。

那虎騰空直罩過來，老頭兒並不迴避，只見他突然把身軀放低，半蹲半立，雙腳一前一後，站穩馬步，讓老虎挨著頭頂切了過去，斧口也絲毫未動。只見鮮血迸濺，老虎趴仆在身後草地上，就再也起不來，一動也不動了。

走近一瞧，原來老頭兒只是舉起斧頭，借著老虎的衝勁，使利斧沿著虎身從喉頸、經胸腹、到尾部的皮肉，全因劃過斧鋒而割剖開來，落地就心裂肚破死了。

斧圖

虎患既除，縣長送了厚禮，酬謝兩人回去。

老人自我解釋道：他練習臂力費了十年，練習眼力也費十年。練成以來，即令用毛帚掃眼也不眨一下，即令叫壯漢攀懸在臂膀上用力朝下扳也扳不動，功夫已到極境了。

【空蒙子曰】：這個場面，描繪很神。只要這位老獵虎行家站穩樁子，握緊斧頭就夠了。以逸待勞，以靜制動，讓老虎的腹部自動地從斧口鋒上劃過去，由於虎身騰空，躲也沒法躲，就直接開腸破肚了，好不快意。但依據《水滸傳》武松打虎的敘述，老虎捕人有三部曲：一撲二掀三剪。假如這隻老虎不是騰空撲起，而是迎面衝來或抓來，或者用虎尾從橫面掃來或剪來，那柄八九寸長的斧頭太短，能不能擋住虎爪虎牙虎尾，就很難預料了。由於這事頗近寓言，又以過程很鮮，因樂於引錄參閱。

**【原文引參】**：近城有虎，已傷獵戶數人，不能捕。人曰：非聘徽州唐打獵，不能除也。縣令遣吏持幣往，歸曰：唐氏已選拔最精者二人，行且至矣。至則一老翁，鬚髮皓然，時咯咯作咳，一童子，十六七耳。縣令大失望，姑命具食。老翁察縣令意不悅，啓曰：聞此虎距城不五里，且先往捕，賜食未晚也。遂命役導往。役至谷口，不敢行。老翁哂曰：我在，汝尚畏耶？入谷，老翁顧童子曰：此畜似尚睡，汝呼之醒！童子作虎嘯聲，虎果自林中出，逕搏老翁。翁手一短柄斧，縱八九寸，橫半之，奮臂屹立。虎仆至，老翁蹲身不避，虎自頭頂躍過，血流迸濺，已仆地不起矣。視之，自頷以下至尾閭皮肉皆觸斧裂矣，乃厚贈遣之。老翁自言：煉臂十年，煉目十年。其目以毛帚掃之不瞬，其臂使壯夫攀之，懸身下縋不能動。（清、紀曉嵐：《閱微草堂筆記》、槐西雜志）

# 仙鬼第三

## 二八　呂洞賓不學變金術

世傳八仙之一的呂洞賓，名嵒，一作嵓，與巖、岩都通，字洞賓。據說生於唐朝德宗建中初年（約為西元七八〇—七八四），京兆人，自稱回道人。元朝武宗封他為「純陽演正警化孚佑帝君」，因號純陽子，世稱呂祖。

唐懿宗年間（八六〇—八七三），呂洞賓通過科舉考試，任官爲德化縣令（咸通三年任官，即西元八六二年，德化即今江西九江）。這年六月炎夏，政務清閒之際，他往城南登廬山避暑。那廬山萬壑千巖，煙雲瀰漫，呂洞賓在山中，不期而遇，見到了八仙中的鍾離權（居正陽洞，號正陽帝君。自稱「天下都散漢鍾離權」，都散漢是閒逸男子之意，今人稱他作漢鍾離，誤把漢與鍾離相連，是不正確的）。

鍾離權由於以前苦竹眞君告訴他：「來日遇到兩口之人，就是你的弟子。」今遇到呂巖，正合前兆（呂字由兩口合成）。且見他骨相清靈，慧根夙具，就勸他辭官慕道，到終南山相見。

呂洞賓依囑，入終南山，見到鍾離權。鍾首先施用十種魔障孽象來測試他，呂洞賓都不爲所動所惑，鍾大喜，說道：「吾見汝君心大定，今雖魔光十現，皆不爲所折，得道必矣。」但又知呂洞賓功德善行兩者修積不足，故只能先傳授他「黃白祕術」眞法。黃是黃金，白是白銀，乃是變銀成金之法。以後看他的功德修爲，再行度化。

鍾離權說：「學成此術，就可以普濟世人。待你三千次的功德積滿，八百項的善行修持夠了，我自會前來引度。」

呂洞賓問道：「這白銀變成了黃金之後，將來會不會再由黃金還原又成白銀呢？」

鍾答：「那也得等到三千年之後，才會還原回去的。」

呂洞賓愀然道：「這就必會留禍給三千年後那些持有這種黃金的人，害了後代，並不公平，我還是不學的好。」

鍾離權喜道：「你能澤及三千年以後的來世之人，這

個慈悲心太好太大了，足足可以抵補你三千功德、八百善行所不足的差數。修積已滿，你可以擇期到鶴頂（終南山之高峰）來會我，由我帶領你同登道域仙境吧！」

【空蒙子曰】：傳說呂洞賓考上舉人後，續考進士多次都落榜，因轉而學道成仙。但《呂祖年譜》則說考上了進士，並記載他於前往長安應考途中，在一客棧等候用飯，有一道翁同在，兩人萍水相遇，交談甚歡。呂因一時倦怠，暫時倚枕假寐。他夢到進士及第，官至極品，做了十年宰相，權傾內外，妻賢子肖。後來突遭許多災難，幾乎活不下去了。正在窮途末路之際，恍然夢醒，則炊飯還未熟。因感「升沉萬態，榮悴多端，方知世事乃一大夢」之歎，這便是「黃粱夢」的故事（黃粱故事有好多個：㈠唐、沈既濟的《枕中記》、㈡元、馬致遠的《黃粱夢》、㈢明、湯顯祖的《邯鄲夢》、㈣清、蒲松齡《聊齋誌異》中的《續黃粱》、㈤宋、樂史的《玉枕夢》、㈥明、湯顯祖的《南柯夢》、㈦本篇《呂祖年譜》中的故事都是）。世傳呂洞賓成仙前後的故事極多，兼有遊俠、名士、神仙等身分，曾在江淮斬蛟，岳陽弄鶴，客店醉酒。在八仙中特別充滿傳奇寓言色彩。要知仙人事跡，眾說各殊，毋須深究。但仍可一提的是，人們多喜貪不當之利，只要眼前能夠致富，哪管將來如何？更哪管他人受害？呂洞賓卻想到三千年以後別人的損失，如果人人都不願他人遭殃的話，那天下不就太平了嗎？這也是選錄本篇的目的也。

【原文引參】：咸通三年，呂祖宰德化。六月遊廬山。鍾祖來，教其致仕，早入終南。呂祖往從，鍾祖以十事試之，曰：吾見汝君心大定，魔光十現，而皆不為所折，得道必矣。

但功行未滿，先授子黃白祕術，可以濟世。待三千功滿，八百行圓，方來度子。問曰：所作庚辛，有變易乎？曰：三千年後，還本質耳。呂祖愀然曰：誤三千年後人，不願爲也。鍾祖曰：子推之於此，三千八百，悉在是矣。予居鶴頂，能從遊乎？呂祖即隨往。（李涵虛：《呂祖年譜》、海山奇遇、卷之一、入終南記）

【另文附錄】：鍾離授丹於呂祖，點鐵成金，可以濟世。呂問曰：終變否？曰：五百年後，當復本質。呂曰：如此則害五百年後人矣，吾不願爲也。曰：修仙要積三千功行，汝此一言，三千功行已滿矣。（明、袁了凡：《了凡四訓》、積善之方）

# 二九　曹谷就修仙唱道情

修道成仙，本是傳奇，但箇中的析理，亦頗有洗心勸善之效。

世傳八仙中有一位叫曹國舅的，只用國舅作稱謂，沒有名字，似欠合情。《呂祖年譜》說應是曹谷就，訛音誤為曹國舅，其所述近似警世寓言，因予錄參。

北宗仁宗嘉祐年間（一〇五六—一〇六三），有位名叫曹景休的儒士，才思清逸，氣質純美。由於他稟賦超俗，親友們都勸他去應考科舉以獲取功名，俾臻富貴。但曹景休說：「我不願意遷就朝廷官府的約束，忍受那繁文縟禮的拘牽。只願意就近享受那幽谷翠岩的清純，長期保有那順天適性的悅樂，這才是我的心願。」為了表明他的心意，從此改名為曹谷就（「就」是接近的意思，如移樽就教、就事論事、行將就木）。

不多久，他果眞隱居在深山茂林之中，遠離塵寰。戴葛麻頭巾，穿粗布衣袍，吃山果野菜。一心一意，修養純眞。

那八仙中的鍾離權與呂洞賓二仙，相偕雲遊四方，有一天，路訪此山，有緣遇到了曹谷就。悅見他資質穎慧，又知悉他一直在潛心修道，便試問他說：

「聽聞你正在修心養性，你所養的，究是何物？」

曹谷就答道：「我在養『道』！」

接著又問：「『道』在何處？」

曹谷就不答，以手指天。

又再追問：「『天』在哪裡？」

曹谷就回手指心。

二仙笑道：「心中印著『天』，天中含著『道』，你能懂得這個要領，已經通曉『道』的本旨和根源了，十分可喜。識天者、心也。養心者、道也。天心即是道心，道心同於天意。天也、道也，即一即二，即二即一，非一非二，非二非一。一二皆忘，無蹤無跡。」

又說：「你的悟性本高，如若依循此旨，再凝聚元靈，入於泰定，成道非難也，吾二人願助你一臂之力。」

於是將上乘道法「還眞祕旨」傳授給他，黽勉他繼續潛心修煉。

曹谷就力修，終於成道。對塵俗世間的紛紛擾擾完全看破了。他常帶著兩塊大拍板，漫遊各大都市，度化有緣之人。他用大拍板打著拍子，唱著醒世道情歌。其中一首歌詞是這樣的：

「歎人生，多忙亂，
火宅塵緣，日日相縈絆。

驀地喉中三寸斷，性魄神魂，自此俱消散。

任妻兒哀切喚，萬句千聲，更不回頭看。

饒你在生多計算，落在荒郊，失了惺惺漢！」

這首勸世歌，有似警世鐘聲，叫人猛醒回頭，莫待身心靈魄全都衰竭之際，再來呼天搶地，那就來不及了。

曹谷就終於位列仙班，成了八仙之一（按元劇有「八仙慶壽」，以漢鍾離、張果老、呂洞賓、李鐵拐、曹國舅、韓湘子、藍采和、何仙姑為八仙）。以後還隨同呂洞賓各處周遊，並自號為「混成子」。

【空蒙子曰】：本篇雖是寓言，卻含玄理，談到了「養」「道」「天」「心」。甚麼是「養」？就是保持正確的人生觀，擇善謹守。「道」就是真理，要信而不移。「天」就是無私無我，人己平等。「心」就是一切行為的主宰，做個好人。今日我們試看：世人都愛廣廈，但只能眠一床。愛華服，但只能穿一套。愛美食，但只能吃三餐。愛錢鈔，但基本花費總有限度（立意要吃五萬台幣一客的鮑魚宴是例外）。這些居室衣著口腹的享受，都僅屬於生理上感官上的饜足，是低層次的。人活著，要追求精神上性靈上的充實，這才是高層次的。許多人每天忙著賺錢，錢太多了何用？反而日夜操心，成了金錢的奴隸，所為何來？《馬太福音》十六章說：「人若賺得全世界，卻賠上自己的生命，有甚麼益處呢？」若能跳出這些庸俗的羈絆，活得豈不更愜意？不必修道也自合於道了。

【原文引參】：嘉祐間，有曹景休者，清才俊逸。或勸其出就功名，曰：吾不就朝市，願就崖谷，因改名谷就，隱跡山林，葛巾野服，矢志棲眞。一日，鍾呂二師來，問曰：聞子修養，所養何物？對曰：養道。曰：道何在？谷就指天。曰：天何在？谷就指心。二師笑曰：心印天，天即道，子親見本來矣。遂授以還眞祕旨，令其精煉。未幾、道成。即持大拍板，入都度世。唱道情曰：歎人生，多忙亂；火宅塵緣，日日相縈絆。驀地喉中三寸斷，性魄神魂，自此俱消散。任妻兒哀切喚，萬句千聲，更不回頭看。饒你在生多計算，落在荒郊，失了惺惺漢。曹以後每隨呂祖周遊，號混成子。（李涵虛：《呂祖年譜》、海山奇遇、卷之三、北宋）

【另文附錄：曹谷就訛爲曹國舅】：考瀦確類書云：曹國舅者、苗善時傳，不能舉其名。第言丞相曹彬子，皇后弟。美姿容，皇上及后重之。一日，求出家，上以金牌賜之。抵黃河，爲篙工索渡値，急中用金牌相抵。純陽見而警之，遂拜爲弟子云云。夫旣爲曹彬（封魯國公，宋史有傳）之子，皇上與后所重之人，尙不能舉其名乎？此蓋耳聞曹谷就三字，疑爲國舅，遂舉曹彬子皇后弟以附會之。小說之所以多訛也。猶之「杜拾遺」訛爲「杜十姨」之類也。（李涵虛：《呂祖年譜》、海山奇遇、卷之三、北宋）

# 三〇 呂祖黃粱夢

八仙之一的呂洞賓，名嵒（音義同巖），號純陽子，又自號回道人（回與呂都是兩口合成），人稱呂祖。唐朝會昌年間（唐武宗年號），兩次進士考試都未取錄。一天、他閒遊進入長安一家酒店裡，看見一位道士，長鬚秀目，飄逸不凡，在牆上題了一首詩，詩曰：

坐臥常攜酒半壺　未睜雙眼識皇都

乾坤許大無名姓　疏懶人間一丈夫

呂洞賓覺得他像貌氣質兼優，作詩口氣很大，就上前請教他尊姓大名。道人說：「我複姓鍾離，單名權。我看你根基不差，你也作詩一首，讓我欣賞一番好嗎？」

呂洞賓當下也寫了一首，詩云：

生在儒家遇太平　懸纓重滯布衣輕

誰能濁世爭名利　臣事羲皇樂上清

鍾離道人讀後讚道：「好詩，好詩。」兩人便同在酒店休憩，距離也拉近了。鍾離權自行在炊飯，呂洞賓呆坐了一陣，一時無所事事，覺得困倦，便枕著几案，暫且閉目打盹。

這一假寐，不覺進入夢中。夢見自己以舉人身分，前往京都，考上了進士。初時任爲州官，繼而升爲侍郎，屢次高升，又多次降職，浮沉宦海近四十年，而且還獨任宰相十年，聲名顯赫，威權不可一世。

忽然不知何故，犯了重罪，家產抄沒入官，妻兒流離分散，己身充軍押往南蠻荒域，孤身獨影，窮愁悲慘，方自仰天長歎，此生如何了結，一陣鬱悶，突然夢醒了。

呂祖張眼一看，鍾離道人仍在身旁，他炊的黃粱飯還未全熟。鍾離對他笑道：「黃粱猶（尚）未熟，（你竟）一夢（遠）到華胥（道家傳說的虛有之邦叫華胥氏之國）了嗎？」

呂洞賓心中一驚，問道：「我確是進入了夢境，這位道長竟然知道我在做夢嗎？」

鍾離權說：「我算準你是入夢了。夢裡有百種貴賤的起伏，有千般榮枯的變化。雖然前後經歷長達五十年，當你看透了時，只不過是一眨眼的功夫而已。得到了的，不必高興；失去了的，也不用傷心。大可把人的一生，視同一場大夢不就了了。」

呂洞賓經過這番折騰磨練，不禁大徹大悟，覺得一切都是虛假的，便跟隨鍾離權前往終南山修道成仙去了。

【空蒙子曰】：與這個升沉萬態、榮悴千端的呂祖《黃粱夢》類似的寓言，還有盧生的《邯鄲夢》與《枕中夢》，淳于棼的《南柯夢》，楊林的《玉枕夢》，以及《聊齋》中曾孝廉的《續黃粱夢》。這許多夢都是在說明人生如寄，富貴無常，得失不必斤斤計較。元代薩都刺（字天錫，號直齋）撰《鸚鵡曲》有云：「繁華一夢人不知，萬事邯鄲呂公枕。」《三國演義》卷首有《臨江仙》詞曰：「滾滾長江東逝水，浪花淘盡英雄，是非成敗轉頭空，青山依舊在，幾度夕陽紅。」南宋朱敦儒志行高潔，有《西江月》詞云：「世事短如春夢，人情薄似秋雲，不須計較苦勞心，萬事原來有命」。蘇東坡也有「世事一場大夢，人生幾度秋涼」的《西江月》詞。人生在世，如果汲汲於名位的爭奪，營營於財富的攫取，這些慾壑，是沒法填滿的。試看秦皇漢武，如今安在？幾千具兵馬俑，還不是被人挖掘出來，擺著供憑弔而已嗎？俗話說：「良田萬頃，日食一升；廣廈千間，夜眠八尺」，多了，只是增添累贅與煩惱。一切錦衣玉食，聲色犬馬，一己的享受畢竟有限，過度了更是健康的殺手。倘若看得破，倘若放得下，倘若將這些浮名虛利，都當成過眼雲煙，那就海闊天空，「古今多少事，都付笑談中」，豈不就心安理得了？

【原文引參】：呂祖名嵒，字洞賓，號純陽子。會昌中兩舉進士不第。後遊長安酒肆，見一羽士，呂祖訝其狀貌奇古，因揖問姓氏？曰：吾複姓鍾離，名權。因同憩肆中。鍾自起執炊，呂祖忽困倦，枕案假寐。夢以舉子赴京，進士及第，始自州縣，而擢祕閣，升而復黜，黜而復升，前後四十年，又獨相十年，權勢熏炙。忽被重罪，流於嶺表，一身孑然，窮苦憔悴。方自浩歎，恍然夢覺。鍾祖在旁，炊尚未熟，笑曰：「黃粱猶未熟，一夢到華胥」。呂祖驚曰：先生知我夢耶？鍾曰：升沉萬態，榮悴多端，五十年間一頃耳。得不足喜，喪何足悲？人世一大夢也。呂祖感悟，因偕往終南，修道成仙。（唐、呂洞賓：《呂祖

全書》、卷一）

【另文附錄之一：黃粱夢】：呂純陽遇鍾離先生，隨鍾離往終南山鶴嶺，同憩肆中。鍾離自起執炊，呂忽思睡，枕案假寐。夢見一生榮貴如意，最後失勢流落，一身孑然，立風雪中浩歎，恍然而寤。鍾離在旁，炊尚未熟，笑曰：黃粱猶未熟，一夢到華胥。呂驚起，遂求度世。（明、晉安、謝在杭：《文海披沙》、黃粱夢）

【另文附錄之二：邯鄲夢】：唐、盧生，在邯鄲旅店，遇道人呂洞賓，呂以枕授盧生，生伏枕臥，因而入夢。歷數十年榮華富貴，寵辱浮沉。後因獲罪，驚懼而醒，客店主人所蒸黍飯尚未全熟，方知是夢。（明、湯顯祖：《邯鄲夢》又名《邯鄲記》。又見：元、馬致遠：《黃粱夢》，故事相同）

【另文附錄之三：枕中夢】：開元七年，道士呂翁，行邯鄲道中，息邸舍。見一少年盧生，衣短褐，將耕於田，亦止於邸中，與翁言笑殊暢。盧生顧其衣衫敝舊，歎曰：大丈夫生世不諧，困如是也。翁曰：何也？生曰：吾嘗志於學，今已壯，猶勤畎畝，非困而何？言訖，倦而思寐。時主人方蒸黍飯，翁乃探枕授之曰：枕此，當令子適志。其枕青甆，而竅其兩端。生俛首就之，見其竅漸大，乃舉步而入，遂至其家，數月，娶崔氏女，舉進士，後任州牧，又遷節度使，大破戎虜，開地九百里。轉戶部尚書，遭逢時忌，貶爲刺史，三年，復任常侍。未幾、與蕭嵩裴光庭同執國政十餘年，號爲賢相。同列害之，下獄，後復爲中書令，封燕國公。歷五十年，病而歿。盧生伸欠而寤，見己身仍偃於邸舍，呂翁在傍，主人蒸黍猶未熟。盧生蹶然曰：豈其夢耶？翁曰：人生亦如是矣。生撫然良久，曰：窮達得喪，死生之道，盡知之矣。人生如夢，富貴無常，此所以窒吾欲也。敢不受教？再拜而去。（唐、沈既濟：《枕中夢》又名《枕中記》、又見：宋、李昉：《文苑英華》）

【另文附錄之四：南柯夢】：唐、東平淳于棼，家住廣陵郡，居宅有古槐樹一株，枝幹蔭蔽數畝。貞元七年淳于生日，大飲、沉醉。二友扶之，臥於東廡，淳于就枕，髣髴入夢。見二使者拜迎曰：槐安國王奉邀。淳于隨二使出，乘車，入古槐穴。復行數十里，入大城，曰大槐安國。謁王，王許以公主瑤芳。婚後，榮寵日盛，委任爲南柯大郡太守。淳于治郡二十載，德風廣被，極盡顯貴。妻歿，淳于請罷郡守，還國。王后謂曰：卿離家長久，可歸故里一探，淳于方乃悟及前事，流涕請歸，前二使者送之，復出大城，宛若昔年東來之途，廣陵郡亦山川如舊。入家門，升堂階，倦、於東廡暫憩。忽聞有人大呼淳于，乃寤，見二友仍在側。夢中倏忽，若過一世矣。與友共尋大槐樹南枝下穴，曰：此即夢中所入槐安國之進口也。棼因感於富貴虛浮，遂入道門。後人指夢爲南柯本此。（明、湯顯祖：《南柯夢》。又見：唐、李公佐：《南柯記》又名《南柯太守傳》）

【另文附錄之五：玉枕夢】：宋、焦湖廟有一柏枕，或云玉枕，枕有小坼。時單父縣人楊林爲賈客，至廟祈福。廟巫謂曰：君欲好婚否？林曰：幸甚。巫即遣林近枕邊，因入坼中。遂見朱樓瓊室。有趙太尉在其中，即嫁女與林，生六子，皆爲祕書郎。歷數十年，並無思歸之志。忽而夢覺，猶在枕旁，林愴然久之。（宋、樂史：《太平寰宇記》。又見：宋、

李昉：《太平廣記》、二百八十三）

【另文附錄之六：續黃粱夢】：曾孝廉，高捷進士時，與二三新貴郊遊，見一卜者，許以二十年宰相。遇雨，避入僧寺，一老僧坐蒲團上，不爲禮。曾因雨，倚榻小盹。忽有中使召曾丞相入朝，決國計。妻妾財祿俱全，曾以權位酬私恩，報夙怨，威赫不可一世。衰年後，遭劾奏，充軍雲南，途遇匪盜，將曹殺死。有二鬼，拘其魂，入陰殿。判因濫權貪財，罰入油鍋，再上刀山，又灌鐵液。最後押入輪迴，來生變女。曾開目，已是女嬰身。十四歲，賣爲人妾。夜晚盜賊入室，殺死丈夫。嫡妻疑妾指使奸夫殺親夫，縣吏以酷刑鞫供，論斬，推赴刑場。胸中冤氣扼塞，不禁悲啼。同遊者曰：兄夢魘耶？寤則老僧猶在座上，微笑問曾曰：宰相之占驗否？曾驚異，仕途轉淡，入山不知所終。（清、蒲松齡：《聊齋誌異》、卷五、續黃粱）

【另文附錄之七：櫻桃青衣夢】：天寶初，范陽盧子，嘗暮夜獨行，見一精舍，有僧開講，徒衆甚多。盧入聽，因倦而假寐。夢至一大廈前，見一青衣攜一籃櫻桃在門階憩坐，盧因與青衣同食櫻桃。青衣云：主母姓盧。詳詢之，乃盧生之姑也。青衣引入，北堂拜姑。詢姪未婚，乃以外甥女許之。明年登甲科，授祕書郎，遷禮部侍郎，掌銓三年，作相五年，兒孫滿堂，歷二十年富盛。後因出行，竟又至昔年攜櫻桃青衣之門。忽然昏醉，良久不醒。耳中聞僧喚曰：檀越何久不起？盧生陡然夢覺，惘而歎曰：人世榮華貧賤，亦鏡花水月耳，遂尋仙訪道而去。（北宋、李昉：《太平廣記》、二百八十一、櫻桃青衣）

【另文附錄之八：秦夢記】：太和（唐文宗年號）初，沈亞之（七八二—八三二，元和進士）出長安，客槖泉邸舍，晝夢入秦。秦穆公使佐西乞伐河西，亞之下五城，公大悅。久之，公幼女弄玉之夫蕭史死，公謂亞之曰：寡人愛女弄玉，欲與卿備灑掃，可乎？亞之因尚公主，題其宮曰翠微宮。公主喜鳳簫，每吹必在翠微宮高樓上，聲遠逸，能悲人。復一年，弄玉無疾卒，公追傷不已，命亞之作挽歌，曰：「泣葬一枝紅，生同死不同。金鈿墜芳草，香繡滿春風。舊日聞簫處，高樓當月中。梨花寒食夜，深閉翠微宮。」月餘，公曰：小女物故，寡人每見子，即不能不悲悼，汝盍適他國乎？亞之曰：臣得歸骨父母國，則不忘君恩矣。將去，亞之復入翠微宮，與公主侍人別。公命車駕送出函谷關，忽驚覺，仍臥邸舍。（唐、沈亞之：《沈下賢文集》、卷二。又《太平廣記》、二八二）

## 三一　張果通玄

張果、沒有人知道他的身世。唐朝武則天女皇帝在位時，張果隱居在中條山（在河北省）中，當時傳說他有長生不老祕術，自稱年壽已有幾百歲了。

武則天女皇帝派使臣召喚他入京，張果忽然得了急病，就快要死了，因而不能赴召。但後來有人見到他活動如常，原來他生病是假裝的。

則天皇后像

唐玄宗開元二十一年，恆州（州府在今河北省正定縣）刺史（唐朝稱州的首長為刺史，郡的首長為太守）韋濟（以後任戶部侍郎、尚書左丞）稟奏皇上，證實張果仍健居中條山。唐玄宗指派裴晤（時為通事舍人）前往迎接。那知張果當著京官裴晤面前，突然氣息阻閉，呼吸變得極爲困難，幾次都近乎斷氣了，好久才活轉過來。裴晤自忖不能過份逼迫，回京把實情奏報天子，暫停召喚。

隔了好久，玄宗再遣中書舍人徐嶠（字巨山）帶著蓋有皇帝玉璽的邀請詔書再去敦請，以示隆重。張果才離山上京，乘轎子進入皇宮。

起初，玄宗心仍有疑，找來一位邢和璞（著有《潁陽書》）的，長於算命，能預知人的長短年壽，玄宗命他推算張果，竟然懵懂算不出張果的甲子干支。另有一位師夜光（新舊唐書中都有此人），可以看到鬼怪。玄宗請張果和他坐在一起，師夜光竟然問道：「張果先生在哪裡？」始終沒有瞧見。

唐玄宗對高力士（宮中宦官）道：「我聽說喝下堇汁（說文：堇、野生、味苦）而不以爲苦的，才眞是奇能之士。」那時天氣嚴寒，便請張果喝堇汁。張果喝盡了三卮（卮是大酒杯，一卮的容量是四升，共十二升），才微有醉意，卻怪說這並不是甚麼好酒。

一會兒，大家發現張果張嘴說話時，他的牙齒全部都變成了黑色。張果也知道，叫人取來一柄鐵製如意，他把滿口牙齒都敲掉了，然後從口袋中取出仙藥，塗敷在牙床肉齦上，不多時，新牙生長出來，顆顆潔白瑩明，有如編貝。玄宗這才相信張果確是奇人，封他爲通玄先生。

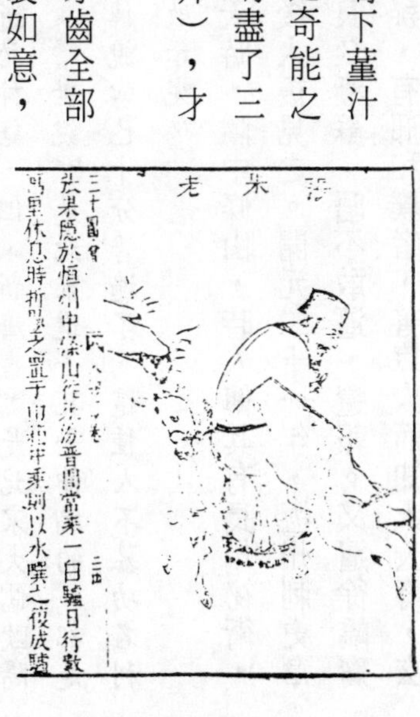

張果性喜恬淡，鄙視利祿，不慕榮華，後來離京，進入恆山（五岳之一，在冀晉邊境），以後就不知他的去向了。唐玄宗在他的隱居之處爲他建造了棲霞觀，地點在蒲吾縣，今已改名爲平山縣（屬今河北省）。

【空蒙子曰】：傳說中，張果是八仙之一。由於他鬚眉皆白，故民間稱他為「張果老」。其他寓言小說書中，例如《太平廣記》便說他倒騎白驢，日行萬里，雲遊天下（請參看拓自《三才圖會》的圖像，正是倒騎驢背），後人有詩曰：「不是倒騎驢，萬事回頭看。」當他不騎時，就向驢吹一口氣，讓驢臥倒，將它摺疊像摺紙一般，收入囊中。欲再騎時，向紙驢噴水一口，驢即復活。又有另書說他是千年蝙蝠成精，法力無邊。這都太怪異了，不便胡亂引譯。本篇雖近於神話，但《新唐書》是北宋大儒歐陽修寫的，《舊唐書》是後晉宰相劉昫寫的，《續世說》是北宋進士孔平仲編的，都是正史信書，都有張果的專章故事，想來民間傳說當已十分普遍了。這種人不慕功名利祿，蔑視虛假榮華，是不是對我們會有若干啟示呢？

【原文引參】：張果者、不知何許人也。則天時，隱中條山，時人傳其有長年祕術，自云年數百歲矣。則天遣使召之，果佯死不赴，後人復見之。開元二十一年，恆州刺史韋濟奏聞。玄宗令裴晤往迎之。果對使絕氣如死，良久漸蘇。晤不敢逼，還報。又遣徐嶠齎璽書以邀之，果乃隨至，肩輿入宮中。初、玄宗疑，有邢和璞者，善算人而知人夭壽，玄宗命算果，則懵然莫知其甲子。又有師夜光者，善視鬼，玄宗召果與之坐，令師視之，師問曰：果安在？對面終不能見。玄宗謂力士曰：吾聞飲董汁無苦者，奇士也。時天寒，使以董汁飲果，果飲三卮，頹然曰：非佳酒也。頃之，視其齒，盡燋且黧。命取鐵如意擊齒墮，乃懷中出仙藥，傅其齗，竟生新齒，粲然潔白，玄宗方信之，號曰通玄先生。後入恆

山，不知所之。玄宗爲造棲霞觀於隱所，在蒲吾縣，後改爲平山縣。（《舊唐書》《新唐書》、方技傳、張果）

【另文附錄：紅藥生齒】：張果隱於中條山，元宗召至禁中，邢和璞推之，曹然不知其甲子。師夜光善視，果與並坐而不能見，元宗謂高力士曰：吾聞飲堇汁無苦者，眞奇士也。會天寒，以堇汁飲果，果引三巵，醺然曰：非佳酒也。引鏡視齒，焦黑矣。以鐵如意擊齒落，旋以紅藥傅齗，齒皆生，粲然潔白。後入恆山，不知所之。（北宋、孔平仲：《續世說》、卷八、棲逸）

## 三二 南斗添壽

三國時代，有位會「占相」的方士，名叫管輅（二〇八—二五五，懂周易、善卜筮，《三國志》魏志，方技有傳），替顏超看相，根據他的三停五嶽之貌，斷定他會早年夭亡。這時顏超還只十九歲，心有不甘，懇求管輅設法延命。

管輅不忍心，指點他道：「你回家去，備辦美酒一罈，上等鹿脯（燻乾的鹿肉切成片條，下酒最好）一斤，帶往麥田南邊山坡林地的大桑樹下，你會看到有兩位老伯下圍棋。你當保持靜默，只須斟上美酒及獻上鹿脯就是了。如果問你，也不必回答，只要跪著叩頭，自會讓你增壽。」

顏超依命前往，果見兩位老人家正在下棋。顏超默不作聲，斟酒獻脯。這兩人全神貫注在棋局上，順手飲美釀，嚐佳肴，心思及眼光都沒有離開棋盤，顏超也頻頻倒酒添肉。棋下完了，北面的老者一偏頭，發現顏超在旁，喝問道：「你是何人？爲何在此？」

顏超沒有說話，只是叩頭不起身。

南面坐著的老者說：「此人當是顏超，此來必爲延壽。剛才我倆人無端享用了他的美酒佳脯，也該略表謝意，不然的話，我們豈不是太不近人情了嗎？」

北面的老者道：「那『生死簿』上，壽命已預先注定了，你也是知道的呀！」

南面的老者說：「暫且借來簿冊看看好嗎？」

取出簿籍，翻到顏超名下，一見他的年壽，止可十九歲。南面老者，拿筆一挑，將十九倒勾成九十。他向顏超宣告道：「饒你一次，你可以活到九十歲了！」

顏超拜謝，返家回報管輅。管輅說：「北面坐的是北斗星君（詩經：惟北有斗），南面是南斗星君（晉書：南斗、一曰天機）。北斗注死，南斗注生。算你福大，得來高壽。但要行善，莫負天意。」

【空蒙子曰】：寓言都是人寫出來的，因此常將人類社會中的現象，帶入寓言故事中而不自覺。從晉朝時代來看，故事講來很溫馨，若從現代來看，似乎尚可檢討一下。例如此篇，第一、人之壽命，都已注定，載入簿中，這生死簿便是公文書，南斗竟然私自塗改，是犯了偽造、變造、或登載不實事項於公文書之罪，這是觸犯了刑法，要坐牢的。第二、北斗在場，應算參與，他是從犯，也跑不掉。第三、管輅指點顏超，私下賄求延壽，這是犯了教唆罪。第四、南斗北斗接受並享用酒脯，兩人構成受賄罪。第五、顏超以利誘人，構成送賄罪。第六、如果送酒肉就可延年，是不是旁人也可做效，大家都延到九十歲？不該寬延而竟私延了，南斗犯了違背職務上的行為之罪。第七、生死簿不但是公文書，且是機密件，竟可隨身攜出，帶到郊野，犯了不當持有機密件外攜罪。最後第八點：人之生死，既已各各登入簿中，即令在三國時代的陽世人口，當也有數百萬之眾，要多少本簿子才記得完呢？姓顏的要佔多少本呢？怎麼樣能事先找出顏超這一本去下棋而且用到了呢？深思之餘，漏洞不少。但這寓言是遊戲筆墨，吾人不必太苛責了，不然我們豈不也犯了膠柱鼓瑟之嫌嗎？

【原文引參】：管輅見顏超貌主夭亡，乃求輅延命。輅曰：子歸，覓清酒鹿脯一斤，去麥地南大桑樹下，有二人圍棋，但酌酒置脯，飲盡更酌。若問汝，汝但拜之，勿言，必合有人救汝。顏依言而往，果見二人圍棋。顏置脯酌酒於旁，二人貪戲，但飲酒食脯，不顧顏超。數巡，北邊坐者忽見顏在，叱曰：何故在此？顏惟拜之。南面坐者語曰：適來飲他酒脯，寧無情乎？北坐者曰：文書已定。南坐者曰：借文書看之。見超壽止可十九歲，乃取筆挑上，語曰：救汝至九十年活。顏拜而回。管語顏曰：北坐者是北斗，南坐者是南斗。北斗注死，南斗注生。（晉、干寶：《搜神記》、顏超篇）

【另文附錄：添壽九十九】：管輅出郊，閒行，見一少年，問曰：少年高姓貴庚？答曰：我名趙顏，十九歲矣。輅曰：汝三日內必死，汝貌美，可惜無壽。趙哭求。輅曰：汝可備淨酒一瓶，鹿脯一塊，往南山大樹下，有二人奕棋。汝將酒脯跪進之，食畢，求壽必得。趙顏入南山，果見二人奕棋。趙跪進酒脯，二人貪著棋，不覺酒脯盡。趙跪求壽，穿紅袍者曰：既受其私，姑須憐之。穿白袍者於身邊取出簿籍檢看，曰：汝年十九，今年當死；吾今於十字上添一九字，汝壽至九十九矣。添訖，化二白鶴，沖天飛去。（明、羅貫中：《三國演義》、第六十九回、管輅知機）

## 三三　王質爛柯

晉朝人王質，浙江省衢州人（在浙西，多山，南有仙霞嶺，北有千里崗），砍柴爲生。一天，他帶著斧頭登山，爲要找尋大枯枝，不覺深入山中邃密之處，是他以前沒有到過的。驀然看到樹林裡有一間石塊砌成的房子，他正好想要休息，便踱步進去。只見有兩個尚未成年的小友，在石室中對坐，正在下圍棋。

圍棋起源很早，《博物志》說：「堯造圍棋，丹朱（堯帝的兒子）善弈」。《左傳・襄公二十五年疏》說：「棋者，以子圍而相殺，故曰圍棋」。唐朝以前，棋局縱橫各十七道，如今則縱橫各十九道，黑白棋子各一百五十枚。唐朝時傳入日本，他們訂立制度，棋藝劃分等級，舉行國家比賽，勝者才可升段。

王質是個棋迷，便暫且把斧頭放在牆邊，背著手觀看棋賽。兩童子見有人相陪觀弈，也自歡喜。其中一人順手遞給王質一顆如同棗核大小的果實，王質接來吃了，便一直不覺得饑餓，也不覺得口渴。他一心觀賞雙方佈局，見棋枰走勢，有守有攻，看得入神，竟然渾忘一切了。

不知過了多久，棋局終於完結。有個童子對他說：「你來這裡，時間夠久了，也該回家了吧！」

王質驚悟，連忙回身去找斧頭。一看，斧頭的鐵質部份已經生了很厚的鏽斑，而木柄部份則久已朽爛，幾乎腐壞得沒有了。

王質大懼，急忙下山，及至回到村中，一切都不似當日，親人都不認識，戚友故舊早都已過世了。家人說：「前幾輩流傳下來，只知道我們有位遠祖，名諱叫王質，離家失蹤，渺無音訊，距今已有幾百年了。」

由於這段奇事，人們就稱這山為「爛柯山」，又叫「石室山」。柯者、斧之柄也。

**【空蒙子曰】**：爛柯山地點有三：一在本故事的衢州。二在廣東省高要縣，又叫腐柯山，高要縣傳下來的故事說王質遇見的是古仙人赤松子。三是朱買臣貧時在爛柯山打柴、休妻。戲曲中有《爛柯山》一齣。朱是會稽人（今浙江紹興縣），則爛柯山在紹興矣（我們不必去鑽牛角尖，因為這不是重點）。王質在山中一日，等於人間數百年，這是暗示關於「時間」的相對看法。《莊子・齊物論》說：殤子十來歲死了，是長壽。彭祖年高八百歲，是短命（莫壽乎殤子，而彭祖為夭）。莊子的怪論，要怎樣解釋呢？簡單的說明是：我們倘若從自我滿足的角度來看，殤子已然享受了一生，比起那早晨才萌生出來到傍晚就凋亡的朝菌，夠長命了。倘若從宇宙無窮的角度來看，彭祖雖活了八百歲，比起大自然的無始無終，仍只是剎那一瞬，太短壽了。民間歌謠說：「王子去求仙（或謂即王子喬），丹成入九天，山中方七日，世上已千年」，這與王質觀棋柯爛同旨。因此我們不妨認定：人生百年，既可算很短，也可算很長，關鍵在於怎樣來支配我們的生命？是泄泄沓沓，毫不在乎的浪費呢？還是抖抖擻擻，積極憤發的進取呢？

這就看各人如何來抉擇了。

【原文引參】：晉、王質，衢州人。入山採樵，至石室，見二童子圍棋。質置斧觀之。童子以一物如棗核與質食之，得不饑、不渴。良久、棋終，童子曰：汝來已久，可還。質取斧，視之，柯爛已盡。亟歸家，已過數百年矣，親舊無復存者。因名其山曰爛柯山。（梁、任昉：《述異記》、卷上）

【另文附錄：信安山觀棋】：信安山有石室，王質入其室，見二童子方對棋，觀之，局未終，視其所執伐薪斧，柯已爛朽。遽歸，鄉里已非矣。（晉、虞喜：《志林》）

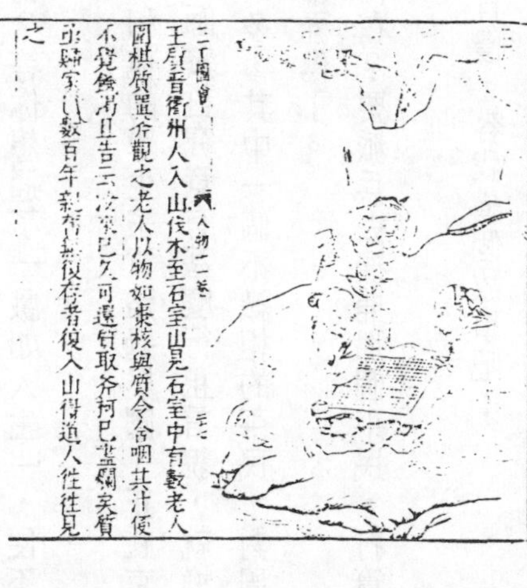

## 三四　少帝白龍變鯉魚

「人生如戲」。今天你扮周瑜，便是主角，八面威風，成爲舞台焦點。明天改扮蔣幹，委屈你成了配角，飾演小丑，還要插科打諢。這公平嗎？等你想通了「戲如人生」，便不會怨天尤人了。

春秋時代，吳王夫差（元前？—前四七三）聽說孔子和他的學生子貢路過吳國，正在京城遊觀（吳國首都在今江蘇吳縣）。吳王想私下了解那聖師賢哲究竟有甚麼行止言貌，就換穿平民便服，獨自出宮，混在人群中觀看。卻因百姓衆多，其中一個不識相的平民，對周邊的人大肆戲弄，躲避不及，無意間把吳王的手指連帶弄傷了。

吳王回到宮裡，覺得皮肉平白受傷，帝王的尊嚴何在？要派兵去搜捕那個平民，打算抓來殺掉。

伍子胥（伍員，元前？—前四八五）諫奏道：「大王且慢，容我講個故事吧：

「從前，天帝有個少子，就是少帝，本是天仙宮闕裡的一條白龍，想到塵世間遊玩，就化成一條鯉魚，在澄淨的淵溪裡，隨著水流順游逆游，迴旋上下，好不快活。不料有個漁夫，名叫豫沮，發現水裡有條鯉魚，就拿起魚叉來射他。少帝受了傷，趕忙急游逃開，迅速回返天庭，向天帝投訴。

「天帝問他道：『你在游泳時，穿的甚麼衣服？』

「少帝答：『我化成一條鯉魚，身上穿的是亮麗的魚鱗服。』

「天帝說：『你原是天上白龍，卻要化成鯉魚，怪不得豫沮要射你。漁人的職業就是捕魚，那本是正常的呀，有甚麼好埋怨的呢？』

「如今大王你脫下萬乘之尊的皇服，換穿尋常百姓的便裝，別人從何認識你？無意間被路人誤傷，這也不足怪呀，有甚麼好追究的呢？」

吳王夫差一想，伍子胥的話也算有理，便不再計較了。

【空蒙子曰】：皇帝街頭被誤傷，只因微服隱行藏。世事猶如戲一場，白龍變鯉也遭殃。昨日我扮唐明皇，今天改扮武大郎。既然身是武大郎，就該忘記唐明皇。虛懷忍讓又何妨，宏觀自會海天寬。

【原文引參】：吳王夫差聞孔子與子貢遊於吳，出求觀其形，變服而行，爲或人所戲而傷其指。夫差還，發兵索於國中，欲誅或人。子胥諫曰：臣聞昔上帝之少子，下游清泠之淵，化爲鯉魚，隨流而戲。漁者豫沮射而傷之。少子逃歸，上訴天帝。天帝曰：汝方游之時，何衣而行？少子曰：我爲鯉魚。上帝曰：汝乃白龍也，而變爲魚。漁者射汝，是其宜也，又何怨焉。今大王棄萬乘之服而從匹夫之服，而爲或人所刑，亦其宜也。於是吳王默然。（後漢、趙曄：《吳越春秋》）

**【另文附錄之一：白龍化魚】**：昔白龍下清冷之淵，化爲魚。漁者豫且，射中其目。白龍上訴天帝。天帝曰：當是時，若安置而形？白龍對曰：我化爲魚。天帝曰：魚、固漁人之所欲射也。若是、豫且何罪？夫白龍，天地之貴畜也。豫且、宋國之凡民也。白龍不化，豫且不射。（漢、劉向：《說苑》、卷九、正諫）

**【另文附錄之二：薛偉化魚】**：薛偉、乾元元年（唐肅宗年代，公元七五八年）任青城縣主簿。病七日，惡熱求涼，不知其入夢也。策杖出門，遊於江畔，有思浴意，遂脫衣入水，甚適。自曰：人浮不如魚快，安得爲魚耶？旁有一魚曰：當爲足下圖之。未頃，有魚頭人來，宣河伯詔曰：薛主簿放懷清江，暫從鱗化，可權充東潭赤鯉，爾其勉之。薛自顧，已魚服矣。於是騰躍而游，意往斯到。俄而飢甚，見漁人趙幹垂釣，其餌芳香，薛呑之，趙幹收綸出水，遭繩貫腮。縣吏張弼買之，攜入縣衙，促命付廚。廚人王士良按薛頸於砧上而斬之，頭適落，薛陡醒悟。而病亦平癒。（唐、李復言：《續玄怪錄》、薛偉。又見：明、陸楫：《古今說海》、說淵三十五、魚服記）

# 三五　月下老人牽紅線

唐朝韋固，想早日娶妻。貞觀（唐太宗年號）二年，旅遊宋城，半晚過後，夜登龍興寺。瞥見一位老人，坐在寺前石級上，背倚著一個大布囊袋，對著月光，翻看簿書。

韋固走近一看，好奇問道：「老先生你看甚麼書？你這書既不是大篆書的科斗字，也不是西國梵文，我還從來未曾見過這種怪異文字哩。」

老人笑道：「這不是世間的書，乃是幽冥之書，你看不懂的！」

韋固道：「幽冥是陰司世界，你爲何卻在這裡？」

老人答道：「不是我該不該在這裡，而是你上山來得太早了呀！凡是陰間派有職務的，都是掌理人世間的諸般事務，所以我也常須在陽間各處走動呀！」

韋固追問道：「那你老人家掌管甚麼呢？」

老人說：「我掌管人世間的婚姻。我查看的是天下所有凡人的姻緣簿！」

韋固心喜，問道：「我一直想早日娶親，請你看看，我會成嗎？」

老人一翻書，答道：「你的妻子，已經三歲了，她到十七歲時，就會嫁給你的。」

韋固再問：「你這個大布囊袋裡裝的甚麼呢？」

老人說：「是紅繩紅線，用來纏在夫妻腳踝上的。不論兩方原是世仇敵對，或是貴賤懸殊，紅繩一繫定，最後終會結成連理。」

韋固又問：「我的未婚妻在哪裡，我可以一見嗎？」

老人說：「就在菜市裡，是賣菜的陳老婆子的女兒。陳婆子每天抱著她來賣菜，容易看到。」

韋固尋到菜市場，轉了一圈，見到有個老太婆，瞎了一隻眼，抱一女孩賣菜。那女孩又小又瘦，又髒又醜。韋固瞟瞧後，十分生氣，罵道：「我乃是士大夫世家之子，嫁娶要講求門當戶對，豈可要這瞎眼老婆娘的醜女？」摸出一把匕首，交付隨從僕人，叫他要將這女孩刺死，圖個一了百了。

可是菜市場人多擁擠，很難下手行刺，一刀未能命中，女孩低頭側身一閃，只刺傷了眉心，在滿場紛亂中，奴僕趁隙逃掉了。

過了十四年，韋固做了相州（在河南省）司戶參軍，績效特優，很得刺史王泰（他的直屬長官）的賞識，且將愛女許配給他。新娘子年輕貌美，溫柔體貼，韋固極爲喜愛。只是左眉間經常貼著一片花子作裝飾，雖添嫵媚，卻也怪異，韋固忍不住，便問及爲何如此？

新婚妻子淒然，低聲訴道：「我只是刺史的姪女兒，不是他的親生女。我爹以前本是宋城刺史，在任上去世，母親和兄長也相繼死亡，剩我一人在襁褓中，幸有奶媽陳氏仗義撫養我。她靠賣菜維生，家況並不很好。當我三歲時，陳媽帶我去菜市場，無故被強徒刺中眉心，留下刀痕，所以貼上花子。後來王泰叔叔作了相州刺史，要我住進刺史府中，認我作親女。這次是由叔叔作主，許配相公你的。」

韋固問道：「那陳氏奶媽是單眼瞎婆嗎？」

新妻說：「是呀！相公你怎麼會知道？」

韋固坦然道：「刺你一刀是我指使的呀！這眞是奇事一樁，也當是命中注定，竟然應了月下老人的話了。」他把當初經過一一說明，從此二人更加恩愛了。

【空蒙子曰】：常言道：「良緣夙締」「佳耦天成」「千里姻緣一線牽」「有緣千里來相會（《水滸傳》第卅四回語），都認為冥冥中有個安排，因有這篇「赤繩繫足」的寓言。此外尚有另一與此相似的「繡幙牽絲」豔事：據說唐朝郭元振，有才學，美丰姿。宰相張嘉貞要招他作女婿，乃將他的五個女兒，每人繫一根絲繩，從幙後引至前廳，郭元振選牽其中一根紅線，得第三女為妻，最美（見《開元天寶遺事》牽紅線娶婦）。同是佳話，可讀性都很高。

【原文引參】：韋固，思早娶婦。貞觀二年，旅之宋城，夜往龍興寺，見一老人，倚布囊，向月檢書。固問何書？曰：天下之婚牘也。固曰：余欲早娶，可成否？曰：君之婦，三歲矣。年十七，當入君門。固問：囊中何物？曰赤繩也，以繫夫妻之足，雖讎敵之家，貴賤懸隔，此繩一繫，終不可逭。曰：固妻安在？答：賣菜陳婆女也。陳常抱來鬻菜於市。固尋菜市，見有眇嫗抱女來，弊陋甚，固罵曰：吾士大夫之家，奈何婚眇嫗之陋女？摸一小刀，付其奴，於衆中刺之，誤中眉心。後十四年，刺史王泰以女妻之，容色華麗，固愜之極，其眉間常貼一花子。固問之，妻潸然曰：妾父曾宰宋城，歿於官，母兄次逝。吾與乳母陳氏居，鬻蔬以給朝夕。三歲時，抱行市中，爲狂賊所刺，故以花子覆之。今王叔認吾爲其女以嫁君也。固問：陳氏眇乎？曰：然，君何以知？固曰：刺者我也。乃又曰：奇也，命也。因盡言之，相敬愈極。（唐、李復言：《續玄怪錄》、定婚店。又見：宋、李昉：《太平廣記》、一五九、定婚店）

【另文附錄：灌園女】：某秀才，切於婚娶，迄未諧偶，乃問卜者。卜者曰：君之室，二歲矣，在滑州，灌園爲業。秀才至滑州，城南見一蔬圃。秀才俟蔬圃父母外出，誘引女嬰使前，以細針刺入頭頂腦門離去，意女死矣，卻並無恙。至五六歲，女之父母俱喪，以孤無主，縣邑申報上級，按察使收養之，見其聰慧，育爲己女。其後，某秀才已登科，兼歷簿官，因事謁按察使，使愛其風采，甚加禮遇，問及婚娶，答以尚未，知其爲衣冠子弟，乃以幼女妻之。女有殊色，秀才深喜。追憶卜者之言，譏其謬妄。其後，每因天氣陰晦，其妻輒患頭痛。尋訪名醫，曰：病在頂腦間。乃以藥封腦頂。隔日，引出一針，其病遂愈。秀才潛訪岳家之親舊，探問女之由來，則原爲灌園老之遺孤，因信卜者之不紿也。（五代：范資：《玉堂閒話》、灌園嬰女。又見：宋、李昉：《太平廣記》、二六〇篇）

# 三六　七月七日長生殿

唐玄宗（六八五—七六二）在位時，前期勤於國政，史稱「開元之治」。後期耽於聲色，寵愛楊貴妃（七一九—七五六），引起安史之亂。

安祿山叛變，攻入首都長安，玄宗匆忙逃難，行到馬嵬坡，楊貴妃自縊。亂平還都後，玄宗被尊爲太上皇，他懷念貴妃不已。每遇春桃花開，秋梧葉落，年年難遣悲懷；尤當耿耿青天，遲遲長夜，日日常縈愁緒。如此三年，貴妃芳魂，竟然未曾入夢。

有道士自四川遠來京都，得知皇上心繫貴妃，自稱有通神之能，役鬼之術。玄宗大喜，命他尋覓貴妃，代通音候，藉以紓解憂懷。

這位道士施展混身法術，沒見貴妃現身。乃又遊神馭氣，上出天庭，下入地府，也無通靈線索。他再旁求四方，兼及八表，仍是徒然茫杳。因更東極遠海，博訪岱輿、員嶠、方壺、瀛洲諸仙山，迄無蹤影。最後尋登蓬萊仙境，只見此島是世界之涯

清洪昇〈長生殿〉楊貴妃

的世界，洞天之外的洞天。仙山上徧植琪樹瑤花，深幽處隱著瓊樓玉宇。塵喧渺渺，雲海迢迢，確是遁居清修的好去處。

道士尋覓到最高的一座宮殿，只見朱門額上，題有「玉妃太眞院」五字。他心頭這才落實，自忖道：「終於讓我找到了！」

他輕叩大門，有侍女出來，詢問來客因何事到此？道士說：「貧道是來自塵寰人世的大唐天子特使，奉命前來通候。」

侍者說：「我們女主人玉妃，方才入睡，你請稍待。」侍者轉身入內去了。此時嵐霧沉沉，瓊樓悄悄。道士恭立門外璇階，待了許久，才由侍者請入。引他進入大門，穿過迴廊，升入正廳，只見一華貴夫人高坐，左右有女官七八人侍立，心知正中就是楊貴妃，乃上前施禮參見。

夫人問道：「皇上龍體安健否？」並垂詢自天寶十五年（公元七五六，此年楊貴妃自縊）以來的大事。交談過後，容色愀然。

楊貴妃示意女官取來黃金髮夾及金鑲珠寶小盒，這是她初次進宮侍寢之夕，玄宗送給她的定情之物。貴妃命女官將金釵剁爲兩半，金盒拆開蓋底，然後各取一半，付給道士。貴妃囑咐道：「替我問候太上皇，向他謝恩。請將這些精飾回獻皇上，表示對往日美好時光的珍念之意。」

道士聆記了祝詞，收受了信物，本應告辭出宮，但他逡巡猶豫，遲遲沒有離開，似乎尚有所求，卻又不便啓齒。

楊貴妃本就善於察言觀色，問道士還有甚麼內心的話要說。

道士屈膝說道：「貧道斗膽請求，想乞娘娘賜告一件私事，是別人所不知的。讓我回去奏明皇上，驗證我此行此遇確是眞實的。否則、單憑這些半釵半盒的金飾，隨處都可以買到假的來冒充，以致懷疑我是耍詐騙人，那我的性命就沒有了。」

楊貴妃沉默未言，眼望遠天，回憶了好久，才慢慢敘說道：「許久以前，記得是天寶十年，我陪太上皇在驪山宮避暑。七月七日牛女相會的晚上，大家乞巧。我倆併肩偎依在長生殿上，到了夜半，侍衛們都在西東兩廊休息，只我一人陪著。兩人祕密對天發誓，願來生世世爲夫婦。這件私事，只有皇上與我知道。」

道士回到京都，把經過奏報唐玄宗，玄宗震悼，精神大受打擊，一天一天消沉。這年夏天，就崩駕了。

【空蒙子曰】：本篇是陳鴻撰的《長恨歌傳》文章，和另一篇白樂天撰的《長恨歌》古詩，兩皆纏綿悱惻，美化了愛情。正如白詩所詠「七月七日長生殿，

七月七夕長生殿夜半無人私語時在天願爲比翼鳥在地願爲連理枝（二十二齣密誓從暖紅室本）

夜半無人私語時，在天願作比翼鳥，在地願為連理枝」的敘述，誰人能不感動？此外、還有宋代張君房撰的《麗情集》（收入李昉《文苑英華》中），和宋代樂史撰的《楊太真外傳》（收入晁公武《郡齋讀書志》中），以及清初洪昇撰的《長生殿》戲曲，同是此一故事，可見寫記之廣了。尤其四川道士（《太眞外傳》說是楊通幽）這一段，明明是虛擬的寓言，卻描繪得神奇，通達乎情理，確是難得的淒美之文，留供我們來欣賞，本書自宜收錄。不過、有人質疑：玄宗和貴妃，果真是純情至愛嗎？恐怕未必也。考玄宗生於西元六八三年，玉環生於七一九年，相差三十六歲。封貴妃是七四五年，玄宗年已六十三。貴妃死於七五六年，這時玄宗已七十四歲了。玄宗貪的是美色，不是愛（後宮三千，都是爲色）。貴妃貪的是富貴，也不是愛（楊家直系旁系，都享超級榮華）。父親楊玄琰為尚書，兄楊國忠任宰相（貪贓枉法被殺）。史傳說「楊氏權傾天下，四方奇貨，日輪其門」。三個姐姐都封夫人（月俸十萬）。張祜「虢國夫人承主恩，平明上馬入宮門」，就是詠楊貴妃大姐得寵驕縱的。李白清平調「雲想衣裳花想容」，就是歌舞給楊貴妃聽的。而杜牧「一騎紅塵妃子笑，無人知是荔枝來」，就是諷刺楊貴妃愛吃廣東鮮荔枝，屢屢於數千里外用馳送軍情的驛馬十萬火急飛遞到京的大謬。怪不得惹來大亂，國且不保。「六軍不發無奈何？」馬嵬坡前貴妃死，似也不算冤枉了吧？試看陳鴻在《長恨歌傳》文末所說「亦欲懲尤物，窒亂階，垂戒於將來者也。」這三句，評斷應算公道。

【原文引參】：玄宗好聲色，得楊玉環。及安祿山叛，駕幸馬嵬坡，貴妃自縊死。後還都，玄宗爲太上皇，追念貴妃不已。有道士，自言擅李少君之術，玄宗命求之。道士乃竭其能，遊神馭氣，出天界、沒地府以求，不見。又旁覓四虛上下，東極遠海，登蓬萊，見樓闕門曰玉妃太眞院。方士扣扉，有侍女應門，方士稱乃唐天子使者。延入，見一麗人，左右侍者七八。問方士：皇帝安否？次問天寶十五載以還事。及取金釵鈿合，析其半授使者曰：爲我謝太上皇。方士受物，色有未足。玉妃徵其意，啓曰：祈告當時一事，未爲他人聞者，驗於太上皇。不然，恐鈿合金釵，負新垣平之詐也。玉妃斂容，徐言曰：昔天寶十載，七月七日，登長生殿。時夜半，獨侍上，密相盟誓，願世世爲夫婦，此獨君王知也。使者還長安，奏稟，皇心震悼，夏月宴駕。（唐、陳鴻：《長恨歌傳》。又見：宋、李昉：《太平廣記》、四八六）

## 三七　城隍爺錯拘韓生

河北省獻縣，有位年老的鴻儒學者，名叫韓生，品德端莊，一生都遵禮行事。全鄉通邑的人，都推崇他是士林矩範。

這天晚上，他得了風寒，睡在床上養病。恍惚之間，來了一個鬼卒，站在床前，說道：「奉城隍神（掌管本城陰間事務之神）之命，召喚你去相見！」

韓生心想，大概是陽壽盡了，死期已到。拒絕並無益處，便起身隨著前去。到了城隍爺的府殿裡，掌管冊籍的判官，翻查生死簿後，說道：「姓名相同，但年齡不對，錯了。」

城隍神罰那鬼卒，打了二十板。另派鬼役，要將韓生送回陽間。

韓生心意不悅，問城隍道：「人命關天，你們陰司為甚麼派個胡塗鬼去辦事？抓人竟然抓錯了。如果沒有復查生死簿冊，那不是冤死到底嗎？這和陰府標榜的『聰明正直』正好相反，怎樣解釋呢？」

城隍神爺笑一笑，答道：「別人說你倔強，講話直來直往，果然，你的傲性難改。你要知道：天體的運行都不能免除歲差，所以要積為閏日來補救，何況鬼神在陰界全無休止的繁劇操作，哪能確保萬中無一失呢？你說的聰明正直，一向是我們辦事的準則。如今出了差錯，即時發現，這就是『聰明』；發現錯誤而不護短，賞罰分明，這就是『正直』。你哪會知道這陰界諸事的龐雜忙碌呢？姑念你一生所言所行，都還沒有缺失，因此不追究你了。自今以後，脾氣可不要這樣急躁，任性指責批評才好呀！」韓生一迴身，陡然就醒轉來了。以上這番經過，乃是後來由另一朋友韓章美透露的。

【空蒙子曰】：如何避免錯誤？確是陽世間（包括陰世）很難辦到的大問題。因為：投資錯誤，會使血本無歸。生產錯誤，會使成品滯銷。決策錯誤，會使海峽兩岸兵刀相見。方向錯誤，會使太空衛星不能會合。要怎樣減少錯誤的發生呢？第一是不斷求取新知，自我充電，提高決斷能力。第二是遇事請教專家，給我指導，不要自以為是。這事說來容易，要收效卻不簡單，因此這裡自不可能多所辭費了。

【原文引參】：獻縣老儒韓生，性剛正，動必遵禮，一鄉推祭酒。一日，得寒疾。恍惚間，一鬼立前曰：城隍神喚。韓念數盡當死，拒亦無益，乃隨去。至一官署，神檢籍曰：以姓同，誤矣。杖其鬼二十，使送還。韓意不平，上請曰：人命至重，神奈何遣憒憒之鬼，致有誤拘，倘不檢出，不竟枉死也？聰明正直之謂何？神笑曰：謂汝倔強，今果然。夫天行不能無歲差，況鬼神乎？誤而即覺，是謂聰明。覺而不迴護，是謂正直。汝何足以知之？念汝言行無玷，姑貸汝，後勿如是躁妄也。霍然而蘇。韓章美云。（清、紀曉嵐：《閱微草堂筆記》、卷二、灤陽消夏錄、二）

## 三八　鬼神累石作大山

話說古印度境內有個摩揭陀國（Magadha，也叫摩竭陀國）是天竺（印度古稱天竺，也叫身毒）中的大國。在唐玄奘的《大唐西域記・摩竭陀國上》及歐陽修的《新唐書・西域傳・天竺國》諸書中，都有記述。

當摩揭陀國的孔雀王朝時代，國君阿育王（Asoka，又叫阿輸迦。公元二七三—前二三二在位）統治中印度。阿育是梵語，就是無憂之意。他對佛教的傳播，有極大的貢獻。

阿育王的弟弟，一心修佛，成了阿羅漢（Arham的音譯），簡稱羅漢，是小乘佛教修證的最高果位。他長期住在耆闍崛山（梵語Grdhraūta），意爲鷲峰，或稱靈山，因山頂形似鷲鳥而得名，座落在摩揭陀國的王舍城之東北，相傳爲當年佛祖釋迦牟尼說法之處。他弟弟山居日久，愛上山間的安閒清靜，日子過得很愉悅。

阿育王深深愛著胞弟，虔敬地請他回返首都，以便由皇家供養。但弟弟因樂於山居安靜寧適，不打算離開。

阿育王對弟弟說：「你只管出山，我不會讓你不方便，你若決定回來，我會在首都城內爲你起造一座大山，你就可以鬧中取靜，安心住下了。」

他說到做到，當即準備了大量的素食和淨水，廣邀八紘十方各界之鬼魅仙神，舉行盛大法會，並供應齋飯。他普發通告說：「明天乃是吉日，各方大聖，務必一體光臨。但因來賓太多，椅席不夠。請各帶大石來參加，高大之石作桌台，低矮之石作坐凳，俾法會餐會，圓滿進行，以期佛光普被。」

第二天，果然各界諸多鬼神紛紛來到，約有數萬之衆，每一位帶來至少兩塊大石方，充當桌椅。阿育王待法事完結後，即請各路鬼神，一齊將石方累疊，堆成一座大山。又在山麓用五百塊方石，建成一所石室。僅是這石砌禪室就有三丈長、二丈寬、一丈多高，可見全部規模之宏大了。

這座大山及石室，就是作爲迎養他弟弟的靜居之所。

【空蒙子曰】：當我國在戰國末期到秦始皇登帝位這期間，阿育王治理了中印度四十年。他後半生皈依佛教，廣建寺院，派僧侶到國外佈道，對佛教傳播甚為出力，在印度史上享有盛名。這篇寓言中，可以一提的是他藉鬼神之力來造山的妙法，可謂自己沒有費力，大家也不太費力，就完成了。這是大可仿照的。筆者以耄耋之齡，於千禧年曾參加登山隊，爬登北台灣的觀音山。其中好漢坡有一千三百石級（這一段就取名千三步道），再繼續上硬漢嶺山頂。全程坡度多在四十五度上下。據隊友告說：登山隊在別處另發現一奇峰，景色極美，攀爬者日多。鑒於新闢山徑土路泥濘，乃發起由自力來修砌水泥階梯步道之舉。隊友們將捐贈得來的水泥細砂碎石，都分裝成小包小袋，置於入山口。登山時每人每次順便帶上兩三包，放在沿線各點，以利施工，竟然與阿育王的妙法不謀而合。差異是：阿育王累石造山，似為虛構，台北建登山步道，則是實事，故爾附筆及之。

【原文引參】：阿育王弟，得羅漢道，常住耆闍崛山，志樂閒靜。王敬心請，於家供養。以樂山靜，不肯受請。王語弟言：但受我請，當爲汝於城裡作山。王乃具飲食，召鬼神而告之曰：明日悉受我請，無坐席，各自多將大石來。明日、諸大鬼神，各持大石，方四五步，都來與會。坐訖，即使鬼神，累石作山，又於山底，以大方石，作成石室，可長三丈，廣有二丈，高亦丈餘。（宋、釋法顯：《佛國記》）

# 三九　李霍辯鬼

清朝乾隆己未年（一七三五），我（紀曉嵐自稱）與李雲舉霍養仲二兄，一同在生雲精舍讀書。有一晚，偶然談到鬼魅的有無，李雲舉認為有，霍養仲認為沒有。大家爲了這件事辯論開來。

書房前階有位李雲舉的僕人正在烹茶，感染到興緻，插入說道：「世界上原就存在著若干奇異的事，假如我不是親身碰到，我也不會相信的。且讓我述一奇事：

「有一回，我經過墳地，不小心踩破一具淺埋的棺柩。晚上夢到城隍大人（陰間保護城民之神）將我拘提過去，因爲有人起訴我，說我不該毀損他的房屋。我心知必是白天踩破棺木的事。於是在對質時，我向對方抗辯道：『原本是你的房屋不該擋著那條路的，不能怪我侵犯了你呀！』

「鬼辯道：『不對。應該是那條路擋著我的房屋，不能怪我的房屋擋住了那條路呀！』

「城隍大人聽完了兩邊的陳述，告誡我說：『每個人都在走那條路，你當然也有權走，這不能說你錯。但人人走去走來都沒有踩破他的房屋，爲甚麼只有你踩破了呢？這就不能說你沒有錯，總不能就讓你毫無責任全身而退。這樣吧，你回去後，應當焚化若干冥紙紙錢來補償他才行！』

「他又續對我說：『身已成鬼的，沒有力氣自己修棺材，你該替他蓋上厚板，鋪上厚土，就可讓他安居了！』

「第二天，我依城隍吩咐，覆木舖土，燒了紙錢。驀地起了一陣旋風，竟然把錢灰捲起刮到特定方向去了。

「這就是我親歷的事。」

霍對李說：「你有個幫你說話的人。我一張嘴鬥不勝兩張嘴。但我總不能拿別人看到的就當作我自己看到的呀！」

李雲舉質問他道：「假若請你斷獄審案，你會堅持每樣事都要你親眼看到才相信呢？還是依據原告被告及證人的言詞也就可以取信呢？依我看：如果每樣事都要你親眼目睹才算數，那是不可能的，如果另外還可以從大家的口供中取信，那不就是把別人的所見當成你自己的所見，與你剛才所說的豈不矛盾了，你怎樣解釋呢？」

談話到此為止，不作結論。我們三人相視一笑就散了。

【空蒙子曰】：本篇可分三部份：一是鬼魅有無，二是城隍審案，三是眼見為信。關於第一項有沒有鬼？在本書其他篇中多有論述，這裡不必重複囉嗦了。關於第三項親眼所見相不相信，請參看第九篇，此處也不再贅。至於第二項城隍審案，經正反兩造往還辯駁，各有立場，城隍最後裁斷，也頗入情入理，文章有可看性。可是、有旁觀者提問說：不知陰間世界裡的閻羅王（閻羅是梵語，爲陰間之王）和城隍爺的職掌如何區分？兩者都有拘提權，都有審判權，都可定罪，豈不會重疊干擾？或殃及被審者受兩次處罰？這是第一疑問。再者，陽世間的人，只應受陽間法律的管束，今陰間執法的城隍，竟可拘提陽世活人到陰間去受審，這對陽間人來說，要接受兩種法律的約制，未免過於苛擾了吧？這是第二疑問。究應如何解釋，敬俟高明指教。

【原文引參】：乾隆己未，余與李雲舉霍養仲同讀書生雲精舍。一夕、偶論鬼神，李以爲有，霍以爲無。正辯詰間，李之僕曰：世間原有奇事，倘吾未身歷，亦不信也。嘗過叢冢間，失足踏破一棺。夜夢城隍拘去，云有人訴我毀其室。心知是破棺事，與之辯曰：汝室不合當路，非我侵汝。鬼辯曰：路自當我屋，非我屋故當路也。城隍笑顧我曰：人人行此路，不能責汝。人人踏之不破，何汝踏破，亦不能竟釋汝，當償之以冥鏹。既而曰：鬼不能自葺棺，汝當覆以厚板，築土其上可也。次日如神教，焚冥鏹，有旋風捲其灰去。霍謂李曰：汝僕助汝，吾只一口，不能勝兩口。然吾終不能以人所見爲吾所見。李曰：使君鞫獄，將事事目睹而後信乎？抑以取證衆口乎？事事目睹無此理，取證衆口，豈不是以人之所見爲我之所見乎？君何以處焉？相與一笑而罷。（清、紀曉嵐：《閱微草堂筆記》、卷六、灤陽消夏錄、六）

## 四〇　定伯賣鬼

世間有沒有鬼，迄無定論。《易經・旣濟》說「高宗伐鬼方」。《新唐書・西域傳》說「西海有市名鬼市」。《述異記》說「南海中有鬼母」。《山海經・海內北經》說「鬼國在貳負之尸的北面」。一部《聊齋誌異》，別名就叫狐鬼傳，鬼話連篇。而東晉時代的干寶（字令升，曾任著作郎，《晉書》有《干寶傳》）寫了一部《搜神記》，也收集了若干鬼故事，下面是其中之一。

南陽郡（屬河南省）有位宋定伯。當他年少時，有一次夜間獨自遠行，途中遇到一鬼。定伯膽大，問道：「你是誰？」對方回答說：「我是鬼。」接著鬼反問他道：「你是誰？」定伯有心騙他，就謊說：「我也是鬼！」

那鬼認爲遇到同類了，頗爲歡喜，就問他要去哪裡？定伯說：「我去宛市。」鬼說：「我也去宛市。」於是雙雙結伴同行。

一同走了好幾里，鬼說：「步行太累了，我們輪流揹著趕路好嗎？」定伯說：「好呀，這樣可以省下一半腳力。」鬼首先將定伯揹在肩膀上前進，走了幾里，鬼說：「你太重了，你恐怕不是鬼吧？」定伯答道：「我是剛死才變成的新鬼，所以比較重嘛。」輪到定伯揹著眞鬼趕路了，他覺得肩上的鬼，全無重量，太輕鬆了。

如此輪番多次揹著前行，過了村又一村，定伯好奇心起，問道：「我是新鬼，不知道變鬼之後，有甚麼可怕的忌諱沒有？」

鬼說：「當然有哪，別的都不怕，就只怕有人把口水唾沫吐在我們身上，那就被人制服住了。」

這樣同行了很久，遇到一條淺河橫在前面。定伯要鬼領頭先行涉水過河，那鬼涉水過去了，聲息全無。輪到定伯渡河時，潑水的聲音很大。鬼問他：「爲甚麼你弄出這麼大的水聲呢？」定伯答道：「我是新鬼，還不習慣涉水，請不要見怪嘛！」

要到宛市了，輪到定伯把鬼揹在肩上。他順勢把鬼抓牢，不讓它跑掉。鬼大叫，定伯不理會，也不鬆手。到了宛市家畜市場裡，定伯把鬼放下地來，仍舊抓緊它。那鬼化成一頭羊，打算趁機混入畜群中溜走。定伯怕它再變，就猛向羊的身上吐口水，把羊鎮住不能變了。定伯便在市場裡把羊賣了，賺得一千五百枚銀錢，回南陽家中去了。

晉代富豪石崇（二四九—三〇〇，富於財，築有金谷別墅，有美姬曰綠珠，《晉書》有傳）讚道：「定伯賣鬼鬼變羊，得錢千五回家鄉。」

【空蒙子曰】：毫無疑問，本篇顯然是一個虛構的寓言，以供茶餘酒後的談助。對其中情節的牽強處，就不必深究了。我們讀後的心得是：倘若有意要寫這一類的文章，此篇是個範例。首先要舉出地名人名，最好還有年代，以顯真實（附會無妨，本來是假的）。其次要迎合故事主題的特性，加以鋪張發揮（生動與否，就看此時此處有多少招數）。例如鬼魂的特性乃是和肉體分離了，所以沒有重量，涉水也無聲響。由於靈氣是沒有定型的，所以能夠變羊。這些情節，必求富於變化，以增趣味而引人入勝。末尾尚可借一知名人士的回應，以作旁證，並可添增文章的身價。說穿了，本篇作者干寶，是倣效同時代東晉陶淵明的《桃花源記》，兩者結構略同。陶文首先說「晉太原中武陵人」（晉朝孝武帝太原年間，湖南省武陵郡有一捕魚人），本篇開頭則說「南陽郡宋定伯」。中段兩文各自開展，互有千秋。末尾陶文說「南陽劉子驥聞之」，本篇則說「石崇有言」以作證，擺明不是假的（卻明知不是眞的呀）。

【原文引參】：南陽宋定伯，年少時，夜行逢鬼。問之，鬼言：我鬼也。鬼問：汝是誰？定伯誑之，言我亦鬼。鬼問欲去何所？答曰欲至宛市。鬼言我亦欲去宛市，遂偕行。行數里，鬼言步行太累，可共遞相擔何如？定伯曰：大善。鬼便先擔定伯數里，鬼言：卿太重，將非鬼也。定伯言：我新鬼，故重也。定伯復擔鬼，鬼略無重，如是再三。定伯復言，我新鬼，不知有何畏忌？鬼答：唯恐人唾。於是共行，道遇水，定伯令鬼先渡，聽之了然無聲，定伯自渡，漕漼作聲。鬼問：何以有聲？定伯曰：新死，不習渡水故耳，勿怪吾也。將至宛市，定伯擔鬼著肩上，因執之。鬼大呼，不聽。逕至宛市中，鬼下著地變爲一羊，便賣之。恐其變化，唾之，得錢千五百，乃去。石崇有言：定伯賣鬼，得錢千五。

（東晉、干寶：《搜神記》、唐叔偕女篇）

# 四一　畫鬼最易

戰國時代，有位畫師，爲齊王畫畫。

齊王問他道：「畫畫哪種最難？」

畫師說：「畫狗畫馬最難。」

齊王又問：「哪種最易？」

畫師說：「畫鬼最易。大凡狗和馬，是人們所熟知的，早晚都在眼前，大家都看慣了，絲毫不能畫錯，所以最難。至於鬼怪，乃是無形的，誰也沒有見過，隨便你怎麼畫都成，它沒有固定的形象，也就最容易畫了。」

【空蒙子曰】：虛幻的人物，誰也沒有目睹。例如外星人、無常鬼，是甚麼形象？沒人說得清楚，大可由各人憑想像去猜度，去勾勒。反正別人無從核實，誰也不能說畫得不對。這並非假冒或贋畫，因為本來就沒有真確的存在。至於身邊的實物，乃是有客觀事實的依據，馬虎就不能過關。齊白石評別人畫蝦，腰身少畫了一節，那就不成其為蝦，矇混不得的。不過，倘若進一步深究，也會另有一番高見，由於繪畫畢竟是一門藝術，不是照片，有時仍可隨意增損，任性揮灑。豐子愷畫人，只畫臉龐，有的沒有鼻子，有的沒有眼睛，卻別具情趣，此乃所謂臻於化境了也歟？

【原文引參】：客有爲齊王畫者，齊王問曰：畫孰最難？曰：犬馬最難。孰易？曰：鬼魅最易。夫犬馬、人所知也，旦暮罄於前，不可類之，故難。鬼神、無形者，不罄於前，故易之也。（戰國、韓非：《韓非子》、外儲說、左上）

【另文附錄：畫馬成圖，照圖買馬】：齊景公好馬，命畫工圖而訪之（依照畫樣去買馬），殫百乘之價（花了百匹馬的價錢），期年而不得（一年還沒買到），像過實也（畫的馬超過了實際的馬，故依樣買不到）。（宋、李昉：《太平御覽》）

# 四二　有鬼無鬼無定論

【一】

唐玄宗開元年間（七一三—七四一），有位文人，名叫崔尚，寫成了一部書，名《無鬼論》。文詞曉暢，論述合理。已經完稿，打算呈給朝廷，刊印發行。

有位道士，前來崔家造訪，請求先行拜讀這冊大著。崔尚見來客志趣相投，便將書稿給他過目。

道人從頭到尾將書看完了，進言道：「文句很優美，敘說也清晰，確是難得。但天地遠敻，宇宙無垠，自然界中的許多玄妙，我們尚未全知。今天若昌言謂世間無鬼，恐怕太武斷了吧！」

崔尚問：「何以見得呢？」

道士答道：「實話不妨實說：我今自己就是鬼，哪可說沒有鬼呢？如果你把這書獻出，很可能會激怒所有的鬼神，一齊來取你性命！依貧道之見，不如燒掉它為妙，免得惹禍，望請三思！」

道士講完這段忠言，忽然身影就不見了。

【二】

世間有沒有鬼？很難答覆。例如有人說看見了外星人，其實只能稱爲「幽浮」（UFO－Unidentified Flying Object，意思是不明的飛行物）。究竟是何物體？打從何處飛來？負有何種任務？迄今仍然是謎。

晉代的阮宣子，名阮修，是阮籍（二一〇—二六三，竹林七賢之一）的姪孫。通《易經》《老子》，善清談，做過東宮太子的先導官。

阮宣子與人談論世間有沒有鬼？別人多認爲有鬼。因爲《禮記祭法》說「人死曰鬼」，《楚辭九歌國殤》說「身既死兮神以靈，子魂魄兮爲鬼雄」，都是說人死之後，靈魂就變成了鬼，想必鬼是有的。

阮宣子獨以爲沒有鬼，僅僅從衣服這一項就可以斷定沒有鬼。他說：「自稱見過鬼的人，都說那些鬼照舊穿了在陽世間活著時同樣的衣服。士人穿衫袍，婦人穿羅裙。如果人死了會變成鬼，就姑且認爲眞的有鬼存在的話，那些衫袍羅裙從何而來？鬼域中何處有各式衣裳出賣？用甚麼貨幣去買？如何找回零錢？如果不是買來的，難道衣服也有靈性，會跟著人的死去而同時也變成鬼衣了嗎？」

【空蒙子曰】：世間有鬼還是無鬼？誰也難下斷語。佛經有閻羅，即鬼王也。聖經有地獄，有魔鬼。我國古籍中，《詩經何人斯》說「為鬼為蜮」。《中庸》說「鬼神之為德，其盛亦乎」。《論語先進》說「未能事人，焉能事鬼」。天上星座二十八宿中有「鬼宿」。此外還有「鬼斧神工」「鬼使神差」「鬼哭神號」「鬼計多端」等成語，似這等鬼話連篇，應當是真的有鬼了吧！但是、誰又確實見過鬼呢？能不能請鬼現身來和大家打個照面呢？為甚麼害人嚇人的鬼多而助人救人的鬼少呢？其實，鬼並不可怕。只要自己坐得端，行得正，「平生不作虧心事，半夜敲門鬼不驚」，一切魑魅魍魎，都會辟易退避。

**【原文引參之一】**：開元時，有崔尚者，著無鬼論，詞意甚有理。既成，將進之。忽有道士謁門，求見其論。讀竟，謂尚曰：詞理甚工。然天地之間，若云無鬼，此謬矣。尚謂：何以言之？道士曰：我即鬼也，豈可謂無？君若進本，當爲諸鬼神所殺，不如焚之。因爾不見。（宋、李昉：《太平廣記》、第三三〇。又見：唐、牛僧孺：《玄怪錄》、補遺）

**【原文引參之二】**：阮宣子論鬼神有無者。或以人死有鬼，宣子獨以爲無。曰：人見鬼者，云著人時衣服。若人死有鬼，衣服復有鬼耶？（南宋、劉義慶：《世說新語》、方正）

**【另文附錄之一：阮瞻主無鬼論】**：阮瞻爲太子舍人，素執無鬼論，物莫能難，每自謂此理足可以辯正幽明。忽有一客通名詣瞻，甚有才辯。瞻與之言，良久及鬼神之事，反覆甚苦，客遂屈，乃作色曰：鬼神、古今聖賢所共傳，君何得獨言無，即僕便是鬼也。於是變爲異形，須臾消滅，瞻默然。（唐、房玄齡：《晉書》、卷四十九、列傳第十九、阮籍阮瞻傳）

**【另文附錄之二：林蘊撰無鬼論】**：林蘊，字復夢，泉州人。以臨汀多山鬼淫祠，民厭苦之，撰無鬼論……（宋、歐陽修：《新唐書》、卷二百、列傳第一百二十五、儒學下、林蘊）

# 諷諧第四

## 四三　一飛沖天

戰國時代，齊威王（名因齊，公元前三五六年登基）在位時，喜歡聽隱語（用迂迴間接的寓言來暗示叫隱語），喜好荒淫逸樂，喜愛整夜飲酒。不理國政，公務交由衆卿大夫率意處理。以致朝綱紊亂，鄰國屢次侵略，國勢危殆，滅亡似乎只是早晚的事。但齊威王身邊的大臣，都沒有膽量直言勸阻。

唯有一位辯士，叫淳于髡的（淳于是複姓，讀為純如昆），齊國稷下人，他博聞強記，滑稽多智，投齊威王之所好，用隱語來說動他。

淳于髡編造一個謎題，問齊威王道：「我們國裡，有隻大鳥，棲息在朝廷之內，三年了，既不飛，也不叫。大王可知道這鳥爲甚麼這樣嗎？」

齊威王聽懂了這隱話的寓意，大鳥就是隱射他自已，因此也用隱語回答說：「這是一隻神鳥呀！這鳥不飛則已，一飛沖天；不鳴則已，一鳴驚人。」

齊威王荒怠國事已久，知道應該振作了。於是罷飲撤樂，躬親臨朝問政。他召見全國縣令郡守等七十二名官員，逐一評審功過，獎了一位地方官（賢能的即墨大夫受賞），殺了一位地方官（拍馬的阿邑大夫受烹），政風清明了。又帶兵出征作戰（打敗了趙國魏國）。齊國本是大國，民強財富，鄰國都很驚怕，把侵佔的土地全還歸了齊國。齊威王威名重振（因此死後諡威），震懾了三十六年。

【空蒙子曰】：本篇引述了四篇原文，第一篇是淳于髡勸齊威王，第二篇是伍舉和蘇從勸楚莊王，第三篇是士慶勸楚莊王，第四篇是御座勸楚莊王，人地相異而內容相同，都是寓言。前兩篇原文都出自《史記》，是司馬遷的大作。司馬氏乃曠世史家，「一飛沖天」竟兩見於同一部《史記》裡，寧非趣事？淳于髡勸齊威王列在《史記・滑稽列傳》中（就是本篇語譯），伍舉勸楚莊王列在《史記・楚世家》中。由於《史記》是一巨著，共有一百三十卷，一事兩敘，似亦無傷也乎。我們合此四篇以觀，或可發現吾人都有若干潛在的知覺，蘊蓄在內心而旁人難曉，必待適時激發，就會大放異彩。例如齊楚之君（齊威王與楚莊王），沉湎於放蕩逸樂，經過了三年，蕩也蕩夠了，樂也樂煩了，他們的潛意識何嘗不想收心？何嘗不思悔改？只看時候到了沒有？機會來了沒有？而且、大凡能說隱語、能聽懂隱語、又能以隱語回應的人，其智商必都高人多矣。他們不但不迷糊，而且聰明透頂，一遇到淳于髡及伍舉之流一語點破，即刻猛然回首，立行正道，比一般正派人還要正派，這就叫浪子回頭也。在今日的新潮流社會中，沉湎的人本就不少，沉湎於短炒股票，沉湎於八卦網路，沉湎於貪誑偷騙，沉湎於利祿權勢，都需要有人來點破。所難者：勸善的人不容易找到，解惑的話不容易說對，固執的人不容易接受，墮落的人不容易醒悟。淳于髡、伍舉的隱語高矣，齊威王、楚莊王的智量偉矣。

**【原文引參】**：齊威王、喜隱，好爲淫樂長夜之飲。沉湎不治，委政卿大夫，百官荒亂，諸侯並侵，國且危亡，在於旦暮，左右莫敢諫。淳于髡說之以隱曰：國中有大鳥，止王之庭，三年不飛又不鳴，王知此鳥何也？王曰：此鳥不飛則已，一飛沖天；不鳴則已，一鳴驚人。於是乃朝諸縣令長七十二人。賞一人，誅一人。奮兵而出，諸侯震驚，皆還齊侵地，威行三十六年。（漢、司馬遷：《史記》、卷一百二十六、滑稽列傳第六十六）

**【另文附錄之一：楚莊王飛將沖天】**：楚莊王即位，三年不出號令。日夜爲樂，令國中曰：有敢諫者，死無赦。伍舉入，莊王左抱鄭姬，右擁越女，坐鐘鼓之間。伍舉曰：願有進隱，有鳥在阜，三年不飛不鳴，是何鳥也？莊王曰：三年不飛，飛將沖天；三年不鳴，鳴將驚人。舉退矣，吾知之矣。居數月，淫益甚。大夫蘇從乃入諫。王曰：若不聞令乎？對曰：殺身、臣之願也。莊王乃罷淫樂，聽政，所誅者數百人，所進者數百人，任伍舉蘇從以政，國人大悅。（漢、司馬遷：《史記》、卷四十、楚世家第十）

**【另文附錄之二：楚莊王三年不治】**：楚莊王三年不治，而好隱，國將亡。士慶問左右群臣曰：胡不諫？左右曰：子其入矣。士慶入，諫莊王曰：隱有大鳥，來止南山之陽，三年不飛不鳴，其故何也？王曰：寡人知之矣，此鳥不飛，以長羽翼，不鳴，以觀群臣之

問，而拜之以爲令尹，授之相印。（漢、劉向：《新序》、卷二、雜事第二）

懕。是鳥雖不飛，飛必沖天。雖不鳴，鳴必驚人。士慶稽首曰：所願聞已。王大悅士慶之

**【另文附錄之三：楚莊王三年無令】**：楚莊王莅政三年，無令發，無政爲也。右司馬御座而與王隱曰：有鳥止南方之阜，三年不翅，不飛不鳴，嘿然無聲，此爲何名？王曰：三年不翅，將以長羽翼，不飛不鳴，將以觀民則。雖無飛，飛必沖天；雖無鳴，鳴必驚人。子釋之，不穀知之矣。處半年，乃自聽政，所廢者十，所起者十，誅大臣五，舉處士六，而邦大治。舉兵驅齊，敗之徐州。勝晉於阿雍，合諸侯於宋，遂霸天下。故曰：大器晚成，大音希聲。（戰國、韓非：《韓非子》、卷七、喻老第二十一）

## 四四　日偷一雞

錯誤的動作，不馬上改正，錯了。即使減少錯的次數，還是錯了。知道錯了仍不改，更是錯得離了譜。

戰國時代，宋國（國都約在今河南商丘。春秋時，宋襄公曾是五霸之一）的大夫戴盈之，掌理全國稅收，官聲不錯，也有心做好。他知道宋國人民的稅負太重，有意改革，想朝輕徭薄賦的路上走去，但下不了決心。

有一天，他向孟子（亞聖，元前三七一—前二八九）請教說：「我知道：在田賦方面，應依照古代井田之制，按土地農作物的收成，國家只抽取十分之一的田糧，可以減輕農民的負擔。此外、在商稅方面，應廢止關卡上的貨物稅，讓商品免稅流通於全國，可以紓解商人的困頓，兩者都是良法美意，且合於先王之道。但是，宋國現刻還做不到，我打算慢慢放寬，等到來年再完全減除，你看好不好？」

孟子引個寓言，回答道：「譬如現在有一個人，每

孟子像

三才圖會　人物四卷

孟子名軻字子輿魯公族孟孫之後鄒人幼被慈母三遷之教

天偷鄰家養雞場一隻雞，偷了不少的日子了。朋友對他說：『你每天偷雞，這不是正人君子的行爲，要馬上住手才是。』這人說：『我也知道不對，但現刻停止還不太情願，只想慢慢地減少。這樣吧！我改爲一個月偷一隻雞，等到來年再完全歇手，這樣好嗎？』（偷雞不管多少，都犯偷竊罪）我們如果知道事情不對，那就趕快改掉，爲甚麼要拖拖拉拉，等待來年呢？」

【空蒙子日】：虐政傷民，敝政擾民，不求速改，乃是因循。

猶豫瞻顧，惰性太深。孟子設譬，寓言警醒。

月攘一雞，沒甚不同。壯士斷腕，須憑大勇。

【原文引參】：戴盈之曰：什一、去關市之征，今茲未能，請輕之，以待來年然後已，何如？孟子曰：今有人日攘其鄰之雞者，或告之曰：是非君子之道。曰：請損之，月攘一雞，以待來年然後已。如知其非義，斯速已矣，何待來年？（戰國、孟軻：《孟子》、滕文公章句下）

# 四五　敝篷破帆

元末明初時期，有位隱士，託名為瓠里子（瓠音戶。本篇選自《郁離子》，係明初劉基字伯溫所著，他晚年看破一切，撰以諷世），要從江蘇返回廣東。當朝宰相很敬重他，便指派一位官員，屆時伴護他到江邊碼頭送他乘船。宰相對他說：「你也不妨自己挑選一艘官船坐上去。」

那位隨從扈侍的官員遲遲未到，瓠里子獨自來到江邊，舉目一看，停在水邊的船舶相接，幾乎有千來艘。瓠里子想要挑選，卻分不出哪些是官船、哪些不是官船。伴送的官員趕來見面了，瓠里子問道：「這麼多船，誰是官有？誰是民營？怎樣來分辨？又怎樣來挑選呢？」

那位官員回答得很輕鬆：「這很容易嘛！你只要看那船篷壞漏的，櫓柄斷損的，布帆破裂的，那就是官家的船呀！」果然依從這個標準，輕易地找到了官船。

瓠里子順利上了船，出發了，他感觸很深，仰天長嘆道：「今天治理國家的主政者，是不是也把老百姓視同官船一樣，不理會小民的死活呢？倘若真是如此，那關愛人民的好官就太少了，無怪乎基層老百姓都困窮無助了。」

【空蒙子曰】：本篇原文作者是劉基，他通經史，工詩文，尤長兵法，輔佐朱元璋，滅陳友諒，平張士誠，北伐中原，統一天下，封為誠意伯，可謂功高勳顯的了。但是他卻另有所守，乃辭官不做。歸隱後，口不言功，這種修養，甚為難得。他著有《郁離子》《覆瓿集》等書；能發掘基層社會的民瘼，寫出小老百姓的疾苦，揭發官場陋習，點明政府敝政，實在令人欽慕。一般從政者的守則是：「笑罵由他笑罵，好官我自為之」。處事的信條是：「多做多錯，少做少錯，不做不錯」。還有「官不修衙，客不修店」的格言，由來久矣，大家耳熟能詳矣。升官之道，厥在逢迎，既專伺長官喜怒，哪顧百姓死活？曾記得宋太祖頒下戒諭，通令全國各州縣刻石立碑於衙門之前曰：「爾俸爾祿，民膏民脂；下民易虐，上天難欺」。這十六字稱為「御製戒石銘」，宋元明清相傳不改（見辭海「民脂民膏」條）。自滿清帝制推翻迄今，大概官老爺人人都「公正廉明」了，這十六字不見了。不禁懷念起美國總統甘迺迪所說：「我能為國家做些甚麼？」

【原文引參】：瓠里子自吳歸粵，相國使人送之。曰：使自擇官船以渡。使者未至，舟泊於滸者以千數，瓠里子欲擇之而不能識也。送者至，問之曰：舟若是其多也，惡乎擇？對曰：甚易也。但視其敝篷折櫓破帆者，即官舟也。從而得之。匏里子仰天歎曰：今之治政，其亦以民爲官舟歟？則愛之者鮮矣，宜其敝也。（明、劉基：《郁離子》）

# 四六　郯平一害

明代王完虛，名點，官任中丞（俗稱巡撫為中丞），是明朝萬曆（明神宗年號）甲辰（一六〇四）年京考錄取的進士。性喜詼諧。他初任郯平縣知縣時，該縣南方相鄰接的便是章丘縣（都屬山東省，膠濟鐵路經過）。

有一天，王完虛知縣與章丘縣知縣相遇了。章丘知縣順便問道：「閣下是哪一年出生的呢？」

王知縣回答說：「乙亥！」

王也反問章丘縣長，章丘縣長回答說：「也是乙亥！」

王完虛一聽，笑了，既是同寅（同官、同僚，稱同寅），又是同年，便無所顧忌，說道：「這樣一來，我乃是郯平縣的『一害』，而兄台你就是章丘縣的『一害』了呀（他將『乙亥』諧音為『一害』，兩個詞兒讀音本就相同）！」

【空蒙子曰】：調侃自己，很難，要有大的涵養，也需大的智慧，乃是最高幽默(humor)的表現。好的縣官愛民，壞的虐民；而政務萬端，即令是包青天，也難保證事事皆善，偶有疏忽，就是為民之害了。這位王完虛縣長不護短，自稱是「郯平一害」，反而顯得戇實可親。他既有此自嘲，也當有此自覺，在推行縣政之際，應會一如其名的「完」全「虛」心去施為了吧。

【原文引參】：王完虛中丞，明萬曆甲辰進士，好詼謔。初仕爲鄒平知縣。縣與章丘接境。一日、與章丘令相見，令問足下以何年生？對曰：乙亥。因問章令，答云：亦乙亥。王笑云：某是鄒平一害，兄便是章丘一害。（清、王士禎：《池北偶談》、卷二十一、謔語）

【另文附錄：自嘲近視眼】：自嘲最能解頤，自娛且可娛人。友人張仁李信爲熟友，喜詼諧，兩人近視都很深。張仁爲此自嘲曰：頻頻讀報磨傷鼻，屢屢吹燈燒掉眉。李信也自譏曰：誤將狗糞當糖粒，錯把草繩作毒蛇。殊可哂也。（清、朱秋雲：《秋暉雲影錄》）

# 四七　梟將東徙

梟就是貓頭鷹，屬於猛禽一類。《說文》云：「梟、不孝鳥也」。傳說梟鳥食母，所以稱爲惡鳥、不孝之鳥。引申之，形容兇狠而專做違法勾當的人就叫私梟。

貓頭鷹在長途飛行中休息時，遇見了班鳩。

班鳩問道：「你要飛到哪裡去呢？」

貓頭鷹回答說：「我打算搬家到遙遠的東方去住。」

班鳩問道：「爲甚麼呢？」

貓頭鷹說：「這一帶的人，都討厭我兇惡的叫聲，所以我要搬到東方去。」

班鳩說：「如果你能改掉你那悽啞哀厲令人嫌厭的叫聲，你搬不搬家、和打算搬到任何地方去都會受到歡迎的。如果你不能改變叫聲，即使搬去遙遠的東方，人們還是會討厭你的呀！」

梟圖

【空蒙子日】：自己有缺點，既不三省吾身，卻只怪別人不淑，只怪環境不好；只指責對方有成見，只埋怨大家不了解，把錯誤都算在別人的帳上。犯這種毛病的人可多了。抵擋不住或推諉不開時，就設法逃避，但逃避得了嗎？除非像魯賓遜飄流荒島，一人獨活，須知那原是虛假的寓言呀！如今世界成為「地球村」，天涯比鄰，人際關係更加複雜了。吾輩中國人最缺少的就是「群育」（有人提倡這是第六倫）。流行的口頭禪說：「只要我喜歡，有甚麼不可以？」殊不知，沒有從根本上改掉自己的壞處，即令走遍天下，仍然是個為人瞧不起的差勁劣民。

【原文引參】：梟逢鳩。鳩曰：子將安之？梟曰：我將東徙。鳩曰：何故？梟曰：鄉人皆惡我鳴，以故東徙。鳩曰：子能更鳴，可矣。不能更鳴，東徙猶惡子之聲。（漢、劉向：《說苑》、卷十六、談叢）

# 四八　莊子知魚樂

挑剔別人毛病，就怕棋逢敵手。莊子遇到惠子，演出了一場糾纏熱鬧的對答。

莊子（莊周，戰國宋人，與梁惠王同時代）與惠子（惠施，做過梁國宰相）兩人一同在濠水（在安徽鳳陽縣東北，北流入淮河）的橋樑上（橋名就叫濠樑）遊觀。只見斜陽暖暖，清風徐徐，濠水澄澄，錦鱗潑潑，此情此景，愜意極了。

莊子胸懷曠達，常願與天地萬物同樂，此時有感而發，對惠子說道：「你看那白魚在水裡游去游來，何等從容，我知道這些魚兒眞是快樂呀！」

惠子生性好辯，每想勝過別人。這時抓到機會，反駁莊子道：「你並不是魚呀！你怎麼會知道魚的快樂呢？」

莊子哪是省油的燈，馬上回問說：「你又不是我，你怎麼會曉得我不知道魚的快樂呢？」

惠子道：「你說：我不是你，固然不會曉得你知不知道魚是不是快樂，就算你這句話不錯好了。但

是，你終究不是魚呀，因此我問你怎麼會知道魚的快樂？這個推斷十分合理而又週全，沒有疑問呀！」

莊子畢竟高明，回辯說：「且慢。現在讓我們從頭來回顧一下吧：你剛才說的是：『你、怎麼會、知道魚的快樂』。這句話的意思，是說你已經曉得我『知道魚的快樂』了，只是再追問我『怎麼會』知道的而已。我就是在這濠樑橋上知道的啊。因爲我遊於濠樑之上，感到非常快樂；自然會知道魚兒游於濠樑之下，當然也會快樂呀！」

【空蒙子曰】：有人說：莊子惠子用腦進行舌戰，這是雙方在鬥智，非真樂也。真正享受快樂的是水中之魚。它們從容徊游，隨心所欲，沒有釣勾，沒有拖網，毫無掛礙，毫無煩惱，這才是真樂。魚若有知（多一分知，就少一分樂），應笑橋上之人，無事生非。天下之不能太平，這是原因之一吧？不過，本篇倒是辯論的好範例，惠子善辯，莊子比他更行。惠子詢問：你怎能知道魚樂？這話問來合乎常理。但莊子駁道：你先已認定我「知道」魚之樂了，問的是「怎樣」知道的？使惠子一時接不上話來。究其實，惠子問「怎能知道？」這是整個一句話，不宜分割。絕對不是「知道」在先，如今只問「怎能」在後。莊子太高明了，他即時在怎能和知道之間，加上頓號分開，勝利便在莊子這一邊了。降至宋代，有位邵雍（即邵康節，自號安樂先生）說：「莊子善通於物，能盡己之性，又能盡物之性，不但對魚如此觀，對萬物都如此觀（若要欣賞另一精彩的急智舌戰，請看第八十七篇秦泌論天的對話）。」

【原文引參】：莊子與惠子遊於濠梁之上。莊子曰：儵魚出游從容，是魚之樂也。惠子曰：子非魚，安知魚之樂？莊子曰：子非我，安知我不知魚之樂？惠子曰：我非子，固不知子矣。子固非魚矣，子之不知魚之樂全矣。莊子曰：請循其本，子曰汝安知魚樂云者，既已知吾知之而問我，我知之濠上也。（戰國、莊周：《莊子》、秋水篇）

【另文附錄：莊子惠子辯論有情無情】：惠子謂莊子曰：人故無情乎（人都無情嗎）？莊子曰：然。惠子曰：人而無情，何以謂之人（沒有感情，怎能叫作人）？莊子曰：道與之貌，天與之形，惡得不謂之人？惠子曰：既謂之人，惡得無情（既然是人，哪得無情）？莊子曰：是非吾所謂情也。君所謂無情者，言人之不以好惡內傷其身，常因自然而不益生也。惠子曰：不益生。何以有其身（不增益生命，怎能有身體呢）？莊子曰：道與之貌，天與之形，無以好惡內傷其身。今子、外乎子之神，勞乎子之精，倚樹而吟，據槁梧而瞑。天選子之形，子以堅白鳴。（莊周：《莊子》、德充符）

## 四九　宋玉曲高和寡

戰國時代，楚國大夫宋玉（約元前二九〇—前二二二），是屈原（約元前三四三—前二七七，是我國第一位愛國詩人）的弟子。他的文章，極爲優美，公認是南方著名的辭賦家。由於他品性高潔，有時難免受人挑剔。

楚襄王也略有所聞，有一天，問宋玉道：「宋卿你與人相處，是不是還有些不周不遜，以致留下若干美中不足之處？爲何一般士民百姓，都很不讚賞你呢？」

宋玉答道：「啊，是呀，確實有的。但願君王寬恕我的過失，使我能說清我的心意：

「有一位外來客人，在我們楚國首都當眾唱歌。第一首歌曲叫『下里巴人』，這首歌的曲調簡易，首都內聚攏來跟著學唱的竟有幾千人。次一首歌曲叫『陽阿薤露』，這首歌節奏漸繁，聚集起來學唱的仍有幾百人。第三首歌曲叫『陽春白雪』，這首歌旋律加深了，聚著學唱的就僅有幾十人了。最後、再將宮商角徵羽五音參合變化，譜出了協律最難的樂曲時，能跟得上節拍的便只剩幾個人而已。可見曲調愈高，唱和的愈少。由此引申來看：那鳥類中有最尊貴的鳳凰，而魚群中也有最英偉的鯤魚呀！

「那鳳凰騰飛在九千里的高空之上，超絕了雲霓，背負著蒼天，腳爪一蹬，把浮雲都攪亂了。他翱翔在曠遠杳冥之上，那些在籬笆間跳來跳去的小鷃雀，哪能跟他來猜度天地的高低呢？至於那鯤魚，早晨從崑崙出發，一口氣潛游到碣石，才露一露他的鰭背，曬一曬太陽，傍晚時，便游到孟諸大海中安宿去了。一天游程萬里，那些在尺來深的池沼裡鑽來鑽去的泥鰍，又哪能跟他測量江海的深廣呢？

「以此推知，不獨鳥類中有鳳，魚群中有鯤而已，讀書尙志的人中，也有出類拔萃的高士呀。想那些聖哲賢才，其瑰偉的思想，高潔的行徑，異乎流俗，超群獨立，一些淺陋的凡夫豎子，又怎會知道我的所作所爲呢？」

【空蒙子曰】：籬鷃豈知鵬鵠志，井蛙難測海天寬；
曲高和寡知音杳，孔聖聞歌嘆楚狂。

【原文引參】：楚襄王問於宋玉曰：先生其有遺行歟？何士民衆庶不譽之甚也？宋玉對曰：唯、然、有之。願大王寬其罪，使得畢其辭。客有歌於郢中者，其始曰下里巴人，國中屬而和者數千人。其爲陽阿薤露，國中屬而和者數百人。其爲陽春白雪，國中屬而和者，不過數十人。引商刻羽，雜以流徵，國中屬而和者，不過數人而已。是其曲彌高，其和彌寡。故鳥有鳳而魚有鯤。鳳凰上擊九千里，絕雲霓，負蒼天，足亂浮雲，翱翔乎杳冥之上。夫藩籬之鷃，豈能與之料天地之高哉？鯤魚朝發崑崙之墟，暴鬐於碣石，暮宿於孟諸。夫尺澤之鯢，豈能與之量江海之大哉？故非獨鳥有鳳而魚有鯤也，士亦有之。夫聖人瑰意琦行，超然獨處，世俗之民，又安知臣之所爲哉？（梁、蕭統：《昭明文選》、對楚王問）

# 五〇 越人不要鞋帽

春秋時代的魯國，在今山東省（首都是曲阜）。有個魯國人，會做麻苧編織的鞋子（屨音巨，是鞋，用絲做的叫履，用麻做的叫屨）。他的妻子，會織做帽子的縞絹（成語「強弩之末，不能穿魯縞」，可見山東魯國製縞有名）。夫妻商量著，打算搬家，南赴越國（在魯國齊國之南，約今浙江，首都是會稽），去謀求發展。

他的朋友忠告說：「你們要去越國嗎？一下子就會變成窮光蛋！」

這位製鞋的人問道：「這樣嚴重，爲甚麼呢？」

他的朋友說：「屨是鞋子，縞做帽子，只有我們齊魯文明上國，才講求冠履光鮮，鞋帽人人不可少。可是那個越國，還是個東陲夷蠻之邦，越國人民都打光腳，不穿鞋子。而且又剪短頭髮，不需要束髮戴帽。你搬家到那個不要鞋帽的國度裡去編鞋織帽，必然毫無生計，不馬上變成窮人還可能嗎？」

【空蒙子曰】：為需要而生產，這是製造業的鐵則。沒有傻子到回教國家去產製紅燒豬肉罐頭，因為他們禁吃豬肉。至若製造鞋帽，按現代經營理念而論，首先應作產銷分析，「銷」是「市場研判」，要調查現時的需求和未來的發展。「產」是「製造規劃」，工廠要設在原料易得，工人易找，成本低廉之地。總之、需要乃是前提。但需要怎樣來判定呢?這就靠投資者的智慧了。今仍以鞋帽為例：務實派的人會說：越人既斷髮，又徒跣，鞋帽沒有銷路，不能做。但冒險派則說：正因越人此刻無鞋無帽，但來日終必穿鞋戴帽，故推銷的空間很大，拓展的潛力無窮。誰能事前打下基礎，搶得先機，其遠景必是光明的。從外商在中國大陸推銷行動電話和電腦看來，似乎也是蠻有道理的。

【原文引參】：魯人善織屨，妻善織縞，而欲徙於越。或謂之曰：子必窮。魯人曰：何也?曰：屨爲履，縞爲冠也。而越人徒跣剪髮。遊不用之國，欲無窮可得乎?（漢、劉向：《說苑》、卷第二十、反質）

【另文附錄：宋人賣帽】：宋人、資（販賣）章甫（殷代的帽子。《論語、先進》：「宗廟會同，端章甫」）而適諸越。越人斷髮文身，無所用之。（戰國、莊周：《莊子》、內篇、逍遙遊）

## 五一　炒栗大小都熟

遼國由耶律阿保機統一契丹建國（公元九〇六年），五傳到了遼聖宗。有位蕭罕嘉努（另書稱為蕭韓家奴，字休堅，博覽經史，通遼漢文字，有六義集），於遼聖宗統和十四年（九九六）入仕爲官。他家養了一頭牛，但頑劣不聽驅使。家人將牛賣掉，得錢很多。蕭罕嘉努知道了，說：「高價賣牛，有利於我。但加害於人，這不是我的心意。」叫家人將錢如數退還，牽牛回家。

遼興宗重熙四年（一〇三五），蕭罕嘉努升任爲天成軍節度使，很得皇帝的信任。有一天，他到京城覲見皇帝，興宗與他談話，從容問他說：「你久官京城之外，見事定然不少，可聽到不尋常的新聞沒有？」

蕭罕嘉努答奏道：「別的事我不太知道，我只熟知如何炒栗子。」

那栗子是一種堅果，俗稱板栗，結實在高大的栗樹上，香甜味美。中國產地以河北良鄉栗子最著名。

蕭罕嘉努接下來說：「一鍋栗子，拌著熱砂，在翻炒的過程中，小粒的雖然熟了，但大粒的必然還是生的。還得繼續拌炒。好不容易炒到大的也熟了，但小的卻又變焦了。這本就很難拿捏得恰到好處。總括一句話：必須使大小都熟，大小都不焦，這靠上等功夫，也才最爲圓滿。我只知道這個粗淺的事實，別的事不敢逞能強說知道。」

原來蕭罕嘉努在尚未任官之前，曾經擁有一座栗樹園，對栗子懂得很多，這次拿自己熟知的炒栗一事來比喻治理國政，平庸中有至理，可謂十分允當。興宗皇帝聽了，覺得他的話通情達理，寓諷諫於平實之中，不亢不卑，娓娓可採，很高興的笑著接受了。

【空蒙子曰】：蕭罕嘉努的話，和老子李聃的話含義相同。《老子道德經・下經》說：「治大國若烹小鮮」。意謂大國政務，千頭萬緒，要像烹魚一樣，用耐心去處理。如果把鍋裡的魚頻頻胡亂翻邊，魚會碎爛，好廚師要保持魚的外皮不裂，魚體外型完整，這才美善。炒栗子也當如是，栗粒有大有小，混同共在一個炒鍋之內，正好比在同一國的施政綱目中，既有尖端科技、如半導體(semi-conductor)，同時也有傳統產業、如布匹染整工廠(dye works)。境況各不相同，卻須同樣兼顧。怎樣一面發展先進產業，使它趕早佔有國際市場，另一面也須照顧夕陽產業，讓它轉型或升級。這要同時著手，使大小栗子顆顆都熟而不焦。當國主政者，請留意焉。茲尚有憾者：「烹小鮮」一詞，多人皆知；「炒栗大小均熟」一語，知者太少。為甚麼？只因蕭罕嘉努名氣不高，而遼國又非中原正統，以致未受重視。筆者選錄《遼史》此篇，用意也在倡揚其寓義焉耳。其實、這句格言，若命名為「蕭氏定律」也不為過。除了適用於政務之外，任何公司行號、工商企業，都宜奉行，如能做到大事俱興，小事不廢。一方面使紅花能伸蕊而吐豔，一方面讓綠葉作護托以扶持，那該多美！

**【原文引參】**：蕭罕嘉努，字糾堅。統和十四年始仕。家有一牛，不任驅策，其奴得善價鬻之。罕嘉努曰：利己誤人，非吾所欲，乃歸值取牛。重熙四年，遷天成軍節度使。帝嘗從容問曰：卿居外，有異聞乎？蕭罕嘉努曰：臣唯知炒栗，小者熟則大者必生，大者熟則小者必焦。使大小均熟，始爲盡美，不知其他。蓋嘗掌栗園，故託栗以諷諫，帝大笑。（元、托克托：《遼史》、卷一百三、列傳第三十二、文學上、蕭罕嘉努）

**【另文附錄：韓家奴】**：遼、天成軍節度使蕭罕嘉努，亦作韓家奴、曰：炒栗、小者熟則大者必生，大者熟則小者必焦。使大小均熟，始爲最美。罕嘉努嘗掌栗園，故記栗以諷諫遼主。（清、畢沅：《續通鑑》、宋紀、仁宗）

# 五二　買鞋忘記帶鞋樣

有個鄭國人，要買新鞋。他事先量好腳的長寬高度，畫成了圖樣，注明了尺碼，暫且把它擱置在家裡的坐椅上。

他到了市集，一心要買鞋子，這時才發現那個畫好的尺碼，沒有帶在身邊。他好不容易已經找到了中意的鞋子了，只是不知道尺碼合不合。他說：「我忘記帶鞋樣來了。」於是返家去拿，等到再回來時，市集已經散了，終於沒有買到鞋子。

旁人說：「你為甚麼不用自己的腳試一試，不就知道是不是合適了嗎？」

這個鄭國人說：「我寧可相信量好的鞋樣，不要相信自己的腳嘛。」

【空蒙子曰】：不必譏笑鄭人寧信「鞋樣」不信「腳」是奇聞，兩千多年後的今天（韓非死於元前二三三年，距今已二千二百年了），還有不信正身寧要替身的怪事。咱們到銀行或機關去辦事，只認「印章」不認人。雖然你本人親自出馬，出示你的身分證，當面簽名，因無印章，就是辦不通。至於你幫別人代辦，只要有印在，雖然當事人未到，卻可接受。居於台灣先進產業龍頭地位的聯電集團董事長曹興誠，就呼籲推動「印章消滅計劃」，不為無因，這是小焉者也。至若掌國柄的高官，每當遇到問題，就像鄭人買鞋一樣，推說要回去找「鞋樣」（看看有無前案或判例），這是大焉者也。在歷史中，當不難找出相信鞋樣的實例：漢朝王莽篡位稱帝，國號「新」。他迷信古早先王的陳舊遺規（當成鞋樣），實行「王田」（田畝收歸國有），「六莞」（由國家管理買賣，即國有經濟制），失敗了。錢穆評論他「迂執不通，荒誕迂闊」（只信鞋樣，不合實情）。近世有個姓毛的，相信外國符咒（把階級鬥爭論捧爲鞋樣），實行「人民公社」（爲國家做工，國家供飯，沒有私人廚房），失敗了。換了姓鄧的上台，才改為「有中國特色的社會主義制度」（不要鞋樣，骨子裡走的卻是資本主義路線）。功過是非，史評會有交待。

韓非子寫的是寓言，假的；今卻確有其事，是真的！

【原文引參】：鄭人有且置履者，先自度其足，而置之座。至之市，而忘操之。已得履，乃曰：吾忘持度。反歸取之。及反，市已罷，遂未得履。人曰：何不試之以足？曰：寧信度，無自信也。（戰國、韓非：《韓非子》、卷第十一、外儲說、左上第三十二）

# 五三　全國都穿紫衣裳

【一】

春秋時代的齊桓公（公元前？——前六四三，為春秋第一位霸主），喜歡穿紫色衣裳。由於國君愛紫，全國都流行紫服。風氣昌盛之後，用五匹白素的絹，還換不到一匹紫色的絹。掀起一股畸形的時尚。

齊桓公耽心這種發展很不好，因問管仲（公元前？——前六四五，為齊國宰相）說：「我喜歡穿紫色衣服，現在紫絹貴得太不合理，可是全國百姓仍舊偏好穿紫服，這股紫風一直停止不了，我該怎麼辦呢？」

管仲答道：「何不試試先從君王你自己做起，率先不穿紫衣。進一步你再對身邊的人說：『我很討厭紫衣的那股臭味。』如果身邊正好有穿紫衣的人接近你，就直率說：『你退後站遠一點，我不耐那紫色染料的騷臭！』就會把這股歪風改正了。」

齊桓公說：「好呀，就照這樣辦吧！」

就在這一天裡，宮廷之內的人都不穿紫衣了。就在這一月裡，首都之內的人都不穿紫衣了。就在這一年裡，國境之內的人都不穿紫衣了。

【二】

春秋時有個小國叫鄒國（古鄒國即邾國，邾鄒是音轉，在今山東省鄒縣地）。鄒國國君，喜愛在帽子兩旁垂下長長的冠纓（帽子兩邊綴繫的彩帶，結在頷下，叫纓）。由於國君的喜好，大家都流行將冠纓儘量加長，飄拂襟前，煞是好看。由於大量需要，手工織造費時，使這種彩帶貴得離譜了。

鄒君不免爲之憂心，問身邊侍臣說：「爲何冠纓變得這樣昂貴呢？」左右侍臣說：「因爲國君你喜歡長纓，百姓也都模仿著繫垂得愈長愈好，才使得這種彩帶由於供不應求而隨勢大漲了。」

鄒君才了解到病源出在自己身上。他主動先將自己的冠纓剪短了，反而顯得灑脫爽俐，然後出來臨朝聽政。大家見國君不愛長纓了，這股風氣便普遍消失了。

【空蒙子曰】：《孟子滕文上篇》說：「上有好者，下必有甚焉」。《韓非子二柄篇》說：「楚王好細腰，國人（指女人節食瘦身）多餓死（此語又見《後漢書馬廖傳》）」。《論語顏淵篇》說：「君子之德風，小人之德草，草上之風必偃（《孟子滕文上》有同樣的話）」。可見作首長的一舉一動，其影響力都很深遠。不論是政治領導人、軍團統帥人、財經決策人、企業主持人、或商貿掌權人，當你要開創一種新制度，或廢掉某種舊措施時，都得想一想它所衍生的後果，會不會一動導致興隆？或一動淪於傾滅？例如宋神宗的變法，清光緒的維新，近來要不要發展導向飛彈？該不該改為總統憲制？

在決斷之初，都要非常戒慎。

【原文引參之一】：齊桓公好服紫，一國盡服紫。當是時也，五素不得一紫。桓公患之，謂管仲曰：寡人好服紫，紫貴甚。一國百姓，好服紫不已，寡人奈何？管仲曰：君何不試勿衣紫也。君宜謂左右曰：吾甚惡紫之臭。如左右適有衣紫而進者，公必曰：少卻，吾惡紫臭。公曰：諾。於是日，郎中莫衣紫。是月也、國中莫衣紫。是歲也、境內莫衣紫。（戰國、韓非：《韓非子》、卷十一、外儲說左上第三十二）

【原文引參之二】：鄒君好服長纓，左右皆服，長纓甚貴。鄒君患之，問左右。左右曰：君好服，百姓亦多服，是以貴。君因先自斷其纓而出，國中皆不服纓。（戰國：《韓非子》、卷十一、外儲說左上三十二）

【另文附錄之一：婦人男飾】：景公好婦人而丈夫飾者，國人盡服之。晏子見公，公曰：寡人使吏禁女子而男子飾者，國人相效而不能止，奈何？對曰：君使服之於內，而禁之於外，何可得也？公胡不使內勿服，則外莫敢為也。公曰善，使內勿服。不旋月，而國莫之服也。（晏嬰：《晏子春秋》、內篇、雜下。又見：劉向：《說苑》、卷七、政理）

【另文附錄之二：楚王好細腰】：昔者、楚靈王好士細腰，故靈王之臣，皆以一飯為節。脅息然後帶，扶牆然後起。比期年，朝有黧黑之色。（戰國、墨翟：《墨子》、兼愛、中）

【另文附錄之三：城中好高髻】：長安語曰：城中好高髻，四方高一尺。城中好廣眉，四方且半額。城中好大袖，四方全匹帛。斯言如響，有切事實。（《後漢書》、馬廖傳）

# 因果第五

## 五四　黃雀銜環報楊寶

東漢時代，有位儒士，名叫楊寶，陝西人。「新」朝皇帝王莽和「漢」光武帝劉秀曾先後徵聘他入朝爲官，他都避而不就，是一位不同凡俗的讀書人。

楊寶九歲時，有一天，閒步到華陰山北賞景，無意間瞥見一隻黃雀，毛羽脫亂，僵臥在大樹之下的泥地上，全身爬滿了螞蟻。他走近一瞧，只見這黃雀受傷極重，無法動彈，只有腿爪尙可微微伸縮，想是遭受惡鳥的強烈攻擊，生命垂危，才跌墜在樹下，繼而被群蟻咬噬，無法脫困，只是露出求助的眼光。看著楊寶。

楊寶心生不忍，便把黃雀拾起，帶回家中，安置在放頭巾手帕及小書本的空巾箱裡。每天飲以清水，用金針菜花、菊花、油菜花餵它，讓它安靜養息。經過了一百多天，羽毛長成了，軀體也養好了，才放它飛去。

到了半夜，有一位穿著黃衣的年輕童子，進入楊寶的臥室中，拜了又拜，對楊寶說：「我本是西王母（是上天女神之神，又稱王母娘娘，見《穆天子傳．三》）駕前的傳信使者，前次化身黃雀，遠道傳信，歸程時，不幸在華陰山北，被惡禽鴟梟偷襲，受了重傷墜地，又被螘群欺負，幾乎丟了性命。幸遇你大發仁心，護我養我三月，救命之恩，萬分感激。今特獻上白玉寶環四枚，以申謝意。預祝你的子孫品潔行端，來日晉爵三公，同這四個玉環一樣的圓瑩美粲！」他留下四個白環，轉身穿窗而逝。

以後，楊寶的兒子楊震、孫兒楊秉、曾孫楊賜、玄孫楊彪，傳承四代，果然人人都極顯貴，位至三公。

〔空蒙子曰〕：楊寶救了黃雀，黃雀回報四環，說將澤及兒孫。依據史書所記：楊寶的兒子楊震，人稱「關西孔子」，後為太尉。他官任太守時，不肯收受縣令王密私送的黃金十斤。王密說：「晚上送來，沒有人知。」楊震說：「天知地知，你知我知，何謂不知？」此後楊氏稱為「楊四知堂」本此。楊寶的孫子楊秉（楊震之子）是位正人，他說：「我有三不惑：一酒二色三財。」漢桓帝時任太尉。楊寶的曾孫楊賜（楊秉之子）當過漢靈帝的老師，封臨晉侯，官拜司空。楊寶的玄孫楊彪（楊賜之子），漢獻帝時官任太尉，先後糾彈董卓及曹操的不是。帝賜几杖，待以賓禮。他的後人，四代都很顯貴正直，可見善有善報也。關於報恩報德，有句成語叫「結草銜環」。《文選・李密陳情表》說：「臣生當隕首，死當結草」。結草抗回之事，請參看本書第五五篇。《琵琶記・南浦囑別》說：「此身還顯貴，定當效銜環」。《元曲選・李行道・灰闌記》說：「小人結草銜環，此恩必當重報」。勾踐復國的《浣紗記・問疾》說：

「寡人受恩，誓效結草銜環之報」。足證這些寓言，已為大家普知了。

〔原文引參〕：東漢、楊寶，年九歲，至華陰山北，見一黃雀，爲鴟梟所搏，墜於樹下，爲螻蟻所困。寶取之以歸，置巾箱中，唯食黃花。百餘日，毛羽成，乃飛去。其夜，有黃衣童子，向寶再拜曰：吾西王母使者也，君仁愛救拯，實感成濟。以白環四枚與寶，曰：令君子孫潔白，位登三事，當如此環矣。後寶子震、孫秉、曾孫賜、玄孫彪等，果皆顯貴。（南朝、宋、范曄：《後漢書》、楊震傳、父寶、注、引自：南朝、梁、吳均：《續齊諧記》）

## 五五　老人結草報魏顆

春秋時代，齊桓公與晉文公先後都是霸主（諸侯中稱霸的君主）。晉文公（名重耳。元前？－前六二八）時，晉國有位臣子，是當權的大夫，名犨（音抽），治魏地，諡武，史稱魏武子。他有一位年輕的小妾（古禮：大夫一妻二妾），這小妾自己沒有生兒子，但魏武子十分寵愛她。

魏武子生大病了，在病中，告諭他正妻的兒子魏顆說：「我死後，你一定要把這位小娘娘（小妾）改嫁。」

及至魏武子病勢沉重，彌留時，又改口對兒子魏顆說：「我死後，你一定要把這位小娘娘陪葬。」

春秋時代距今快近三千年，那時有項陋習，當大人物死後，得用活人殉葬。《詩經、秦風、黃鳥序》說：「秦穆公死，以三子爲殉」。《禮記、檀弓下》說：「陳子死於衛，其妻謀以殉葬」。《後漢書．東夷傳》也說：「殺人殉葬，多者以百數」。這項惡習，由於很不人道，以後便改用雕成的木偶人來代替。但《孟子．梁惠王上》說：「仲尼曰：始作俑者，其無後乎？」俑就是木雕的假人，拿俑人代活人來陪葬。可是孔子認爲木俑雕作人形，仍是有違仁道，因而說這位木偶的創始者恐怕沒有後代的吧？這項惡質風俗，終於漸漸地廢除了。

魏顆那時也官居國卿，深明大義。當他父親魏武子過世之後，魏顆並未遵命將這位小妾殉葬，卻助她改嫁了。魏顆解釋說：「當我父親病重之際，思想是錯亂的，錯話不能照做；我要遵從他思想清醒時的指示來行事才對。」

後來，強大的秦國，侵略晉國。秦軍的主帥杜回，是個有名的大力士，和魏顆在輔氏（當時晉國地名，在今陝西朝邑縣西北的輔氏城）接戰，由兩位主帥在郊區草野地上力搏。魏顆原本居於劣勢，卻瞥見有位老人，低蹲著腰軀，跟在杜回足旁，將野草尖端互相束紮，形成處處結套。杜回懵然不知，在進退之間，屢屢絆到腳步，最後跌倒在草地上，被魏顆活捉過來，戰事贏了。

勝利的當晚，魏顆夢見這位「結草」老人來見，陳述道：「你將你父妾改嫁，此恩難忘。我乃她的親父也。你選擇你父思想清楚時的諭示行事，這番德澤，今天我特以結草來回報。」

〔空蒙子曰〕：佛經云：「善有善報」，這是說：做了好事，會有好的結果。《論語・憲問》云：「以德報德」，這是說：受了別人的恩，我要報之以惠。《詩經・衛風・木瓜》云：「投我以木桃，報之以瓊瑤（瓊瑤是美玉）」，這是說：別人對我好，我要加倍報答。更佳的例子是《戰國策・魏策》中唐雎的話說得最對了。因為那時強秦攻打弱趙，包圍了趙國首都，趙王急向信陵君求救。信陵君殺了大將晉鄙，領兵十萬，打敗秦軍，保全了趙國。趙王萬分感謝，親出都城接他。唐睢對信陵君說：「別人有德於我，不可或忘也。若我有德於人，則不可不忘也」。這是說：受了恩、不可忘記，施恩於別人則最好忘記掉。重點尤其在後一句。為甚麼？如果你有恩於人，卻一心企望別人回報，這就不是行善，而等於是放高利貸。你借錢給人，目的是貪求高利息。此乃存心不良，非正人所當為也。

〔原文引參〕：春秋、晉文公之臣、魏武子、有嬖妾、無子。武子疾，命子顆曰：我死，必嫁是。迨病革，又曰：必以爲殉。及卒，顆嫁之。曰：病疾則亂，吾從其治也。及秦師伐晉，顆敗之，獲杜回。顆見老人結草以抗杜回，杜回躓而顚，故獲之。夜夢老人曰：余，爾所嫁婦人之父也。爾用先人之治命，余是以報。（左丘明：《左傳》、宣公十五年）

## 五六　靈蛇報德獻隋珠

春秋時代，有個隋國，在今湖北隋縣（今稱隋洲市）。隋縣位居桐柏山與大洪山之間，境內有溠水、㵐水、漂水，都由北而南，流入鄖水（再入漢水進長江）。溠水之側，有個山丘，名叫斷蛇丘，留下這個寓言故事。

隋國國君是隋侯，有一天，他出城巡視，途中瞧見一條大蛇，躺在山丘邊，動彈不得。隋侯下車一看，原來蛇身受了重傷，腰部斷了，雖然表皮還是相連，卻已無法走動。

隋侯猜想這蛇如此壯大，可能是一條靈蛇，便吩咐隨從官，在御車隊裡取來急救藥箱，拿出續筋接骨生肌拔毒的八珍膏，在傷處周圍塗抹外敷，再輕輕的小心的封包保護妥當，放在軟草上。由於神藥的助力，這條蛇才漸有生機，開始慢慢蠕動，終於緩緩地沒入草叢中自我養息去了。

此時隋侯才放下心來，重新上路，卻已折騰了半天。爲了不忘這次奇遇，就將這個山丘命名爲「斷蛇丘」。

過了一年多，那條靈蛇，竟然口含明珠一顆，獻給隋侯，以回報救命之德。那顆明珠，圓圓潤潤，直徑有一寸多大，瑩然純白，絕無瑕疵。入夜自然生光，如同月亮，放置在皇室內，等於燃了蠟燭一般。因此叫它「隋侯珠」，又名「靈蛇珠」，也叫「明月珠」。《史記・鄒陽傳》說：「隋侯之珠，夜光之璧」。《戰國策・楚策》說：「寶珍隋珠」。《文選・曹植與楊祖德書》說：「握靈蛇之珠」。《淮南子・說山》也說：「隋侯之珠，和氏之璧」。《漢書・鄒陽傳》及《漢書・西域傳下》也都說：「隋珠和璧」。《李斯・諫逐客》及《鹽鐵論・殊路》也都說：「『隋』『和』之寶」。這都是證明此珠是何等的珍貴。

〔空蒙子曰〕：我們一提到蛇，似乎就代表著陰險。君不見：形容狠毒可怕的人叫「蛇蠍成性」，貪心不足叫「一蛇吞象」，專想害人的叫「蛇口蜂針」，內心毒而嘴巴甜的叫「蛇心佛口」，好人惡人混在一起叫「龍蛇雜處」，各色壞人惡人的集合叫「牛鬼蛇神」，都不是好話。西洋也不例外，《聖經舊約・創世紀》說：夏娃在伊甸園中偷吃禁果，遭到上帝懲罰，就是由於蛇的蠱惑慫恿。基於上述，蛇給我們的印象，多是負面的了。唯有本篇中的靈蛇，受惠不忘報，含珠答大恩。梁武帝《思考賦》云：「靈蛇銜珠以酬德，慈烏反哺以報親」，上句就說的是本篇，真可與《續齊諧記》中「黃雀銜環」的故事兩相偕美了。

〔原文引參〕：隋縣溠水側，有斷蛇丘。隋侯出巡，見大蛇，被傷中斷，疑其靈異，因以藥封之，蛇乃能走。因號其處曰斷蛇丘。歲餘，蛇含明珠以報之。珠盈徑寸，純白而夜有光，如月之照，可以燭室，故謂之隋侯珠，亦曰靈蛇珠，又曰明月珠。（晉、干寶：

《搜神記》、卷二十）

〔另文附錄之一：隋珠報德〕：隋、漢東之國，姬姓諸侯也。隋侯見大蛇傷斷，以藥傅之。後蛇於江中銜大珠以報之，因曰隋侯之珠，蓋明月珠也，亦曰隨珠。（漢、劉安：《淮南子》、覽冥訓、隋侯之珠）

〔另文附錄之二：合浦珠還〕：漢、孟嘗，爲合浦太守。該郡不產穀實，而海出珠寶。與交阯比境。先時、宰守並多貪穢，勤施濫採，求之無度，珠遂漸徙於交阯郡界。於是行旅不至，貧者饑死於道。孟嘗到官，革易前敝，求民病利。未踰歲，去珠復還，饑民蒙活，百姓皆反其業，稱爲神明。（南朝宋、范曄：《後漢書》、卷七十六、循吏列傳、孟嘗）

# 五七　早知虢君會滅亡

古時候，有個虢國，是周武王封給他弟弟的小國（只傳了幾代，就被晉國借道虞國把虢國滅了）。這位末代虢君，驕傲自大，昏庸乖戾。凡是巴結奉承他的人他就喜歡，說直話批評他的人便被他驅逐出境或是殺掉。

強大的晉國出兵來突擊虢國，虢君沒有防備，無法抵抗，匆忙乘車逃亡出走。傍晚到了荒郊，虢君說：「我口渴了，有甚麼可以喝的嗎？」替他駕車的人，便奉上清酒。喝了酒，虢君又說：「我肚子餓了，有甚麼可以吃的嗎？」駕車的人，隨即又奉上牛肉乾脯。

酒肉都享用了，虢君很高興，問道：「酒香肉美，你在這時際是怎樣弄來的呢？」

駕車的說：「我老早就準備好了，事先儲放在車內的。」

虢君問：「爲甚麼早就準備了呢？」

駕車的說：「就是爲了你在逃亡的時候，半路上口會渴肚會餓而準備的呀！」

虢君追問道：「你早就預料到我會逃亡嗎？」

駕車的答：「早就知道。」

虢君問：「既然早知，爲甚麼不事先諫勸我呢？」

駕車的說：「你喜歡聽好話，不喜歡聽直話。我如果說出眞話，早就被你殺掉，今天也不能替你駕車了。」

虢君聽了發火，臉上一股怒氣，很不高興。駕車的趕忙請罪，說道：「小人剛才的話，說過頭了，請大王寬諒，饒恕莫究。」虢君正在逃亡中，不可能殺掉他，就忍住了。

隔了一陣，虢君又問道：「我的國家亡了，到底是甚麼緣故呢？」

駕車的人這下子變得聰明了，回答說：「大王之所以亡國，是因爲你太賢良了！」

虢君追問道：「賢良還會亡國，這是爲甚麼呢？」

駕車的說：「天下的國君都不賢良，大家痛恨你一人單獨賢良，所以就亡國了。」

虢君聽了很高興，歎了一口氣，自說自話道：「唉呀！像我這樣賢良的人，竟還遭遇到如此的結果嗎？」

這時天色已晚，兩人只好在山裡找個地點暫且安頓休息。虢君勞累疲倦，睡得酣熟。那駕車的人，見虢君事到如今，還只願聽好話，不願聽直話。剛才後段所回答的，都是假話，他爲了這些騙話還顯得很高興。這個昏君，實在不能相處，就趁夜溜走了。

虢君獨自無法求生，終於餓死了。

〔空蒙子曰〕：祇願聽好話，不願聽壞話，臨死信假話，真是大笑話。

莫怪虢君傻，哪會這麼差？冷眼觀世界，有人就像他。

〔原文引參〕：昔者，虢君驕恣自伐，諂諛親貴，諫臣誅逐。晉師伐之，虢君出走。至於澤中，曰：吾渴而欲飲，其御乃進清酒。曰：吾饑而欲食，御進乾脯。虢君喜曰：何給也？御曰：儲之久矣。曰：何故儲之？對曰：爲君出亡而道饑渴也。君曰：知寡人亡耶？對曰：知之。曰：知之何以不諫？對曰：君好諂諛，而惡至言。臣如諫之，必先亡。虢君作色而怒，御謝曰：臣之言過也。有間，君曰：吾之亡者誠何也？其御曰：君之所以亡者，以大賢也。虢君曰：賢而亡，何也？對曰：天下之君皆不肖，共疾君之獨賢，故亡。虢君喜而歎曰：嗟乎、賢固若是耶？遂於山中居，饑倦而臥，御逃而去之。君乃餓死。（西漢、陸賈：《新語》、卷七、先醒）

〔另文附錄：郭君出亡身死〕：昔郭君（郭是春秋時國名，即虢國。《公羊傳．僖二年》說：虞公不從其言，假之道以取郭。按《左傳》作虢。又汪喜孫《孟慈文集》有「郭公解」，謂郭公即虢公，郭虢聲之轉也）出亡，謂其御者曰：吾渴欲飲，御者進酒。曰：吾饑欲食，御者進乾脯粱糗。曰：何備也？御者曰：臣儲之。曰：奚儲之？御者曰：爲吾君之出亡而道飢渴也。曰：子知吾且亡乎？御者曰：然。曰：何以不諫？御者曰：君喜諛而惡直言，臣欲進諫，恐先亡。郭君作色。曰：吾所以亡者，誠何哉？御者轉其辭曰：君之所以亡者，太賢。曰：夫賢者所以不爲存而亡者何也？御曰：天下無賢而君獨賢，是以亡也。郭君喜，伏軾而笑，曰：嗟乎！夫賢人如此苦乎？於是身倦，枕御者膝而臥。御自易以備，疏竹而去。身死中野，爲虎狼所食。（漢、韓嬰：《韓詩外傳》、卷六）

## 五八　撒種有活有不活

有個撒種的人，帶了許多種子，出去撒種。撒的時候，有一些種子掉落在田邊路上。路的泥土是堅硬的，種子都裸露在路面上，被野鳥看見，都一一啄完吃了。

有的種子，撒在薄土覆蓋的岩層上，表土雖不厚，卻發苗很快。可是每天被太陽照射，由於根淺，水分吸收不足，灼熱的炎陽一曬，都乾癟而枯槁了。

有的則散落入荊棘叢裡，荊棘競相蔓生，密到把那些幼苗擠得透不過氣來，見不到陽光，更不用說想要展葉抽穗結果了。

只有那些撒在沃土裡的種子，長得健壯，結實纍纍，有三十倍的，有六十倍的，有一百倍的。

〔空蒙子曰〕：這個寓言，取自聖經。那撒種的人，隱約就是上帝。那些落在路面上的種子，因泥土乾硬，不能生根，如同不信耶穌的人，不能得救；而野鳥則象徵撒旦，把不信的人攫去了。其次，薄土上的種子，代表信道不篤領悟不深的凡民，為自私自利所蔽，未讓聖道在心底扎根；炎陽則是外來的誘惑或災難，幼苗嬌嫩弱小，生命完結了。至於荊棘，意謂由於對錢財的貪婪，求官位的鑽營，以致把良知都斲喪了。唯有那肥沃的壤土，才使它根深柢固，葉茂果豐，結實纍纍，收成百倍也。我們反過來看：有些人手上掌握著資源而打算要讓別人分享時，也宜認清對象，應在何處、選擇何時、分給何人？這可真要有大智慧，也是一門大學問。

〔原文引參〕：你們聽啊！有一個撒種的，出去撒種。撒的時候，有落在路旁的，飛鳥來吃盡了。有落在土淺石頭地上的，土既不深，發苗最快，日頭出來一曬，因爲沒有根，就枯乾了，有落在荊棘裡的，荊棘長起來，把它擠住了，就不結實。唯有撒落在好土裡的，就發芽長大，結實有三十倍的，有六十倍的，有一百倍的。（聖經：《馬可福音》、第四章、第 3-8 節）

## 五九　放生不是恩德

### 【一】

清朝某一大官，在陰曆四月八日，入大寺燒香禮佛，並在寺前放生（釋放生物。蘇軾詩：放生魚鼈積陰功）。完畢後，偶爾在寺外的林間花下散步。不期遇到一個遊方寄齋的和尚，雙手合十，向這位大官施禮。問道：「大施主今日到此寺作何貴幹？」

大官答：「來此做善事，放生祈求功德。」

遊方和尚問道：「爲甚麼選在今天來做善事呢？」

大官答：「今天四月初八，乃是佛祖誕生之日，討個吉祥呀！」

和尚問道：「佛祖誕辰這天來作善事放生，那其餘一年中的三百五十九天，難道不該作善事嗎？你今日來此放生，目的是想修積眼前的恩德，但你可知道每年在你郇廚（唐郇國公韋陟宴飲豐盛，客人飽飫郇廚，乃是代表山珍海味齊備的大廚房）宰殺掉的肥羊鳩鳥，鮮魚野兔，比今天放生的數量，超過多少倍嗎？」

這位大官一時無法即答，旁邊陪伴他的該寺知客僧（接待賓客的寺僧，也稱典賓）代他叱喝道：「今天貴人光臨本寺護法，本寺寵沐光彩，你這窮和尚怎敢亂講？」

遊方僧一邊退身，一邊笑著說：「本寺中穿紫袈裟的住持大和尚不講話，我這個窮和尚不得不講呀！」說畢逕自離開，不知往何處去了。

住持大和尚得知此事，當衆不便表示意見，私下自歎道：「這個遊方顛僧，大不懂事，以致逞口胡言，招人不快。但在我佛的經義裡，他這番話，卻足以振聾發聵，有如獅子吼，震撼人心呀！」

【二】

戰國七雄中的趙國，位居中國北部，首都邯鄲（原建都晉陽，即今山西太原。後遷邯鄲，今河北邯鄲市）。那時物阜民康，算得上是個大城市，至今還流傳有「邯鄲一夢」「邯鄲學步」等故事。

邯鄲首都的百姓，常在正月初一元旦吉期，捕捉許多活的班鳩和喜鵲，呈獻給執掌國政的趙簡子（即趙鞅，死後諡簡，故稱趙簡子，見《春秋》昭二十五年，職位似今國務總理或行政院長）。趙簡子很高興，每個獻鳥人都得到厚賞。

有位賓客問他為何收取鳥雀？趙簡子答道：「正月初一元旦，一元復始。趁此良辰吉日將飛鳥（如鳩鵲）鱗介（如龜鼈）放生，以示有恩德於它們，會獲好報。」

賓客說：「恐怕未必吧？百姓們知道你要放生，便爭著去捕捉它，鳥兒為此而死而傷的必定不少，這不是對它們有恩呀。你如想要鳥兒活下去，不如禁止百姓們去捕捉，不就做到了嗎？如今捉它的人多，把它弄死弄傷的人不少，放它的人更少，『恩』『過』原就不能相抵了。不如改『放生』爲『護生』或『養生』，這才是眞的積德而會有善報呀！」

〔**空蒙子曰**〕：本篇【一】似是紀曉嵐憑己意揑寫的。本篇【二】似是列子書中的寓言，其真實性也待考。本來動物與人，同為生物。所謂戒殺放生，乃佛門之善意也。亦合乎「民吾同胞，物吾與也」之古訓。故有放生池之設立，放生亭之建造，放生會之舉行。但本篇【一】裡這位大官，在平常的眾多日殺生以飽口腹，卻又選特定的某一日放生以求恩德，這是說不通的。至於本篇【二】趙簡子誤以為放生是我幹的，該會積德。殊不知放生先得捕生，不捕生哪來放生？你既想放生，我就為你來捕生。這些捕生動作雖是別人幹的，但其根源乃是由於你的需要而濫捕，反而是害生，豈不終是損德？因為要獲得魚鳥來表演放生，便有人競捕魚鳥來供放生表演。捕十可能有五死，放二可能僅一生。美稱放生，實係傷生。德乎？孽乎？願起佛祖而問之。此外，《續說郛》卷三十《放生篇》說：「有問者曰：仁者當宏濟蒼生，拯救赤縣。何必留情微物，效彼小慈？終同兒女之嬉，豈有丈夫之概？」這幾句話，質問放生者的心意，也甚有正理。

〔**原文引參之一**〕：某巨公，四月八日，在佛座禮懺放生。偶散步花下，遇一遊僧，合掌曰：公至此何事？曰：作好事也。又問：爲何今日作好事？曰：佛誕日也。又問：佛誕日作好事，餘三百五十九日，皆不當作好事乎？公今日放生，是眼前功德。不知歲歲庖廚之所殺，足當此數否乎？巨公猝不能對。知客僧代叱曰：貴人護法，三寶增光，窮和尚安敢妄語？遊僧且行且笑曰：紫衣和尚不語，故窮和尚不得不語也。徑出，不知所往。老僧竊歎曰：此闍黎大不曉事。然在我法中，自是突聞獅子吼矣。（清、紀曉嵐：《閱微草堂筆記》，卷十，如是我聞之四）

（原文引參之二）：邯鄲之民，以正月元旦，獻鳩於簡子。簡子大悅，厚賞之。客問其故？簡子曰：正旦放生，示有恩也。客曰：民知君之欲放之，故競而捕之，死者衆矣。君如欲生之，不若禁民勿捕。捕而放之，恩過不相補矣。（戰國、列禦寇：《列子》、說符篇）

（另文附錄：放鶴祈福）：宋時，杭州人民，每年於四月八日佛祖誕辰之日放鶴，為太守祈壽。（《西湖志餘》）

## 六〇　帶箭鸛鳥復仇

從前，山東省會濟南府，建有文昌閣，乃是全省的最高學校，稱爲「府學」。有一對鸛鳥（型似鶴鷺，又像鴻雁，善飛），在府學閣樓的飛簷之上築巢棲息。有一天，鸛鳥離巢西飛，經過城郊，不愼被一位軍士射中腳脛，箭支一直留在小腿上。從此鸛鳥每天出入，人們都看到那隻帶箭的奇鳥。

過了一陣，山東巡撫要在省會舉行閱兵典禮，將士們都集合在大操場預演，這位射鳥軍士，也被選派參加。隊伍在演習中途解散休息之際，他閒立在圍牆之旁稍憩時，天空上飛來了這隻帶箭的鸛鳥，在他頭頂上盤旋。忽然那支箭鬆脫下來，墜落在地。這位軍士拾來把玩，從箭身刻劃的特徵上，發現這箭正是他以前射鳥的那支箭，如今物歸原主，眞是難逢的巧遇。

他正在觀賞時，突然覺得耳中奇癢，無法忍受。他順手就試著用箭頭探入耳中搔挖，卻不料身旁這堵高牆此時坍垮下來，擊中箭端，把箭簇壓進了耳底深處，拔不出來了。

這位軍士疼痛難當，悲呼道：「這必是鸛鳥來報一箭之仇了，我活不久矣！」果然不多久就因顱內出血不止死了。

〔空蒙子曰〕：常言道：「善有善報，惡有惡報」，這篇寓言，便是證明此點。佛經云：「善果從善因生，惡果從惡因生（瓔珞本業經．下）」，因果常是相應的。飛鳥是生物，與人無忤，傷它就是傷德。鸛鳥且是稀有動物，應受「生物保護協會」及「生物保護法」的保護。無故射它，因而招致不良果報，寓意是勸人為善也。

〔原文引參〕：濟南府學，文昌閣。有一鸛，巢其上。一日翔西郊，爲一軍士射中其脛。此鸛每帶箭出入，人皆見之。中丞閱軍，將士皆集，此軍士方負牆立。鸛忽飛翔其上，矢墜焉。軍士異而取之。俄覺耳中癢不可忍，試以箭簇搔之，牆忽壓焉，簇深入不出。軍士歎曰：此乃鸛鳥報怨也，吾其死矣。數日果死。（清．王士禎：《池北偶談》，卷二十四，文昌閣鸛）

## 六一　欠債四十千

山東新城縣（舊縣名）王大官人，他官府裡有位會計長，家中素稱富足。有一天，會計長夢見一個陌生人，快步奔了進來，對他說：「你欠下的四十千銀錢（千是錢的計算單位，十個一百叫一千，一千又叫一吊），現在可以奉還了吧？」

會計長正想問過明白，對方卻不再答覆，急忙逕自進入後堂消失了。會計長情急醒來，家人報告他說：「恭喜官人，你的夫人剛才產下一個男嬰了。」

會計長心中明白，必是那位陌生人投胎來討債的。他隨即準備了四十千銀錢，存放在一間內室裡，專款專用，凡是爲這個兒子的飲食衣服看病吃藥付出的用費，都從這筆專款裡支取。

如此過了三四年，檢點餘存，只剩七百錢了。這時正好奶媽子抱著小孩來玩，在房中逗笑取樂。會計長趁便向他提醒道：「四十千快要用完了，你可以走了呀！」

這話說完，只見兒子臉色突然變了，頸子硬硬的，眼睛直直的，得了急病，折騰了半天，用手摸他，已經斷氣了。

會計長正好用餘下的銀錢，備辦葬具，埋了他。這個故事，大可作爲欠債者的鑑戒。

此外，有位善人，老而無子，他將這樁爲甚麼沒有兒子的憾事，向一位高僧請教。這位參透禪理的高僧開導他：「你前輩子沒有虧欠人家的，而別人也沒有虧欠你的，那會有兒子呢？」這意思是說：如若生了孝順兒子，乃是向我報答恩惠的。如果生了頑劣兒子，乃是向我收取債務的。生了，不必過於歡喜；死了，也不必過於哀戚啊。

〔空蒙子曰〕：生個小孩，拉拔長大，幼小時育之養之，青少時教之導之，勞心勞力，所費不貲，以致多想節育。而佛教主張因果：今世的善惡，報應在來生。殺人者來生被人殺，欠債者來世要還債。這是告訴我們：欲求來世生活幸福，須趁今生多積善行，此篇寓言，正是說明這番道理。

〔原文引參〕：新城王大官人，有主計某，家稱素封。忽夢一人奔入，曰：汝欠四十千，今宜還矣。問之，不答，徑入內去。既醒，妻產一男。知爲夙孽，遂以四十千置一室，凡兒衣食病藥，皆取給焉。過三四歲，視錢僅存七百。適乳母抱兒至，調笑於側，因呼之曰：四十千將盡，汝宜行矣。兒忽顏色猝變，項折目張，再撫之，氣已絕矣。乃以餘資治葬具而瘞之，此可爲負欠者戒也。昔有老而無子者，問諸高僧。僧曰：汝不欠人者，人亦不欠汝者，烏得子？蓋生佳兒，所以報我之緣；生頑兒，所以取我之債。生者勿喜，死者勿悲也。（清・蒲松齡：《聊齋志異》，卷十三、四十千）

〔另文附錄：殤子討債〕：朱元亭一子病瘵，綿惙時自語曰：是尚欠我十九金。醫者投藥，未飮而逝，其値恰爲十九金。（清・紀曉嵐：《閱微草堂筆記》、灤陽消夏錄）

## 六二 私吞悼亡錢

清代，恒王府的長史（官名，有似幕僚長）東鄂洛（據八旗氏族譜，當為董鄂，然自書為東鄂，公羊傳所謂名從主人也），有一天，因事前往烏魯木齊（即新疆迪化）。那時正值暑天，氣候酷熱，爲圖涼爽，他趁著月夜，騎馬獨自趕路。半途中，他在大樹下暫時停憩，下馬坐著休息。

不意有一人走近前來，屈膝半跪，向他請安。此人自作介紹，名叫劉青，是這一西北地區擔任守衛的兵卒。

兩人談話頗久，東鄂洛要上馬繼續前行。劉青說：「在下有樁小事，請求大官人帶個口信，府中印房裡（掌管印信的單位）有個官奴（在官府裡服役的奴婢）名叫喜兒，欠我劉青三百文錢，如今我太窮，她該還我錢了！」

第二天，東鄂洛回來，遇到喜兒，將劉青的話轉告她。只見喜兒一臉驚駭，大汗都冒了出來，面色像死人一樣。

東鄂洛很覺奇怪，問是甚麼緣故？才知道劉青好久以前就因病死了。剛去世時，陳竹山先生（劉青的長官）同情他的勤勉謹慎，便拿出三百文錢，交付喜兒，囑她買辦醴酒三牲果品紙錢上墳祭弔。喜兒一想，劉青在此無親無戚，何必耗費？就將錢私吞歸己，並無旁人知曉。豈料鬼魂索債，好不可怖！

陳竹山先生素來不信因果，這時也悚然吃驚。他說：「這椿祭悼的事不是虛無誣詐的，這句討債的話也不是憑空假托的。我以前認爲一個人要作壞事，他耽心的是怕別人知道。如果別人無法知道，他就會爲所欲爲。但這個想法得要修正了。」

**【空蒙子曰】**：這是私吞乾沒死人錢的罪過，比欠債還錢要嚴重多了。喜兒當時吞沒了三百文，以為無人曉得。須知天知地知，己知鬼知，恐怕睡不安枕的也。如今劉青鬼魂，僅是託人帶個口信，沒有逕自找上喜兒當面理論，也沒有來個降禍報復，算是挺溫和的了。即使如此，已經嚇得喜兒心驚肉跳，大汗淋漓；可見不管那鬼魅是有是無，也不論此寓言是真是假，虧心事畢竟是做不得的呀！

**【原文引參】**：恒王府長史東鄂洛，一日詣烏魯木齊，因避暑夜行，息馬樹下。遇一人，半跪問起居，云是戍卒劉青。與語良久，上馬欲行。青曰：有瑣事，乞寄一語。印房官奴喜兒，欠青錢三百，青今貧甚，宜見還也。次日，見喜兒，告以青語。喜兒駭汗如雨，面色如死灰。怪詰其故，始知青久病死。初死時，陳竹山閔其勤慎，以三百錢付喜兒市酒、脯楮錢弔之。喜兒以青無親屬，遂盡乾沒，事無知者，不虞鬼之見索也。竹山素不信因果，至是悚然，曰：此事不誣，此語亦非依託。吾以爲人之作惡，特畏人知，不及知之處，即可爲所欲爲也。今乃須重作修正矣。（清、紀曉嵐：《閱微草堂筆記》、卷十、如是我聞、四）

## 六三 江郎才盡

南北朝時代的梁朝（蕭衍建國），有位文學家名叫江淹（四四四－五〇五），字文通。在宋、齊、梁三朝爲官，很有才華。有位爵封南昌縣公、尚書左僕射的王儉（四五二－四八九）就誇他說：「你三十五歲已是中書侍郎了，才學如此之高，還怕不會晉升到尚書令？還怕不會掌金印繫紫綬嗎？」

江淹少年時起，便以文章博雅出名，到晚年時，文思顯得退步了。據說：當他自宣城太守罷官回歸故鄉途中，乘船經過禪靈寺停泊過夜時，晚上作了一夢，影響了他的後半生。他夢見一位士人，自稱是張景陽，對江淹說：「我從前有一匹彩紋錦緞，寄存在你處，時日夠久了，如今你應該還給我了！」

江淹在懷中衣襟內探索，果然摸出來一截錦緞，只有幾尺長，還給了他。

這位張景陽一見錦緞只餘一小截，大不高興。責問江淹道：「你哪能把它剪割得快沒有了？豈不是過分耗費了嗎？」

張景陽回頭一看，身旁另有一人，名叫丘遲（四六五－五〇八，八歲能文）。於是順手把這截錦緞付給他道：「只剩這幾尺，也不好派其他正式用途，就送給你吧！」從此以後，江淹寫文章便枯澀滯礙，不能得心應手了。

再有一次，江淹在冶亭（屬南京）地方投宿，半夜夢見有一位高個子自稱郭璞（晉代有位郭璞，字景純，精詞賦，官著作郎，《晉書》有郭璞傳）對江淹說：「我有一枝彩筆，在你處許多年了，現在可以還給我了吧？」

江淹往懷中一探，果然摸到了一枝五色筆，還給了郭璞。

說也奇怪，從這之後，江淹作詩作文，一直寫不出好句子來了。

〔空蒙子曰〕：我們可不要拿「江郎才盡」作擋箭牌來自我退讓，來鬆懈自己的進修毅志。誤以為再用功也無濟於事，這好比是鬥志瓦解，棄械投降，不好。做學問（別的也當如此），一是靠先天的稟賦，二是靠後天的努力。先天的稟賦各有不同（那是命）。後天的努力應可強進（做得到）。我們看：不必談那些「懸樑、刺股、負薪、掛角」的榜樣，就如顏之推在《顏氏家訓》中說：「孔子五十學易，荀卿五十才來遊學，公孫弘四十方讀春秋，朱雲亦四十始學易，這都是早歲迷糊而晚年通悟者也」。又如《清史儒林傳》說到王闓運：「他資質魯鈍，每天背誦不及一百字，乃發憤自勵：早上所習者背不出就不吃飯，傍晚所讀的不得解就不睡覺。如此十年，終於成名」。我們資質平庸，處在今天這個競爭的社會裡，如果放棄努力，恐怕就前途無「亮」了吧。

〔原文引參〕：江淹，字文通，雅有才思。王儉嘗謂曰：卿年三十五，已爲中書侍郎，才學如此，何憂不至尚書金紫？江淹少時，即以文章顯，晚年才思微退。云爲宣城太守時，罷歸，泊禪靈寺渚。夜夢一人，自稱張景陽，謂曰：前以一匹錦相寄，今可見還。淹探懷中，得數尺，與之。此人大恚曰：那得割截殆盡？顧見丘遲，謂曰：餘此數尺，既無所用，以遺君。自爾淹文章躓矣。又嘗宿於冶亭，夢一丈夫，自稱郭璞，謂淹曰：吾有筆，在卿處多年，今可見還。淹探懷中，得五色筆一，以授之。爾後爲詩，絕無美句。時人謂之才盡。（唐．李延壽：《南史》，卷五十九，列傳第四十九，江淹傳）

（**另文附錄之一：授五色筆**）：南北朝江淹，少時以文章顯。令蒲城時，夜宿郭外，夢人授以五色筆，文詞日麗。後十餘年，宿冶亭，夢一美丈夫，自稱郭璞，曰：吾有筆在卿處多年，今可見還。淹探懷中筆，還之。嗣後絕無佳句（明．蕭良友：《龍文鞭影》，初集，卷下）

（**另文附錄之二：授青鏤管筆**）：南朝、紀少瑜，嘗夢「陸倕」以一束青鏤管筆授之云：我以此筆猶可用，卿自擇其善者。紀後爲文遒進。（李延壽：《南史》，卷七十二，列傳第六十二，文學，紀少瑜）

（**另文附錄之三：夢筆生花**）：唐，李太白少時，夢所用之筆頭上生花，以後天才贍逸，名聞天下（五代，王仁裕：《開元天寶遺事》，又名《開天遺事》，夢筆頭生花）

# 六四　書畫尋仇

元朝至正（元惠宗順帝年號）辛卯（一三五一）年，江蘇眞州（今儀徵縣）地方，有位崔英，家財極富，擅長繪畫和書法。被任命爲浙江永嘉縣（在浙南甌江口）的縣尉，帶著妻子王氏赴浙上任。

中途經過姑蘇（即今吳縣），換船南行。那船夫見他箱籠甚多，華貴而重實，料必錢帛不少，起了謀財害命之念。趁著暗夜，把崔英推落水中，沉到河底去了。留下王氏，逼迫她給自己兒子作媳婦。王氏在生命難保之下，只得假意答應，沒有反抗之意。

船夫押著她上岸，暫時囚禁在家。晚上，她利用船家熟睡之際，設法逃了出來，投奔到一所尼姑庵裡，帶髮隱居修行過日。

如此隔了一年，有人送來一幅芙蓉國畫給尼庵。王氏一看，認出就是她丈夫崔英畫的，也是帶去上任的物件之一。追問這幅畫從何而來？尼姑說：是顧阿秀送的。顧家以駕船爲業，不過旁人傳說他們有時可能會打劫財物，只是沒有確證，但風評並不很好。

王氏凝視著這幅芙蓉圖，想起丈夫喪生，自己伶仃飄泊，十分傷感，就在畫上題了一首《臨江仙》，詞曰：

「少日風流張敞筆，寫生不數黃筌。
芙蓉畫出最鮮妍，
豈知嬌艷色，翻抱死生冤。
粉繪淒涼餘幻質，只今流落誰憐。
素屏寂寞伴枯禪，
今生情已斷，願結再生緣。」

詞中提到的張敞，是漢宣帝時的京兆尹，夫婦恩愛，他爲妻畫眉。又提到黃筌（九〇三－九六五），是五代後蜀畫家，官任戶部尚書。詞末再生緣，是說漢武帝的李夫人死了，說會再生人世，投胎河間陳家，來世更續前緣。

後來，這幅畫又被人轉手買去送給當朝的御史高公。說也眞巧，先前那推落河底的崔英，因他自小就會游泳，泅到下游，上了岸，沒有淹死。但孑然一身，流落異鄉，袋無分文，如何活命？便賣字過日。他的書法字藝，被御史高公看中了，聘他做家中學館的家庭老師，生活暫告安定。

這位崔英，一眼看見這幅芙蓉圖，止不住兩眼落淚。高御史怪而問他，崔英便將赴任乘船遇盜刼財的經過都說了，而且唸著畫上的題詞，說這是他愛妻作的寫的。

御史聽到謀財害命，豈可不辦？就轉知姑蘇縣令，捕來顧阿秀，繩之於法。又查訪到尼庵，接來王氏，夫妻復慶團圓。

〔空蒙子曰〕：此篇留請讀者鑑評：劫財殺人者豈可留下王氏活口而惹禍？劫來的畫為何拿去送人而讓贓物露白？王氏逃出，為何不回真州婆家或娘家？為何仍落身當地？崔英是縣尉，遭劫活命後為何不報官緝兇？既是孑然一身，而且家財極富，為何要流浪他鄉而不回歸故里？妻子生死不明，為何不稟告岳父母？既已入御史家，為何直到見畫才吐出真情？為何不早求雪冤破案？這些似乎都是有破綻之處吧？但這個故事變化曲折，許多巧合也似是人情之常，敘述頗為生動，因而收錄，視作寓言而聊資談助吧。

〔原文引參〕：至正辛卯，眞州崔英，家極富，工書畫，補浙江永嘉尉。攜妻王氏赴任。道經姑蘇，舟人艷其貲財，夜、沉英水中。留王氏，欲以爲子婦。王佯應之，乘間逸去，奔入尼庵中。歲餘，有人施畫芙蓉一幅。王氏識爲英筆，因詢所自。尼乃言顧阿秀所贈，顧以操舟爲業，人頗道其劫掠江湖間。王遂援筆題臨江山一闋，詞曰：少日風流張敞筆，寫生不數黃筌。芙蓉畫出最鮮妍，豈知嬌艷色，翻抱死生冤。粉繪凄涼餘幻質，只今流落誰憐？素屏寂寞伴枯禪，今生緣已斷，願結再生緣。後其畫爲好事者買獻御史高公，而英亦因幼習水，善泅，得不死。因賣草書，高遂延爲館客。一見畫，泫然流涕。高怪問之，遂言被盜之由。且誦其詞曰：此英妻所作也。高因廉得其實，捕盜置法，而跡英妻，復合焉。（清、徐釚：《詞苑叢談》、卷十二、外篇。又見：清、張思巖：《詞林紀事》、卷廿二、元二、王氏）

# 怪誕第六

## 六五　滕六降雪免打獵

唐代蕭志忠，唐睿宗景雲元年（七一〇）為晉州（今山西臨汾）刺史，預擇於臘日，即冬至後三戌之日（就是農曆十二月初八，民俗稱為臘八）將率隊上山打獵，用獵物以祭百神，按古俗這稱之為「臘祭」。

先一日，有個樵夫，上霍山（在山西）打柴，在深山中，忽然瘧疾發作，高燒高熱，只好躺在山間養息。挨到夜裡，好似聽到人聲，那時山月正明，看到一個長人，身高一丈，對著深谷長嘯。一時之間，那些虎豹、野牛、麋鹿、山豬、狐狸、狡兔等，都圍聚成一圈，似乎等候宣示。

那長人大聲宣告說：「我乃陰司使者，今奉北帝之命，諭告大眾。明天是臘日，此間晉州蕭刺史要來打獵，爾等之中，某一些注定當被獵鷹啄死，某一些會被弓箭射死，在劫者難逃，當各認命。」

宣佈完畢，群獸都很恐懼，想要設法免死。其中有隻老虎和一頭麋鹿，走近使者跟前，屈著前蹄跪下，懇求道：「我等命中有劫，死也當是本份。但是刺史蕭公，本是仁厚之人，他原意並不是要殘殺生靈，只是禮俗上有這臘祭的規定，乃依照時令出獵。但如果有重大原因，出獵也可停止，改用三牲設祭。使者大人智廣心慈，豈可不救我們一把？」

使者答道：「我聽旁人說起，有位住在本山東谷的嚴四，歪主意很多，你們不妨去求他設法呀！」

百獸聽到有了活命的機會，都齊聲歡叫，一同朝東方行去。樵夫瘧疾發燒已經退了，起了好奇之心，也就尾隨前往窺探。到了東谷，見一黃帽老人。老虎和麋鹿帶頭屈膝哀求，請賜一條生路。

嚴四說：「這是個難題，若要化解，必須使得滕六（掌管下雪之神）降下大雪，就不可能打獵了。我知道滕六最近妻子亡故，他只想喝酒。如果能夠送他好酒，他一高興，就會下雪了。」

獸群中有隻老狐狸自告奮勇說：「我知道絳州（今山西新絳縣）有個盧思由，是釀酒好手，他愛妻正在生產中，家中窖藏的酒又多又好，我這就去取兩罈美酒來！」話剛說完，老獵狸就飛奔下山。隔了一陣，回山復命。他嘴含兩罈好酒。那酒罈原來是用彩帶綁紮好的，罈頂還有彩帶延伸的提手，便於攜帶。狐狸用嘴咬著提手，獻與嚴四。

嚴四把兩罈美酒，裝入一個淨袋中，袋外用硃砂神筆，畫上一道篆籀星雷合文的符籙，嘴中唸唸有詞，然後吸一口清泠的法水，張口向符一噴，只見那袋子剎時通靈，朝天外騰空飛去了。

大小野獸，一陣歡呼，高興得向四方跳躍。樵夫在暗處都看到了，他耽心被群獸發現不妙，就悄悄避退，連夜尋路，回家去了。

第二天，尚未天明，只見朔風凜冽，瑞雪紛飛，大地一片銀白，道路都被雪封。蕭刺史也因天氣突變而取銷行獵了。

〔空蒙子曰〕：打獵乃是殺生。信佛的人是不殺生的。《大莊嚴經》及《俱舍論・十四》都把「戒殺生」列為「五重戒律」的第一戒，即使小如螻蟻，也都是一條生命，不可傷害。但如對蝗蛭蜈蚣，一概不予消滅，或也過猶不及乎？有人說：從造物者的眼光來看，萬物都皆平等（所以《莊子》內篇有《齊物論》），造物者不會刻意為了鷹鷲要食肉而創造雀鳩，也不會故意為了蚊子要叮血而創造人類。然而可歎者，自然界中卻是充滿殘酷的，人類仗著弓箭刀槍，就可大開殺戒，去獵獲麋鹿野兔，鹿兔並未犯錯呀，這便是「弱肉強食」的證明。不過，我們有「動物保護法」，國際間也出現了「保護動物協會」的組織，對野生的、弱勢的、稀有的動物，極力衛護。但願此一組織的力量壯大，使其功能有好的表現。

〔原文引參〕：蕭志忠，景雲元年爲晉州刺史，將以臘日畋獵。先一日，有薪者樵於霍山，暴瘧不能歸。夜將艾，似聞有人聲，薪者匍匐於深林中，時山月甚明，見一人身長丈餘，向谷長嘯。俄有虎、兕、鹿、豕、狐、兔匝集。長人昌言曰：余玄冥使者，奉北帝命：明乃臘日，蕭刺史畋獵，汝等若干合鷹死，若干合箭死。言訖，群獸戰懼，若請命者。有虎及麋屈膝言曰：以某等之命，死實以分，然蕭公非欲害物，以行時令也，若有故則止。使者豈無術救余？使者曰：聞東谷嚴四善謀，可就彼祈求。群獸皆歡叫，同往東行，薪者隨往覘之。至東谷，見一黃冠人，虎麋屈膝哀請。嚴四曰：若使滕六降雪，即可不獵矣。余知滕六喪偶，好飲。若得醇醪以遺之，則降雪矣。有狐自稱：絳州盧思由善釀酵，妻產，必有美酒，言訖而去。少頃，老狐負美酒二罈至。嚴四以美酒納一囊中，朱書一符，取水噀之，即飛去。薪者懼爲所見，尋路卻迴。未明，風雪暴至，蕭因罷獵。（唐、牛僧孺：《玄怪錄》、卷三、蕭志忠。又見：宋、李昉《太平廣記》、卷四四一）

# 六八 烏鴉帶引抓逃犯

清代大儒紀曉嵐（本篇原文撰者）當年因犯錯遠戍烏魯木齊（意為好圍場，即新疆迪化）之時，有位驍騎校（統帶騎兵的中級軍官）名叫薩音綽克圖，述說一親身巧事：

從前，我駐軍在江山口卡倫（清朝在新疆蒙古邊境險要處屯兵戍守叫卡倫，見《續文獻通考》三〇七）。有一天，黎明時分，忽然飛來一隻烏鴉，對著軍營大門啼叫。我討厭它的叫聲不吉利，便扳開強弓，搭上一支響箭（原文是骲，就是鳴鏑，俗稱響箭），向它射去，射中了。這鳥嗷然一聲嘶叫，振翼只能低飛，衝到一頭擠奶的乳牛背上掠了過去。

這頭乳牛，陡然受到驚嚇，竟就撒腿狂奔，我呼喚到幾個弟兄一同去追。這牛跑進一處山坳裡，有兩個農人正在鋤地。狂牛亂闖，撞倒一個農人。大家把他扶起來，檢看傷勢，還不算太嚴重，但腳腿已不能走路了。問他家在哪裡？知道並不太遠。我的幾個弟兄抬著他送回家，進入房中，還沒坐穩，屋外有個小孩連聲大叫：有強盜，有強盜！我們一齊衝出去，抓住了這個強徒，一經審視，原來正是逃掉的要犯韓雲。他太餓了，從院牆外面翻進來，偷吃園圃裡的瓜果，他雖慓悍，但我們人多，終於束手就縛。

紀曉嵐評述道：「這一連串的過程，眞是十分巧合！如果那烏鴉不對著大門亂叫，那麼薩音綽克圖就不會用箭射它。如果薩音綽克圖不射它，那乳牛就不會受驚狂跑。如果牛不狂跑，就不會撞倒農人。如果農人不受傷，那麼這幾個軍人就不會抬他回家。如果不理會那個小孩嚷叫偷瓜，那也就捉不住強盜。卻由於步步相引，轉輾相牽，最後竟捕獲了這個逃犯。那末烏鴉爲甚麼會來？豈不是冥冥中有個定數？而重犯韓雲，原是個大盜，他殺人太多，搶劫無數，終於伏誅了。

【空蒙子曰】：這是烏鴉、軍官、乳牛、農夫、逃犯等一連串牽引巧合的意外結局。頗與《韓詩外傳》中「螳螂捕蟬」近似，那是秋蟬、螳螂、黃雀、童子、深坑掘株等一連串沒有顧及後患的死亡相逐（請參【另文附錄一】）。也與《柳河東集》中「羆說」類似，乃是獵人、鹿、貙、虎、羆等一連串相繼出現愈來愈凶的不幸遭遇（請參【另文附錄二】）以上「另文」兩篇，都屬寓言；本篇正文則是由塞外回族軍官口頭講述的，對逃犯韓雲，交待不消楚，其真實程度，有待查證。但因文有奇趣，故暫錄為寓言類。

【原文引參】：余在烏魯木齊日，驍騎校薩音綽克圖言：曩守江山口卡倫，一日將曙，有烏、啞啞對戶啼，惡其不吉，引骹矢射之，噭然有聲，掠乳牛背上過。牛駭而奔，呼數卒急追，入一山坳，遇耕者二人，觸一人仆。扶視，無大傷，唯足跛難行，問其家，不遠，共舁送歸。入室，坐未定，忽聞小兒在戶外連呼有賊，同出助捕，則逃犯韓雲，方踰垣盜食其瓜，因共執焉。若使烏不對戶啼，則薩音綽克圖不射，則牛不驚逸。牛不驚逸，則不觸人仆。不觸人仆，則數卒不至其家。徒一小兒見人盜瓜，其勢必不能執縛。乃轉輾相引，終使受縶伏誅。則此烏之來，豈非有物憑之哉？蓋雲本劇盜，所劫殺者多矣。（清、紀曉嵐：《閱微草堂筆記》、卷十、如是我聞、四）

〔**另文附錄一：螳螂捕蟬**〕：吳王欲伐荊，少孺子曰：園中有榆，其上有蟬。蟬方悲鳴，欲飲清露，不知螳螂在其後，欲食之也。螳螂方欲食蟬，而不知黃雀在後，欲啄而食之也。黃雀方欲食螳螂，不知童子挾彈丸在榆下，欲彈之也。童子方欲彈黃雀，不知前有深坑，後有掘株也。此皆貪前之利而不顧後害者也。（漢、韓嬰：《韓詩外傳》。又見：漢、劉向：《說苑》、正諫。又見：《莊子》、山木）

〔**另文附錄二：鹿畏貙**〕：鹿畏貙，貙畏虎，虎畏羆。羆之狀，披髮人立，絕有力而甚害人焉。楚之南有獵者，能吹竹爲百獸之音。寂寂持弓矢罌火，而即之山，爲鹿鳴，以感其類，伺其至，發火而射之。貙聞其鹿也，趨而至。其人恐，因爲虎嘯而駭之。貙走而虎至，愈恐，則又爲羆嚎，虎亦亡去。羆聞而求其類，至、則人也，捽搏挽裂而食之。今夫不善內而恃外者，未有不爲羆之食也。（唐、柳宗元：《柳河東集》）

# 六七　小兵臥虎韓世忠

宋朝大將韓世忠的夫人，名梁紅玉，原是京口（今江蘇鎮江）倡妓，卻能賞識那微賤的士兵韓世忠，兩人結爲夫婦。宋高宗建炎四年（一一三〇），韓世忠與金兀朮戰於黃天蕩（長江流經南京東北，那時水深江廣，叫黃天蕩），梁紅玉親在軍中擂鼓助攻，士卒大奮。以後封爲安國夫人。

宋代習俗，陰曆初一，稱爲朔日，要舉行慶賀。《禮記內則》說：這天男女很早就得起床，沐浴，具視朔食。這叫賀朔。當初，梁紅玉尙年輕時，被指派在這項儀式中服務。她五更時天不亮就到賀朔典禮場地伺候，突然看到一隻老虎，躺臥在大殿的廊柱之下，鼻息聲響很大。梁紅玉大吃一驚，急忙回頭跑出門外，嚇得連話都說不出來。過了一陣，人員到得多了，大家再進去一看，原來是一個士兵正在睡覺，還在打鼾。有人用腳踢醒他，盤問他是誰？他回答道：「我姓韓，名叫世忠，現在在某將軍麾下當兵卒。」

梁紅玉親睹了全部過程，覺得此人大是與衆不同。回家後，私下告訴了她的母親，並且說：「這個士兵定非普通人，將來應會大有出息。」

她母親是個有心人，便備辦酒菜，邀約韓世忠來家吃晚飯，交談很爲融洽，深夜才散。

從此常相往還，而且不時在錢財方面幫助他。後來並和梁紅玉結爲連理。

那韓世忠（一〇八九—一一五一），陝西省延安縣人，字良臣。自小從軍，勇於作戰。敗西夏，擒方臘，破金兵，時稱中興第一功臣。宋孝宗時追封爲蘄王，宋史中有他的傳記。

**〔空蒙子曰〕**：大人物的表現，總會有若干與別人相異之處：馬良有白眉，阮籍露青眼。桓溫始生而啼聲洪亮，知為英物；司馬光才五歲就破缸救人，確有異才。古弼頭尖如筆，授給他尚書之令；寇準鼻息如雷，締造了澶淵之盟。項羽看到秦始皇出巡，逞口說「彼可取而代之」；劉邦也羨慕秦始皇的威儀，歎息道「大丈夫當如是也」。馮異避立大樹下，不與諸漢將爭功；張良往橋下取鞋，為圯上老人進履。這都是史書裡有真實記載且近乎情理的。至若說到舜皇帝的眼裡有兩個眼珠子（《史記五帝紀正義》：舜目重瞳子），漢高祖是紅蛇化身（《漢書高帝紀》：赤帝子），則似乎是虛構的寓言，與本篇「臥虎」同樣都是沒法探究的，想是要襯托出不凡之人的與眾不同吧。

**〔原文引參〕**：韓蘄王之夫人，京口倡也。嘗五更入府伺候賀朔，忽於廊柱下見一虎蹲臥，鼻息齁齁然，驚駭急走，出不敢言。已而人至，衆復往視之，乃一卒也，因蹴之起，問其姓名，爲韓世忠。心異之，密告其母，謂此卒定非凡人。乃邀至家，具酒食，卜夜盡歡，深相結納。資以金帛，約爲夫婦。蘄王後立殊功，妻封爲安國夫人。（清、張思巖：《詞林紀事》、卷九、宋七、注曰：引自宋、羅大經：《鶴林玉露》）

# 六八 又信又孝就免殺

春秋時代的楚國，有個標榜凡事都依正直之道行事的兒子。他的父親偷了羊，這個兒子竟然主動去告發。執法的官吏抓到他父親，判了死罪。兒子又請求以己身代父受刑，也准了，不久就要問斬。

行刑前，這個兒子向刑吏申訴說：「父親偷了羊，我來告發，我這是何等的守信呀！父要斬首，我又以身自代，我這又是何等的盡孝呀！一個像我這樣又守信又盡孝的人居然要殺死了，請問我們楚國還有不被殺掉的人嗎？」

楚王一聽，好像很有理，便下令不殺他了。

〔空蒙子曰〕：這件事要弄清楚。從表象上看，這個兒子利用父親，彰其信，彰其孝。兩次矯名，似乎是天下第一好人，但若深入一層究之，恐怕是既不信又不孝。原因何在？兒子告父，應是不孝（可參考《孟子盡心上》舜爲天子，瞽叟殺人章）。既代誅矣，而又求赦，應是不信（這哪是直道）。我們不要被他的狡辯矇騙住了。

〔原文引參〕：楚有直躬者，其父竊羊，而謁之上。上執其父而將誅之。直躬者請身代之。將誅矣，告吏曰：父竊羊而吾謁之，不亦信乎？父誅而吾代之，不亦孝乎？信且孝而誅之，國將有不誅者乎？荆王聞之，乃不誅也。（戰國、呂不韋：《呂氏春秋》、當務）

## 六九 張逢翻身變虎

唐德宗貞元二十年（八〇四），有位張逢，在福州郊行，登臨橫山遊覽。那時夕陽快要下山，他拄著手杖，漫步閒行，尋幽探勝，不覺進入深遠的山林隱處。忽然眼前一片細草，長得又鮮又綠，勻嫩可愛，旁邊還有一株小樹。張逢四顧無人，一時興起，便脫下外衣，掛在小樹上，用手杖靠著衣服，然後躺臥在草皮上，縱情左右滾轉，十分稱心愜意。直到過足了打滾的癮，才翻身站起，溜眼一瞧，哪知自己已經變成老虎了。

張逢掃視自己，皮毛豐茸，紋采斑爛，齒牙似劍，趾爪如鉤，胸膊寬強，腿肌壯實，吼聲震谷，力大無窮，已然是天下無敵的山中之王了。於是他騰空躍起，進退迴旋，跳澗翻山，捷如雷電，也就十分滿意。

騰跳一陣之後，他覺得有點飢餓，想找吃的。但討厭那些豬豚太髒了。野狗太癩了，羊肉太騷了，馬肉太酸了，都難引起食慾。忽然念頭一閃，心想何不找那個在福州本地稱為壞蛋的鄭錄事（錄事參軍是郡官，掌文簿，舉彈善惡）作為目標？因為姓鄭的辦案時殘虐成性，酷待州民，人人恨他怨他，只想吃他的肉。我如拿他來當晚餐，不正是替百姓除去一樁禍害嗎？

主意定了，他便在山路旁的草叢中伏著等候。沒多久，有人自南邊走近，像是來候客的。遇見有人自對方來，就問道：「我在等候鄭錄事。計算他的行程，應該早就離開前站的旅店出發上路了，但不知何時會到達這裡？」

對面的人說：「他正是我的上司，派我作前導。不多久，大概一炷香時，就會到了。」

候客的人又問：「鄭錄事是一個人來呢？還是同行有伴？我迎候他，就恐怕認錯了人，那多不好！」

對面的人答：「有三人結伴同來，穿綠袍的就是錄事大人，好認！」

張逢也在守著，兩人的對答，好像是幫他來問似的。

不一會兒，鄭錄事果然到了，身穿綠袍，一搖一擺的踱了過來。張逢跳起，一嘴咬著，快速躍上山嶺，動作敏捷俐落。那時天還未亮，旁人哪敢追來？張逢恣意大嚼，飽餐一頓，把內臟骨骼及啃不完的皮肉留下不管了。

一飽萬事足，他無拘無束地在山林間往來遛達，漸覺孤單寂寞，感到乏味。猛然一想：「我本是人，奈何要變成老虎？有甚麼樂趣？何不找到當初滾身變虎的原地，設法恢復人身，還我本來形象？」

憑此一念，便循原路找尋，這天（第二天了）天快黑時，居然重行回到了那片綠草之地。一看，外衣還掛在小樹上，手杖也仍舊斜靠在旁邊，綠草依然鮮嫩，景緻同樣清新，

虎

一切都似來時模樣。

張逢再行躺下，輕閉雙目，在草上左右翻滾，直到自己認為心滿意足了，才立起身來，開眼一看，眞的又回復人形了，好不高興。於是穿起外衣，拾起手杖，尋路回家。計算起來，昨天入山，今天出山，已是兩天一個對時了。

張逢家人，由於他無故失蹤，遍尋不著，都很慌急。及見張逢平安回來，又驚又喜，問他到哪裡去耽擱了？張逢不便實說，只得謊言道：「我上橫山去探幽，沿著山泉溯行，偶然進入一座大寺，與老和尚縱談佛經禪理，流連了一天一夜，所以遲回了。」

家人勸道：「這兩天山中有虎，那個人人討厭的鄭錄事，昨晚就被老虎咬走了。山林太險，不要獨自去遊了呀！」

〔空蒙子曰〕：人可變虎，又可還原變人，確是怪異。中間還夾上一段老虎吃人的描述，卻是為民除害的插曲，不禁佩服撰者的設想新奇，內容生動，富有趣味性。考《太平廣記》中，尚有另外兩個「人變為虎」的故事。一個是第四百三十一篇，說一位南陽士人大病外出，經過山下澗邊，從水中照見已變為虎，後來吃了穿紅衣的王評事，歸來已復人身了。另一個是第四百二十七篇，說有個李徵，身為進士，得了狂疾，夜間出走，不知去向。他的同學袁君作了御史，前往嶺南山路上，此時李徵已然變虎，與袁君交談（因此明代人有改稱《人虎傳》者）。這三篇中，以張逢為最精彩完整而有情趣。因其可讀性高，故錄下來提供大家作談助。

〔原文引參〕：貞元張逢，行經橫山，日將暮，策杖尋勝，不覺極遠。忽見一片細草，鮮碧可愛，旁有小樹，遂脫衣掛樹，以杖倚之，投身草上，左右翻轉，酣甚，意足而起，其身已成虎矣。自視爪牙之利，胸膊之力，天下無敵。遂騰躍而起，超山越壑，其疾如電。夜久頗饑，然犬彘駒犢，悉無可取。意中自忖當得福州鄭錄事，以彼暴虐州民，人人怨恨，得爲百姓除害也。乃傍道潛伏。未幾，有人行。見人問曰：鄭錄事何時可到？人曰：非久。前人問：只一人來？或有同行者？答曰：三人來，衣綠者是也。張逢亦聞之。俄而鄭到，衣綠。逢銜之，疾騰上山，時天未曉，人莫敢追，遂恣意食之。然往還深林，單然無侶。忽思曰：余本人也，何樂爲虎？盍求初化之地而復耶？乃尋原處，衣杖猶在。乃翻復滾身於碧草上，意足而起，即復人形矣。於是衣衣策杖而歸。其家驚其失，及返，喜問其故，逢紿之曰：偶尋一寺，與僧共談釋教，乃遲歸耳。家人曰：山中有虎，已食鄭錄事矣，不可獨行也。（宋、李昉：《太平廣記》、四百二十九、張逢。又見：唐、李復言：《續玄怪錄》、卷四、張逢）

## 七〇　勇士互相割肉

齊國有兩個十分勇敢的人，一個住在城東，一個住在城西。凡是遇到要表現膽勇的事，他們都互相爭勝，絕不迴避。

有一天，這兩位勇士不期而遇。互打招呼之後，倡議道：「何不暫且小飲一會兒，不是很爽嗎？」

於是兩人喝酒。

幾杯素酒下了肚，一人說：「這樣純喝酒，單調乏味，缺少情趣，爲何不去弄點肉來佐酒助興呢？」

另一人說：「你身上有肉，我身上也有肉，幹嗎要到別處去弄肉呢？」

於是添上兩碟鹽豉芥醬作調味料就可以了，兩人抽出隨身利刀，互相割下對方身上的肉而大啖，直到兩人死了爲止。

〔空蒙子曰〕：《胡非子．論勇篇》（戰國．胡非撰）說：「吾聞勇有差等（不同的等級）：夫負長劍，搏熊羆，此獵徒之勇也（仗劍斬猛獸之勇）。赴深淵，折蛟龍，此潛夫之勇也（入海殺蛟龍之勇）。曹沫以匕首劫齊桓公，索回魯國失土，此君子之勇也（無畏之大勇最好）」。另外的如《史記・淮陰侯傳》說：「喑噁叱咤，此特匹夫之勇也（一人拼鬥之勇）」。《中庸》說：「衽金革，死而不厭（徒逞強力之勇）」。《孟子・公孫丑》說：「北宮黝、刺萬乘之君，若刺褐夫（殺帝王如殺老百姓之勇）。孟施舍、無懼而已矣（僅是不害怕之勇）」。《論語・述而》孔子說：「暴虎憑河，死而無悔者，吾不與也（只靠力大之蠻勇）」，這都是失之偏。我們看本篇寓言，這兩個不懂得勇敢的正確意義的人，以為勇敢就是不怕痛，互相切割對方的肉，至死不悔不懼，這種愚勇，走火入魔，可說拼得毫無道理，死得毫無價值。我們必須記得《孟子・公孫丑上》曾子說的「吾嘗聞大勇於夫子矣，自反而縮（理直），雖千萬人吾往矣（正義所在，一往無前）」。這才是「大勇」。換句話說：勇敢不是憑一時強壯的氣力，而是憑長期堅定的意志力，才是勇的真諦。

〔原文引參〕：齊之好勇者，其一人居東郭，其一人居西郭，卒然相遇，曰：姑相飲乎？觴數行，曰：姑求肉乎？一人曰：子、肉也；我、肉也，尙胡革（更也）求肉而爲？於是具染（豉醬也）而已。因抽刀而相啖，至死而止。（秦、呂不韋：《呂氏春秋》、十二紀、當務）

## 七一　抽乾太湖水

北宋王安石，進士出身，堅於自信，瞧不起人。他執政後，對朝中同僚，全都不放在眼裡。有一天，爲爭論新法的得失，他甚至當著朝臣大衆說：「你們這般人的缺點，就是不肯讀書而已。」可見他必然飽學。但如食古不化，也會鬧出笑話。

這位王安石（一〇二一－一〇八六），字介甫，臨安人。宋神宗時爲宰相，封荆國公，故又稱王荆公。個性很強，人稱拗相公。他銳意改革政治，推行青苗、均輸、農田、水利、保甲、市易、方田均稅、免役等新法。甚至祭出「天變不足畏，祖宗不足法，人言不足恤」的強烈抗拒意識。

農田水利是新法中的重頭戲，他常強調水利可以增產富民，甚至想把太湖裡的水抽乾，開田種稻。那太湖跨在江蘇浙江兩省之間，古名震澤。春秋時吳越兩國就以它爲國界。湖的周圍長四百公里，面積三萬六千頃，土地肥沃。王安石認爲如果把太湖變成良田

王安石像（採自歷代聖賢名人像）

數萬頃。收益大極了。別人雖知這是妄想，但無人說破。

有一天，王安石與賓友們聚談，話題又觸及到想抽乾太湖水一事，只是還不知如何落實進行。座中有位學士（官名，有侍讀、侍講之分）劉貢父（一〇二三—一〇八九，名攽，曾同修《資治通鑑》）插話說：「這事容易辦到呀！」

王安石聞言大喜，問道：「怎樣可以辦到呢？」

劉貢父說：「只要在太湖旁邊，另外新挖一個同樣大小的湖，容納舊太湖原有的三萬六千頃水量，不就辦到了嗎？」

王安石一聽，也忍不住大笑，從此不提這事了。

〔空蒙子曰〕：聰敏的人，臨場每多急智，發語出乎意表。常能把嚴肅問題，轉為輕鬆趣話，片言破惑，一語解頤。每於談笑之間顯幽默，調侃之中藏諷刺。而其高明之處，乃是不損傷和氣，不製造難堪，不顯露輕佻，不流於刻薄，這可不是一般人所能做到的了。王安石意想天開，要把太湖填平，只想到可以增田數萬頃，卻沒有考慮到其他的灌溉、航行、納洪、魚撈、遊樂等這些功效，且又如何宣洩這三萬六千平方公里的水量？這是天真幻想，也必不可行。劉貢父毋須直接戳穿，反而先說此事易為，馬上引起興趣，然後端出一個辦不到的主意，來反證王安石的荒謬，輕易地用開玩笑的方式化解了，其淳于髡之流亞歟？

〔原文引參〕：王荆公為相，大講天下水利。時至有願乾太湖，云：可獲良田數萬頃。

人皆笑之。荊公與客話及之，時劉貢父學士在座，對曰：此易爲也。荊公曰：何也？貢父曰：但在旁另開一湖納水則可矣。公大笑。（清、朱秋雲：《秋暉雲影錄》、卷上）

**（另文附錄之一：你們不讀書）**：王荊公初參政事，視廟堂如無人。一日，爭新法，怒目諸公曰：公輩坐不讀書耳。趙清獻公汴同爲參知政事，獨折之曰：君言失矣，如皋、夔、稷、契之時，有何書可讀？公默然。（宋、朱熹：《三朝名臣言行錄》、第五卷、五之二）

**（另文附錄之二：安石行新法）**：王安石爲參知政事，神宗謂曰：卿所施政，以何爲先？安石曰：變風俗，立法度，方今之所急也。於是農田、水利、青苗、均輸、保甲、免役、市易、保馬、方田、相繼並興，號爲新法，頒行天下。水利法者，古陂廢堰，悉務興復。但賦斂轉重，而天下騷然矣。（元、脫克脫：《宋史》卷三二七、王安石列傳）

**（另文附錄之三：天變不足畏）**：王安石、性不好華腴，自奉至儉。或衣垢不澣，面垢不洗，世多稱其賢。蘇洵獨曰：是不近人情者，作《辨姦論》以刺之（已收入《古文觀止》）。安石性強忮，甚者謂：天變不足畏，祖宗不足法，人言不足恤。元祐元年卒。（元、脫克脫：《宋史》、卷三二七、王安石傳）

# 七二 石頭記緣起

《太始經》說：「昔二儀（就是天和地）未分之時，號曰洪源，溟涬濛鴻，如雞子狀，名曰混沌」。混沌初開之後，天地成形，卻遇到損害。因為《淮南子·天文訓》說：那時有位惡神，名叫共工（讀如弓公），與顓頊（讀如專緒，五帝之一）爭奪皇帝失敗，一怒之下，共工用頭撞不周山洩忿，以致天柱傾斜，西北的天穹崩缺了一大片。幸而女媧氏煉石補天，人類才得安全。

女媧氏又稱媧皇，她在大荒山無稽崖下，用神火將頑石三萬六千五百零一塊煉成采石，拿來補天。她動用了三萬六千五百塊就大功告成了，剩下一塊，不再需要，便把它丟棄在青埂峰之下。

這塊石頭，由於經過火煉，通了靈性，自身能夠變大變小，像塊寶玉。一天，有個和尚同個道士，從遙遠之處，雲遊到這青埂峰麓，發現了這塊瑩潔的石頭，已縮成扇墜（繫在扇柄的飾物叫扇墜）大小，甚為可愛。

和尚笑著說：「你這石頭，倒也是件靈物。我今把你帶在身邊，前往那昌盛之國，富貴之鄉去走一遭，豈不甚好！」他把石頭納入衲袍中，飄然遠去，不知方向。

又不知過了幾世幾劫之後，有位空空道人，意外發現了這一塊光滑的大石，石面上有許多文字，敘述家庭瑣事，閨閣閑情，離合悲歡，興衰際遇，都很清晰。空空道人一讀，才知這石頭大有來歷：首先是因爲它才質不佳，未能補天；然後是被茫茫大士瘋和尚與那渺渺眞人顚道士帶入凡塵，歷盡風花雪月，有情有癡，敘述倒還全備。

空空道人把文字從頭到尾都抄了下來，流傳於世，這便是《石頭記》的緣起了。

〔空蒙子曰〕：《石頭記》（補天剩下一石頭）是原書名（程偉元說的。胡適稱爲程甲本程乙本）。書名很多，又名《情僧錄》（空空道人抄本，他自稱情僧），又名《金玉緣》（初期是禁書，書坊改此名便於印售），又名《風月寶鑑》（東魯孔梅溪改的書名），又名《金陵十二釵》（曹雪芹披閱十載，分出章回，意指書中十二女子），又名《紅樓夢》（現今流行的書名，紅樓是豪家婦女所居）。全書計一百二十回，近百萬字，堪稱巨著。敘述金陵賈府由盛而衰、男女數百人悲歡聚散的愛情故事。書中有許多寄託，例如「甄士隱」是將真事隱去，「賈雨村」是指假語村言，「秦可卿」寓意為情可輕。又用「夢」「幻」等字，提醒讀者認真不得。還在太虛幻境入口牌坊上撰了「假作真時真亦假，無為有處有還無」的對聯。曹雪芹自題五言詩曰：「滿紙荒唐言，一把辛酸淚，都云作者癡，誰解其中味？」《紅樓》一書，究竟是如何荒唐？有幾許辛酸？記多少癡情？作哪些幻夢？為了要解析其中況味，許多讀者都想去體悟，竟然蔚為一股「紅學」熱潮。到如今，紅學成了一門顯學，胡適儼然是「紅學」的巨擘了。

〔**原文引參**〕：女媧氏煉石補天，於大荒山無稽崖煉成頑石三萬六千五百零一塊。媧皇只用了三萬六千五百塊，餘下一塊，棄於青埂峰下。此棄石自煅煉後，靈性已通，可大可小。一日，見一僧一道，遠遠來到青埂峰前，見這塊瑩潔石頭，縮成扇墜一般，甚屬可愛。那僧笑道：倒也是一個靈物了，我欲攜你到那昌盛之邦，富貴之鄉去走一遭。說畢，納入袍中而去。又不知過了幾世幾劫，有個空空道人，見到一塊大石，上面字跡分明，原來是無才補天、幻形入世、被那茫茫大士、渺渺眞人攜入紅塵的一塊頑石。空空道人將這石頭上的文字抄寫下來，傳聞於世，即此便是石頭記的緣起也。（清、曹雪芹：《紅樓夢》、第一回）

〔**另文附錄：五色石補蒼天**〕：往古之時，四極廢，九州裂，天不兼覆，地不周載。於是女媧鍊五色石以補蒼天，斷鼇足以立四極，蒼天補，四極正焉。（漢、劉安：《淮南子》、覽冥訓）

## 七三 不死之藥

春秋時代，有人煉成了長生不死之藥，呈獻給楚王（楚王即荊王。《左傳》莊公十年注：荊、楚之本號）。到了皇宮頭門之前，交由掌管傳達及通報的謁者（官名）將不死之藥捧進宮內。他走到中殿殿前，守護中門負責警戒的中射之士（古時重視射箭，這是宮中守衛的武官）攔住他，盤問道：「這是甚麼？」

謁者說：「這是長生不死之藥。」

中射之士問道：「可以喝嗎？」

謁者答：「當然可以喝呀！」

中射之士接了過來，逕自將它喝了。

有人稟告楚王，楚王大怒，命執法者殺中射之士。中射之士申訴道：「我問了謁者，他說可以喝，所以我才喝下，我是有人說可以喝我才喝的。這樣看來，我應當沒有錯，錯的是那個謁者。再者：客人獻來的是不死之藥，我喝了而君王要殺死我，這藥乃是『死』藥，這是客人欺騙了君王，因爲此藥並非不死之藥也。如今君王一面要將無罪的我殺死，一面卻正好證明了客人用假的會死的僞藥來欺矇君王，似乎兩面都有虧失，豈不有損皇威？

不如不再追究，反而可以彰顯君王的英明大度。微臣懇求君王明鑒：如果這是眞藥，那就即使殺我我也不會死；如果我被殺死，這豈不是假藥或者竟然就是『死』藥嗎？」

楚王果眞沒有殺他。

〔空蒙子曰〕：服一次藥就可不死，不禁要問那煉藥大師，何不自己先服而永享長生（必是自知無效，騙人的）？倘真此藥有靈，為何不大量生產，讓眾多服藥之人，都可由今日存活到永遠（最貴也有人買）？行見殯儀館葬儀社都關門，土葬火葬都絕跡，那多美呀！但美國總統林肯卻說：「生命像文章：不在乎長短，乃在乎內容。」這三句讜論，確有至理。從往昔以來，人人都想長生不死。究其實，不該問壽命要有多麼長？而該問死前要幹些甚麼有價值的事？這才是重點。試觀春秋時代，魯國童子汪踦（《左傳》作汪琦）為捍衛祖國，與齊師戰於郎邑陣亡。魯人敬佩他，想破例要以成人大禮安葬，問於孔子。孔子說：「能執干戈以衛社稷，不亦可乎？」（見《禮記檀弓下》及《左傳哀十一年》）。汪踦只是孩童，生命剛開端，但英烈傳千古，勝過太多的高壽老爺爺。由此看來，長生不死便不緊要了。申言之，服一帖藥就可不死，衡之現代科學，應是無稽之談。有關不死藥、不死丹、不死酒、不死草、不死樹、不死露、不死漿等之記載，見於前人書中者，茲集五十六篇，諒皆屬於虛妄。而本篇續貂已長，有違林肯之意，就此打住。歌曰：不死本來無妙藥，長生哪會有仙丹；秦皇漢武今何在？應笑癡人續命難。

〔原文引參〕：有獻「不死之藥」於荊王者，謁者操之入。中射之士問曰：可食乎？曰：可。因奪而食之。王大怒，使人殺中射之士。中射之士說王曰：臣問謁者曰可食，臣故食之。是臣無罪，而罪在謁者也。且客獻不死之藥，臣食之而王殺臣，是死藥也，是客欺王也。夫殺無罪之臣，而明人之欺王也，不如釋臣。王乃不殺。（戰國、韓非：《韓非子》、卷第七、說林上）

〔另文附錄之一：徐市求不死藥〕：秦始皇二十八年，徐市上書，言海中有三神山，名曰蓬萊、方丈、瀛洲，仙人居之。於是遣徐市發童男女數千人，入海求仙藥。又、三十二年，使韓終、侯公、石生，求仙人「不死之藥」。（司馬遷：《史記》、卷六、秦始皇本紀）

〔另文附錄之二：祖洲求不死草〕：徐福，字君房，秦之方士。始皇時，大宛中多枉死者，有神鳥含草，覆死人面即活。鬼谷先生謂是東海祖洲上「不死之草」，始皇乃遣徐福求之。福領童男女各三千人與偕，乃乘樓船入海，一去不返。（宋、李昉：《太平廣記》）

〔另文附錄之三：蓬萊不死藥〕：（秦始皇）二十八年，東遊海上，登瑯琊，使齊人徐市入海，求蓬萊「不死之藥」。（宋、司馬光：《稽古錄》、卷十一、始皇、二十八年）

〔另文附錄之四：不死草養神芝〕：祖洲在東海之中，去西岸七萬里。上有「不死之草」，人死以草覆之皆活，服之令人長生。秦始皇遣使者以問鬼谷先生，鬼谷先生曰：吾知東海祖洲上，有不死之草，或名養神芝，一株可活一人。始皇乃遣徐福，發童男童女五百人，率樓船入海，尋祖洲，遂未返。（漢、東方朔：《海內十洲記》、祖洲）

**（另文附錄之五：卻死香）**：聚窟洲，在西海中，地方三千里。北接崑崙二十六萬里。上多眞仙，洲上有大山，形似鳥，因名神鳥山。山多大樹，而花葉香聞數百里，名爲反魂樹。伐其根，於玉釜中煮汁，再微火熱如黑餳狀，作成丸，名曰驚精香，或名震靈丸，或名反生香，或名震檀香，或名人鳥精，或名「卻死香」，一種六名，斯靈物也。香氣聞數百里，死者在地，聞香氣乃卻活不復亡也。（漢、東方朔：《十洲記》、聚窟）

**（另文附錄之六：不老草）**：漢武帝末年，彌好仙術，與東方朔狎暱。帝曰：朕所好、甚者，「不老」，其可得乎？朔曰：臣能使少者不老。帝曰：服何藥耶？朔曰：東北有地日之草，西南有春生之草。帝曰：何以知之？朔曰：三足烏，食此草，能「不老」。（後漢、郭憲：《洞冥記》，又稱《漢武洞冥記》）

**（另文附錄之七：黃精不死）**：黃帝問天老曰：天地所生，豈有食之令人「不死」者乎？天老曰：太陽之草，名曰黃精，餌而食之，可以長生。太陰之草，名曰鉤吻，不可食，入口立死。人信鉤吻之殺人，不信黃精之益壽，不亦惑乎？（晉、張華：《博物志》）

**（另文附錄之八：漢武求不死藥）**：（憲宗）顧謂宰臣曰：神仙之事，信乎？李藩（字叔翰，謚貞簡）對曰：神仙之說，出於道家。秦始皇遣方士載童男女入海求仙，漢武帝嫁女於方士求「不死藥」，二主受惑，卒無所得。（後晉、劉昫：《舊唐書》、憲宗）

**（另文附錄之九：天上神仙不死藥）**：漢武帝好方士，使求「神仙不死之藥」。東方朔進曰：陛下所使取者，皆天下之藥，不能使人不死，獨天上之藥，乃能使之不死。上曰：

天何可上？朔對曰：臣能上天。上知其謾詐，大笑曰：齊人多詐，欲以喻我止方士也。由是罷諸方士。（明、馮夢龍：《增廣智囊補》、卷下、術智）

〔另文附錄之十：楚王不死藥〕：有獻「不死之藥」於楚王者，謁者捧以入。中射之士問曰：可食乎？曰：可。因食之。王怒，欲殺中射之士。中射之士曰：臣問謁者，謁者曰可食，故食之。是臣無罪，而罪在謁者也。且客獻不死之藥，臣食之而王殺臣，是死藥也。王殺無罪之臣，而明人之欺王也。王乃不殺。（漢、劉向：《戰國策》、卷十七、楚四）

〔另文附錄之十一：不死酒〕：昔刑王時，有獻不死之藥者。漢武帝時，亦有獻「不死之酒」者，東方朔竊飲之，帝欲殺朔，朔曰：殺臣，臣亦不死；臣死，酒亦不驗。（明、謝在杭：《文海披沙》、方朔詼諧章）

〔另文附錄之十二：嫦娥竊藥〕：羿（夏代有窮之君，又叫后羿）請「不死之藥」於西王母，姮娥（姮音恆，羿之妻。後因漢文帝名恆，避諱改姮為嫦，此後乃稱嫦娥）竊之以奔月。（南朝宋、范曄：《後漢書》、天文志注）

〔另文附錄之十三：羿請不死藥〕：后羿請「不死藥」於西王母，姮娥竊之奔月。（漢、劉安：《淮南子》、覽冥）

〔另文附錄之十四：中衡不死草〕：中衡去周，七萬五千五百里。中衡左右，冬有「不死之草」，夏長之類。此陽彰陰微，萬物不死，五穀一歲再熟。（漢、趙君卿注；北周、甄鸞重述；唐、李淳風注釋：《周髀算經》、卷下之一。列入文淵閣四庫全書第七八六冊）

〔另文附錄之十五：三神山不死藥〕：蓬萊、方丈、瀛洲，此三神山者，在渤海中，諸僊人及「不死之藥」在焉。秦始皇使人齎童男女入海求之，未能至。後五年，始皇南至湘山，遂登會稽，並海上，冀遇海中三神山之奇藥，不得。還至沙丘，崩。（漢、司馬遷：《史記》、卷第二十八、封禪書第六）

〔另文附錄之十六：羿請無死藥〕：羿請「無死之藥」於西王母，桓娥竊之以奔月。將往，卜之於有黃。有黃占之曰：翩翩歸妹，獨將西行，逢天晦芒，毋驚毋恐，後且大昌。桓娥遂託身於月，是爲蟾蜍。（《後漢書》、卷二十、天文志第十、天文上。劉昭注曰：張衡天文之妙，冠絕一代，所著《靈憲》，具辰燿之本，今寫以備其理焉。按本段即出自《靈憲》）

〔另文附錄之十七：天竺長生延年藥〕：唐太宗俘虜天竺國人，得方士那羅邇娑婆昧，自年已二百歲。云：自有「長生」之術。太宗深加禮敬，館之於金飆門內，造「延年」之藥，令兵部尚書崔敦禮監主之。發使天下，採諸奇藥異石，不可勝數。延歷歲月，藥成，服竟不效，放還本國。（宋、孔平仲：《續世說》、卷九、惑溺）

〔另文附錄之十八：長生不老藥〕：唐憲宗季年銳於服「長生不老」之藥，裴潾疏曰：君之藥，臣先嚐之；親之藥，子先嚐之。臣子一也。臣願所有金石煉藥人，皆先服一年，以考其眞僞，則自然明驗矣。（孔平仲：《續世說》、卷第一、言語）

〔另文附錄之十九：柳泌長生藥〕：柳泌爲唐憲宗合「長生藥」，自云壽已四百歲。憲宗服藥多躁，爲宦官陳弘志所殺。（孔平仲：《續世說》、卷十二、假譎）

〔另文附錄之二十：李抱眞長生丹〕：唐李抱眞，晚好「長生」之術。有方士孫季長者，爲抱眞鍊金丹。紿抱眞曰：服之當升仙。又曰：此丹秦皇漢武皆未能得，唯我遇之。抱眞服三千丸，卒。（孔平仲：《續世說》、卷十二、假譎）

〔另文附錄之廿一：欒大不死藥〕：漢武帝以方士欒大爲五利將軍，尚公主。欒大見上言曰：臣嘗往來海上，見安期、羨門之屬曰：黃金可成，河決可塞，「不死之藥」可得，仙人可致也。帝崇信之，使治裝，入海求其師。後坐誣罔，腰斬。（明、蕭良有：《龍文鞭影》、初集、卷下）

〔另文附錄之廿二：神州不死草〕：神州之上，有「不死草」，似菰苗。人已死，以此草覆之即活。秦始皇時，大苑中多枉死者，有鳥如烏狀，銜此草墜地，以之覆死人，即起。（梁元帝：《金樓子》、卷五、志怪篇十二）

〔另文附錄之廿三：不死之道〕：孔子被圍於陳蔡之間，七日不火食。大公任往弔之曰：子幾死乎？曰：然。曰：子惡死乎？曰：然。任曰：予嘗言「不死」之道。東海有鳥焉，名曰意怠，進不敢爲前，退不敢爲後，是故人卒不得害。直木先伐，甘井先竭，功成者墮，名成者虧。孰能去功與名？孔子曰：善哉。（戰國、莊周：《莊子》、山木）

〔另文附錄之廿四：崑崙不死樹〕：崑崙南淵，深三百仞。北有肉珠樹、文玉樹、玗琪樹、「不死樹」。（《山海經》、第十一、海內西經）

〔另文附錄之廿五：大荒不死國〕：大荒之中，有「不死之國」，阿姓，甘木是食。

原注：甘木，即「不死樹」，食之不老。（《山海經》、大荒南經第十五）

（另文附錄之廿六：大荒不死之人）：大荒之中，有山，名曰大荒之山，日月所入。有人焉，「不死」。（《山海經》、大荒西經第十六）

（另文附錄之廿七：都廣不死草）：黑水之間，有都廣之野，爰有膏菽、膏稻、膏黍、膏稷。百穀自生，草木所聚。此草也，冬夏「不死」。（《山海經》、第十八、海內經）

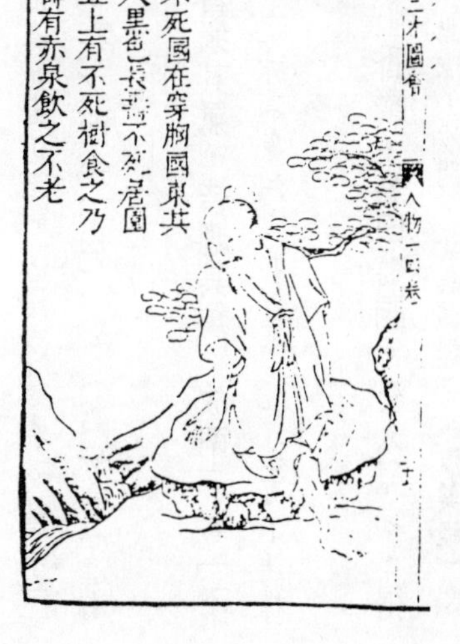


（另文附錄之廿八：不死之山）：流沙之東，黑水之間，有山，名「不死」之山。（《山海經》、第十八、海內經）

（另文附錄之廿九：神仙不死）：或問曰：神仙「不死」，信可得乎？抱朴子答曰：夫雖有至明，而有形者，不可畢見焉。雖稟極聰，而有聲者，不可盡聞焉。萬物云云，何所不有？況列仙之人，盈乎竹素矣，「不死」之道，曷爲無之？（晉、葛洪：《抱朴子》、內篇、卷二、論仙）

（另文附錄之三十：石蜜芝壽萬歲）：五芝者：有石芝、有木芝、有草芝、有肉芝、有菌芝。石蜜芝生少室石戶中，有深谷，不可得過。以石投谷中，半日猶聞其墜撞聲也。

去戶外十餘丈，有石柱，可望見蜜芝。戶上刻石爲蝌蚪字曰：得服石蜜芝一斗者，「壽萬歲」。（葛洪：《抱朴子》、內篇、卷十一、仙藥）

〔另文附錄之卅一：員丘山不死樹〕：員丘山上，有「不死之樹」，食之長壽。（晉、張華：《博物志》、物產）

〔另文附錄之卅二：不死國〕：「不死國」，在穿胸國東。其民長壽不死。園丘上有「不死樹」，食之壽。有赤泉，飲之不老。（明、王圻：《三才圖會》、外夷人物、不死國）

〔另文附錄之卅三：名山不死樹〕：禹乃以息土塡洪水（原注：息土不耗減，掘之益多，故以塡洪水），以爲名山（原注：名山者，大山也）。上有木禾，其修五尋（修、長也。八尺為一尋）。珠樹、玉樹、璇樹、「不死樹」在其西。（漢、劉安：《淮南子》、卷第四、墬形訓）

〔另文附錄之卅四：飲丹水不死〕：疏圃之池（池在崑崙山上），浸之黃水。黃水三周，復其原本。是謂丹水，飲之「不死」。涼風之山，登之而「不死」。（劉安：《淮南子》、卷第四、墬形訓）

〔另文附錄之卅五：南方不死草〕：中土多聖人，皆衆其氣，皆應其類。故南方有「不死之草」（原注：南方溫，故草有不死者），北方有不釋之冰（原注：北方寒，故冰有不泮釋者）。（見：《淮南子》、卷第四、墬形訓）

〔另文附錄之卅六：雪山不死藥〕：雪山之中，有上香藥，名曰娑訶。有人見之，得壽無量焉。無有病死，往生十因，曰「雪山不死藥」。（北涼、沙門、曇無讖譯：《涅槃經》、

二十五）

（另文附錄之卅七：不死之藥）：「不死之藥」可得，僊人可致也。（漢、班固：《漢書》、郊祀志）

（另文附錄之卅八：珠玕之樹食之不死）：渤海之東，有大壑焉，實爲無底之谷，名曰歸墟。八紘九野之水，天漢之流，莫不注之，而無增無減焉。其中有五山：一曰岱嶼，二曰圓嶠，三曰方壺，四曰瀛洲，五曰蓬萊。臺觀皆金玉，珠玕之樹皆叢生，華實皆有滋味，食之，皆「不老不死」。所居之人皆仙聖。（列禦寇：《列子》、卷五、湯問第五）

（另文附錄之卅九：彭祖不死之道）：彭祖者，殷末已七百餘歲，而不衰老。殷王令采女往問延年延壽之法。彭祖曰：得天地之道，則有「不死」之壽，得陰陽之術，則得「不死」之道。（宋、李昉：《太平廣記》、卷二、彭祖）

（另文附錄之四十：不死之鄉）：（倘若）虞用宮之奇。吳用伍子胥之言，此二國者，雖至於今存可也。有能益人壽者，則人莫不願之。今壽國有道，而君人者乃不求，過矣。禹、東至鳥谷青丘之鄉、黑齒之國，南至交阯之國，九陽之山，羽人裸民之處，「不死」之鄉（原注：鄉亦國也）。（秦、呂不韋：《呂氏春秋》、卷二十二、愼行論第二、壹行）

（另文附錄之四一：勃海不死藥）：始皇南登瑯琊，作瑯琊臺。燕人宋無忌稱：自齊威王、齊宣王、燕昭王，皆使人入海，求蓬萊、方丈、瀛洲。云：此三神山，在勃海中，諸僊人及「不死之藥」皆在焉。於是遣徐市發童男女數千人入海求之。（司馬光：《資治通

鑑》、卷七、秦紀二、始皇帝下）

〔另文附錄之四二：神仙不死藥〕：自齊威宣時，騶子之徒，論著終始五德之運，及秦帝而齊人奏之，故始皇採用之。自威宣燕昭，使人入海求蓬萊方丈瀛洲；此三神山者，在勃海中，去人不遠。患且至，則船風引而去。蓋嘗有至者，諸僊人及「不死之藥」皆在焉。未至、望之如雲；及到、三神山反居水下。臨之，風輒引去，終莫能至云。（司馬遷：《史記》、卷二十八、封禪書第六）

〔另文附錄之四三：西王母不老藥〕：西王母謂漢武帝曰：太上之藥，有風寶雲子、玉液金漿、中華紫蜜、太眞紅芝，有得食之，後天而老；此太上之所服，非衆仙之所寶也。次藥有斑龍黑胎、香風石髓、白鳳丹肺、蒼鷺靈血，有得服之，後天而逝；此天帝之所服，非下仙之所聞也。其次藥有九丹金液、紫華紅芝、五雲之漿、太玄之酪，若得服之，白日升天；此天仙之所服，非地仙之所見也。其下藥有松柏之膏、枸杞茯苓、昌蒲門冬、巨勝黃精；子得服之，可以延年「不老」。（班固：《漢武帝內傳》、列四庫全書、子部）

〔另文附錄之四四：煉丹不老不死〕：按煉丹有九返九還之法，服半劑爲地仙，令人「不老不死」。全服即升天。（清、丹陽、黃葆真：《增補事類統編》、卷五十六、人品部、壽考。原注錄自《天真夫人傳》）

〔另文附錄之四五：金丹不死〕：明、永樂十五年，歐寧人有進金丹及方書者。上曰：此妖人也。秦皇漢武，一生爲方士所欺，欲求「長生不死」之藥。朕無所用，金丹令自食

之，方書即毀，勿令別欺人也。（黃葆真：《增補事類統編》、卷六十三、釋道部、仙下。原注錄自《典故紀聞》）

〔另文附錄之四六：長生不老露〕：〔漢武帝〕起柏梁臺，作承露盤，高二十丈，大七圍，以銅爲之，上有僊人，以掌承露。和玉屑飲之，可以「長生不老」。（司馬光：《資治通鑑》、卷第二十、漢紀十二、孝武皇帝中之下）

〔另文附錄之四七：唐敬宗長生久視〕：唐敬宗遣使往湖南、江南採藥，道士劉從政，說以「長生久視」之道，請求訪尋靈藥。帝惑之，封劉從政爲光祿少卿，號昇玄先生。（後晉、劉昫：《舊唐書》、卷十七上、本紀十七上、敬宗）

〔另文附錄之四八：唐武宗長年不死〕：唐武宗賢妃王氏，有寵，進號才人。帝惑方士說，餌藥「長年」。後寖不豫。才人謂曰：陛下日服丹藥，言可「不死」，然膚澤消槁，妾獨憂之。俄而帝疾侵，崩。（宋、歐陽修：《新唐書》、卷七十七、列傳第二、后妃下）

〔另文附錄之四九：唐太宗延年藥〕：古詩云：服食求神仙，多爲藥所誤。貞觀二十二年，〔唐太宗〕使胡僧造「延年」之藥。（後晉、劉昫：《舊唐書》、卷三、本紀、太宗下。又：清、趙翼：《廿二史劄記》、卷十九、唐諸帝多餌丹藥）

〔另文附錄之五〇：唐高宗長生藥〕：有胡僧盧伽阿逸多，受詔合「長年」之藥，唐高宗將餌之（服食之意）。郝處俊諫曰：先帝令婆羅門僧那羅邇娑婆，依其本國舊方，合「長生藥」，徵求靈草異石，歷年而成。先帝服之，大漸，名醫束手。（清、趙翼：《廿二

史劄記》、卷十九。又《舊唐書》、卷八十四、列傳第三十四、郝處俊傳）

〔另文附錄之五一：唐武宗長年術〕：（唐武宗）尊道士趙歸眞爲教授先生，帝志學「神仙」，師歸眞。造望仙臺於南郊壇。歸眞舉羅浮道士鄧元起有「長年」之術，帝遣使迎之。由是與衡山道士劉玄靖及歸眞膠固，服食「金丹」修攝，藥躁，旬日不能言，崩時年三十三。（《舊唐書》、卷十八上、本紀、武宗）

〔另文附錄之五二：唐宣宗不死丹〕：（唐宣宗）遣使往羅浮山迎軒轅先生，至京師，召入禁中，問曰：「長生」可致乎？「廿二史劄記云」宣宗服方士「不死」丹，棄天下。（《舊唐書》、卷十八下，本紀、宣宗）

〔另文附錄之五三：阿伽佗不死藥〕：菩薩摩訶薩，施湯藥。願一切衆生，永離病身。願一切衆生，作大良藥，滅除一切不善之病。願一切衆生，成「阿伽佗」藥，安住不退。願一切衆生，成如來藥，能拔一切煩惱。願一切衆生，作大藥王，永除衆病；願一切衆生，作不壞藥樹。爲令一切衆生，拔除一切病箭，得堅固身，得金剛不壞身。以諸善根，如是迴向。（唐、于闐國、三藏實叉難陀、譯：《大方廣佛華嚴經》、卷二十五、十迴向品第二十五之三）。另有釋文曰：阿云普，伽佗云去；言投此「阿伽佗」藥，普去衆疾也。此藥功高，價值無量。（唐、釋、慧琳：《一切經音義》又名《慧琳音義》又名《大藏音義》）。又有釋文曰：阿、無也。伽佗、病也。服此「阿伽佗」藥，更無有病，「不死藥」也。（唐、釋、慧苑：《慧苑音義》、上）

〔另文附錄之五四：西王母長生不死〕：低回陰山翔以紆曲兮，吾乃今目睹西王母皬然白首。戴勝而穴處兮，亦幸有三足烏爲之使。必「長生」若此而「不死」兮，雖濟萬世不足以喜。（漢、司馬遷：《史記》、卷一百十七、列傳第五十七、司馬相如傳）

〔另文附錄之五五：裴航不死術〕：長慶中，有裴航，經藍橋驛，遇仙女雲英，結爲夫婦。以玉杵臼擣藥，曰餌絳雪瓊英之丹。後入玉峰洞，爲上仙。太和中，友人盧顥問曰：兄既得道，乞一言而教我。航曰：老子云：虛其心，實其腹。今之人，心愈實，何由得道？繼曰：凡人自有「不死之術」，但子今未可教，俟異日言之。然後世莫有遇者。（宋、李昉：《太平廣記》、第五十、神仙、裴航。又請參閱：明、龍米陵「膺」：《藍橋記》。又：明、楊之炯：《玉杵記》）

〔另文附錄之五六：長生漿〕：元洲之上，有五芝、玄澗。澗水如蜜漿，飲之「長生」，與天地相畢。服此五芝，亦得長生不死，亦多仙家。（漢、東方朔：《海內十洲記》、元洲）

## 七四　善哉瞿所

漢武帝（元前一五六—前八七）繼承漢文帝漢景帝之基業，大振國威。他逐匈奴，通西域，尊儒學，罷百家。在位五十四年，是歷史上少有的雄才大略之主。

漢朝首都在長安（今西安），都城之西，有座上林苑。本是秦代舊有的園苑，漢武帝增而廣之，極堪遊憩。漢代詞宗司馬相如（字長卿，卓文君愛他而私奔）還寫了一篇《上林賦》，詞藻瑰麗，甚贊林苑的美好。

這一日，漢武帝心情愉快，在苑中遊觀。他看到一株頗爲顯眼的高樹，一時興起，順便向隨行的東方朔問道：「這是甚麼樹耶？」

那東方朔（元前一五四—前九三，東方是複姓），字曼倩，官至太中大夫。性喜詼諧，他的言談舉止，常出別人意表之外。這一天漢武帝考問到他，他不假思索，即時答道：「這樹名叫『善哉』。」

過了好幾年之後，東方朔又隨侍漢武帝再逛上林

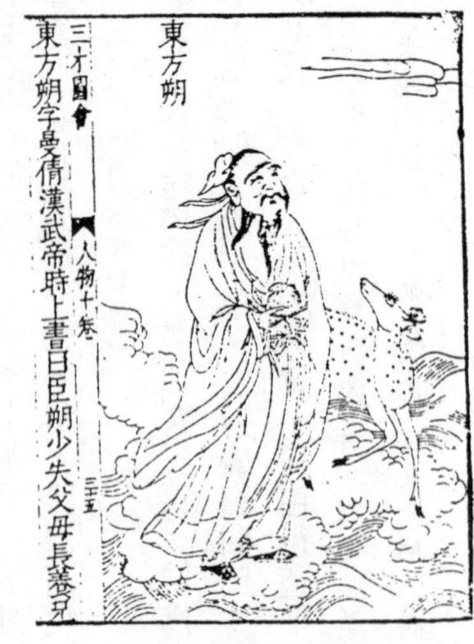

苑，不覺又走到這株善哉樹的綠蔭之下。漢武帝又問：「這株樹是何名？」

東方朔回奏說：「此樹名叫『瞿所』。」

漢武帝英明過人，豈能讓人隨便蒙混過關？即時駁斥道：「東方卿你錯了，你在欺騙寡人嗎？這樹的名字，爲甚麼今天的與以往的兩不相同呢？」

東方朔反應何等快捷，立即解答道：「普天之下，同一事物有兩個名字的不少呀！例如：大的叫『馬』，小的則叫『駒』。大的叫『雞』，小的卻叫『雛』。大的叫『牛』，小的該叫『犢』。人也是如此：小時叫『兒』，過了壯年就叫『老』。這株樹嘛，以前叫『善哉』，如今叫『瞿所』，沒有甚麼不對呀！」

〔空蒙子曰〕：東方之朔，突梯滑稽，近乎西洋的「弄臣」，但他比弄臣高明多了。弄臣只是使人開心，鬥趣而已。東方先生則詩書飽讀，且有捷智，每能即問急答，腹笥豐足，解釋得無懈可擊。有時且意寓諷諫，使漢武有所感悟。他在無意之間，隨興找出一些怪誕的名詞，也高竿而不落俗套，引人入勝而製造風趣。不過，「善哉」的白話意思就是好呀好呀，以此名樹，古今無有也。至於「瞿所」，恕我謭陋，不明其意，沒法翻譯，這還望方家指教。考司馬遷史記及班固漢書中，都有東方朔傳，但都不載這段故事。諒係好事文人，附會捏造出來，以供茶餘飯後之談助。雖然荒誕不經，倒也新鮮別緻，勉予納入本書，權充寓言之另類吧。

〔原文引參〕：漢武帝見上林一樹，問東方朔。朔曰：名善哉。後數歲，又問朔，朔曰：名瞿所。帝曰：卿欺余矣，名與前異，何也？朔曰：夫大為馬，小為駒。長為雞，小為雛。大為牛，小為犢。人生為兒，長為老。昔為善哉，今為瞿所，何足異乎？（明、謝在杭：《文海披沙》、方朔詼諧）

〔另文附錄：熒熒之鳥〕：子路與顏淵浴於洙水，見五色鳥。顏淵以問子路。子路曰：此名熒熒之鳥。又一日，二人浴於泗水，復見前鳥。顏淵又問。子路曰：此同同之鳥。顏淵曰：何一鳥而二名？子路曰：譬諸絲，絹者則為帛，染則為皂，二名不亦宜乎？（明、謝在杭：《文海披沙》、方朔詼諧有本）

# 七五　盲人摸象

有一位佛國國王，諭知一大臣說：「你去牽一頭大象來，給這些可憐的盲眼人見識見識吧。」

大象來了，盲眼人各自用手去摸觸它。

國王問道：「你們說來聽聽，大象是個甚麼模樣？」

摸到大象的長牙的說：「大象就如同一根略微弧彎的長蘿蔔。」

摸到大象的耳朵的說：「大象就如同一個揚米去糠的簸箕。」

摸到大象的頭的說：「大象就如同一塊堅硬的石頭。」

摸到大象的長鼻的說：「大象就同一根圓圓長長的棒子。」

摸到大象的背的說：「大象就如同一張床。」

摸到大象的尾巴的說：「我原以爲大象是個龐然巨獸，哪裡知道它就如同一根粗繩子而已。」

〔空蒙子曰〕：此篇是佛家寓言，文中大象代表佛性，盲人則代表無明眾生，藉比喻以說明眾生對佛性未能全知，有如盲人摸象，各說各話。他們每個人說的話雖很實在，但都不是大象，這就指點出一般人僅知部份而不知全體的錯誤。這篇寓言，似乎在真實的世界上不可能發生，而且還幼稚可哂，但要留意的是：當我們對某人、對某事，在未曾全面了解之先，我所發表的批評，所遽下的判斷，所選定的決策，都可能各執一偏，可得要謹之慎之了。

〔原文引參〕：佛國王者，告一大臣，汝牽一象，以示盲者。時彼衆盲，各以手觸。王問之曰：象爲何類？其觸牙者，即言象形如蘆菔根。其觸耳者，言象如箕。其觸頭者，言象如石。其觸鼻者，言象如杵。其觸脊者，言象如床。其觸尾者，言象如繩。（北涼、沙門、曇無讖譯：《涅槃經》、師子吼菩薩品）

# 七六　髑髏入夢

活在陽世與活在陰世，何者苦？何者樂？各人觀點不同。莊子逃世，認爲陰世無牽無掛、快樂逍遙。這個觀念對不對？還請讀者評斷。

莊子（約元前三六九—前二九五，名周，宋國蒙縣人，《史記》有傳）有一次遠行，欲南往楚國。半途中，在一片草原曠野憩息，不意在地上發現一個頭骨骷髏。大概是死了許久罷，頭骨中央全都消蝕了，枯乾了，形成一個中空的顱殼。

莊子用馬鞭子在頭骨側面敲了幾敲，心中興起許多感慨，忍不住開口問道：「這位先生，你是因爲貪生怕死，行爲違背天理，被人所殺的嗎？你是遭逢亡國之痛，有兵刀之禍，受誅而死的嗎？你是幹了壞事，使父母妻子蒙羞，愧而自盡的嗎？你是衣食兩缺，受凍挨餓，瘐饑而亡的嗎？或者你是陽壽已終，年歲已老，衰朽而歿的嗎？這其中你至少有一項罷？說不定還兼有多項呢？天可見憐，只是我不知道眞正原因罷了！」

莊子發洩了心中的慨歎，精神較爲舒緩，也由於趕了一天的路，覺得很累了，便把那骷髏頭骨挪了過來，權當枕頭，就此睡了。

到了半夜，夢見那髑髏化成了人，對他說道：「你白天所講的那許多話，很像一位有辯才的智士，設想得很週到。但是你所說的，全都是活人在陽世間所牽涉的諸般勞累。人死之後，到了陰曹地府，就完全解脫一切，沒有這些負累了。你想聽聽人死之後的說辭嗎？」

莊子回道：「當然極願聽聽你的高論。」

骷髏說：「死了之後嘛，對上解脫了君王的箝制（長官不壓我），對下也免除了臣民的煩擾（部屬不抗我），生活無拘無束，更沒有春夏秋冬四季的寒暑運轉，純然以天地的久遠來作爲永恒的年歲，日子無窮無盡，逍遙自在。縱然拿陽世間的『南面王』（當了皇帝）來相比較，都不會有這麼快樂！」

莊子未能全信，問道：「如果我請求那勾魂之使，司命之神，賜給你形體復活，性命還陽。讓你骨肉再生，肌膚新現。重建你的家庭，與父母妻子團聚。送你返回故鄉，和親戚朋友會面。而且恢復你的社會地位，補償你的學問智識。怎麼樣？你願意嗎？」

髑髏聽了，眉梢深鎖，額頭顰蹙，憂心的央求道：「我怎會願意拋棄南面王的快樂，重返人間，又去忍受那塵世的勞苦和折磨呢？」

〔空蒙子曰〕：一死百了，陰曹報到。無牽無掛，歲歲逍遙。
想得真好，似是捏造。宜趁活時，展佈懷抱。
不須悅死，不宜厭生。苦樂有定，所存者神。
生要奮揚，歿已縹渺。逃避人生，恐非正道。

〔原文引參〕：莊子之楚，見空髑髏，髐然有形。撽以馬捶，因而問之曰：夫子貪生失理而爲此乎？將子有亡國之事，斧鉞之誅，而爲此乎？將子有不善之行，愧遺父母妻子之醜，而爲此乎？將子有凍餒之患，而爲此乎？將子之春秋，故及此乎？於是語卒，援髑髏枕而臥。夜半，髑髏見夢曰：子之談者，似辯士。凡子所言，皆生人之累，死則無此矣。子欲聞死之說乎？莊子曰：然。髑髏曰：死，無君於上，無臣於下。亦無四時之事，從然以天地爲春秋。雖南面王樂，不能過也。莊子不信，曰：吾使司命復生子形，爲子骨肉肌膚，反子父母妻子閭里知識，子欲之乎？髑髏深矉蹙頞曰：吾安能棄南面王樂，而復爲人間之勞乎？（戰國、莊周：《莊子》、至樂）

# 貪狡第七

## 七七　九十九羊貪一百

戰國時代，魏國國君是魏文侯（西元前四四五—前三九六年在位），他以子夏、段干木、田子方這些賢人爲師爲友，任李悝爲相，用吳起爲將，國事大治，稱爲賢君，《史記・魏世家》有他的傳記。

他探知另一位隱居的賢士宋陵子有才有德，不惜三顧茅廬，想請他出任國政，但宋陵子三次都不爲所動，沒有接受。

魏文侯說：「宋卿何必這樣固執，堅守著你這種貧窮的日子又有何益呢？」

宋陵子答道：「我在物質上算是貧窮，但在精神上卻很富足呀！大王你看到那個楚國的富翁嗎？他家養了九十九隻羊，還一直感到不足，只想要湊滿一百隻。有一天他去探訪同縣同里的一位老朋友。這位朋友很窮，但仍養了一隻羊。富翁向他行拜揖大禮，懇求道：『我有九十九隻羊了，你才有一隻。不如把這一隻羊送給我，讓我湊成一百隻整數，這樣才可以減少我的遺憾呀！』大王你想想看，富有的人，貪心不已時，常會覺得雖富而不滿足，這種人不能算富有呀。貧窮的人，樂天知足時，常會覺得雖貧而心寬有餘，我一點也不覺得貧苦呀！」

〔空蒙子曰〕：不知足的人，貪心太甚，雖富仍貧。能知足的人，物欲淡漠，雖貧猶富。大抵而論：賢者都鄙視物質上的貪戀，而在意精神生活的充實。沒有進入這一層境界的人，大多體會不到，認為是腐儒之陋見，一旦思想昇華了，才覺得這是對的。一般人醉心在爭錢財，貪享受，那是圖感官上的一時滿足，心靈深處在半夜想來仍是空虛而不踏實的。蘇東坡想得開，他說「唯江上之清風，與山間之明月（這是不要花錢的），乃吾與子之所共適」（赤壁賦）。這便十分高逸。孔子也贊美顏回說：顏回真是賢德呀！一小筐的飯，就夠飽了；一小瓢的水，就夠喝了，住在陋巷裡，別人都過不來，而他卻不改其自得之樂，顏回真是賢德呀（論語・雍也）。孔子不肯胡亂稱贊別人，這話定有道理。我們如能學到十分之二三，煩惱自會除掉不少，心情也會像宋陵子一樣寬慰不少，壽命也將會增長不少。

〔原文引參〕：魏文侯見宋陵子，三請仕而不顧。文侯曰：何貧乎？曰：王見楚富者乎？牧羊九十九，而願百。嘗訪邑里故人。其人貧，有一羊。富者拜之曰：吾羊九十九，今君之一，盈我成百，則牧數足矣。由此觀之，富者非富，貧者非貧也。（晉、苻朗：《苻子》）

# 七八　馮立隱之飲貪泉

馮立，唐朝人，初任車騎將軍，唐太宗時，調升爲廣州都督，讓他獨當一面。離廣州西南二十里，有個石門鎮，屬南海縣。石門有水，名叫「貪泉」，從來就傳說如果喝了貪泉的水，就會貪得無饜。

馮立是個潔身正直的好官，他巡行到了貪泉，慨歎道：「這不就是從前吳隱之來到這裡喝過的貪泉之水嗎？」

那吳隱之，字處默，博雅清廉，是前朝晉代的廣州刺史。他曾特意往訪貪泉。不但親飲食泉之水，而且賦詩明志，詩曰：

古人云此水　一歃懷千金（歃、飲也，以口微吸之意）

試使夷齊飲　終當不易心（夷齊、指伯夷叔齊兩高士）

這段故事，記載在唐朝房玄齡所著《晉書·良吏傳·吳隱之》的傳記中，在歷史上傳爲佳話。及至王勃寫《滕王閣序》時，還特爲贊述，有「酌貪泉而覺爽，處涸轍以猶懽」的名句。

兩位廣州首長，先後光臨石門水。都督馮立感慨道：「單單飲下一杯貪泉之水，這算不了甚麼！我要酌取這水，來作飯作湯，食它飲它，都不避忌，哪可只限於一杯呢？貪泉有甚麼可怕？它難道能夠改變我的清廉本性嗎？」

〔空蒙子曰〕：我國地名，每有巧合，本篇有「貪泉」，在南方；此外另有「廉水」，在北方，源出陝西省南鄭縣巴嶺山，北流入漢水，《讀史方輿紀要》裡有此記述，似是南北遙相對望。甚麼是貪？貪是愛財，《韓非子・姦劫弒臣》說：「不以清廉方正奉法，乃以貪婪之心，以取私利」，這是求非分之財。甚麼是廉？廉是清白，《孟子・離婁下》說：「可以取，可以不取，取傷廉」，就是臨財毋苟得。至於甚麼人會貪會廉？乃是指擔任國家公職的人才會涉及的，是基於各人品行道德的良窳而有所取捨，恐怕不是甚麼泉甚麼水可以改變的。春秋時代，楚國有位優孟，他有一首貪與廉的歌諷世，歌曰：「貪吏不可為而可為，廉吏可為而不可為（貪廉兩者有別）。貪吏不可為者、污且卑；而可為者，子孫乘堅而策肥（有錢坐好車駕肥馬）。廉吏可為者、高且潔；而不可為者，子孫衣單而食缺（窮困到衣食不足）。君不見：楚之令尹（宰相）孫叔敖，生前私殖無分毫（一錢不入私囊）；一朝身沒家凌替，子孫丐食棲蓬蒿（死後兒子要討飯）。」此歌表面輕淡，骨子裡卻很嚴肅。怎樣防貪呢？上等人由於堅守德操，「不會」貪。下等人由於害怕坐牢，「不敢」貪。中等人搖擺不定，須要用制度監督他，使他「不能」貪。不過，貪心病是很複雜的，人非聖賢，如果學校的德育不講，社會的風氣不改，物欲的追求不退，基本的生活不保，都不可能叫所有的人「不必」貪。

管子所謂「衣食足而知榮辱」，只是點出一部份而非全部，不能僅僅服下一劑藥就可以把病根醫好的。

〔**原文引參**〕：馮立、爲廣州都督。嘗至貪泉，歎曰：此吳隱之往年所酌泉也，飲一杯水，何足道哉？吾當汲而爲食，豈止一杯？即安能易吾性乎（宋、孔平仲：《續世說》、卷二、政事）

〔**另文附錄：吳隱之飲貪泉**〕：晉、吳隱之，任廣州刺史。時距黃州二十里之石門有貪泉，相傳飲貪泉水者，其心貪得無饜。隱之素以廉潔著稱，因前往飲之，並賦詩曰：古人云此水，一歃懷千金，試使夷齊飲，終當不易心。（唐、房玄齡：《晉書》、良吏傳、吳隱之）

# 七九　只怕丈夫要討小

春秋時代，衛國有一對夫妻，一同祈禱天神，請求賜給財富。

妻子禱告說：「祈求天神保佑，請讓我不須費力，順利獲得一百束好布。」

丈夫在旁聽到了，忍不住問她道：「你爲甚麼求得那麼少呢？」

妻子回答說：「我想過了，要是我求得太多，你的生活寬裕了，就會把那些用不完的布匹去換個小老婆回來，我可不願意呀！」

〔空蒙子曰〕：此篇有五點，尚可續貂：㈠古代生活簡單，田裡產米麥，塘裡養魚蝦，土裡種菜蔬，只有紡織較難，故妻子祈求一百束布。而且只要布匹，不要綢帛。但願家況稍獲紓解，就心滿意足了。㈡古代是男權社會，容許一夫多妻，倘如經濟許可，並未禁止納妾。今則女男平等了，法律規定一夫一妻，重婚是犯罪的。㈢許多人可共患難，卻不可共安樂。試看這兩小口貧賤度日，倒也相安無事，一旦景況好了，就猜到丈夫飽暖思淫欲，要娶個小老婆了。人性如此，世界哪能美好？㈣平時不種福，急時能求到福嗎？如果有一個惡人，天天害人，一見到神就拜，請求賜佑。對此人而言，從來不曾行善，卻希望有善報，「無功要得祿」，這可能嗎？能夠「求則得之」嗎？

又如果有一個好人，天天助人，他見了神，還沒下拜，因為他認為未做壞事，問心無愧。對此人而言，從來不曾作惡，難道不該有福報嗎？不拜就不得福嗎？㈤世間「神」太多了，大自天尊上帝，釋祖阿拉，小至山魈水怪，醜石螣妖，都有人供奉膜拜。有的神說：信我者授你一經，不信我者殺你一刀。有的神說：信我者會上天堂，不信我者必下地獄，這個對嗎？按理說，神是至大至公的，凡是好人，不管信不信我，甚至反對我，他終歸是個善人，應該保佑他，賜福給他。反之，凡是惡人，即令天天拜我，貢我，他仍舊是惡人。我既身為正神，不能顛倒黑白，不應沒有是非，不該來者不拒，不可有求必應。而應當懲罰惡人，讓他知過悔改，庇佑善人，讓他臻於至善。這才公平公正，大家才會尊真心真意，尊我敬我！

〔原文引參〕：衛人有夫妻禱者，而祝曰：使我無故得百束（五匹為一束）布。其夫曰：何少也？對曰：益是、子將買妾。（戰國、韓非：《韓非子》、內儲說、下）

## 八〇　買屍賣屍問鄧析

律師應是保護受害人利益的。但壞律師卻只顧收禮，甚至故意讓案情拖延膠著，令當事人莫可奈何。有人說：如果殺人者都願償命，欠債者都願還錢，律師就失業了，這話不無道理。春秋時代的鄧析，可能是我國第一位有名的律師（距今兩千五百年了），然而他卻是個壞律師。

春秋鄭國（在今河南省），境內有一條洧水，發源於河南登封縣，東流至新鄭縣，最後注入淮河。水量很豐，雨季漲水時，水流很急。

鄭國有位富翁，不小心在洧水中溺死了。有人撈起了富翁的屍體。富翁的家屬想將遺體領回家去安葬，但這位打撈屍體的人索求很多金錢作酬勞。雙方沒有談成，僵持不下。富翁的家屬就備辦了厚禮，向名律師鄧析求教，請他出個主意。

這位鄧析先生（前五四五—前五〇一，鄭國大夫，左傳定公九年有載），專治「名家」之言（最有名的如公孫龍的白馬非馬論）。他一直和鄭國宰相子產（前？—前四九六，又稱東里子產。孔子說：東里子產潤色之）作對。不但包攬訴訟，而且招收學生，他的收費標準是：大官司收長衣一件，小官司收短褲一條，跟隨他學習的人不少。他的歪理很多，有辦法顛倒是非，以黑爲白。

鄧析聽了富人家屬的投訴，收了重禮，回答道：「不要急嘛，你安心等著好了。你想想看：這具遺體，既是你家的，如今雖在他手上，他一定沒法賣給別家呀！」

那個扣留屍體的人，眼見贖價沒有談成，而富翁的家屬又久無回應，耽心不好善後，著急了，也帶著厚禮，去求見鄧析，請他出個主意。

鄧析收下禮物，同樣回答說：「不要緊嘛，你安心等著好了。你想想看：這具屍體，既是他家的，如今卻在你手上，他畢竟不可能到別處買得到的呀！」

雙方都有理由僵持，最後結果如何？《呂氏春秋》沒有說，誰也不知道。

〔空蒙子曰〕：鄧析這種歪哥，很會用偏理惑人，別人還沒法駁倒，成事不足，敗事有餘。試看《荀子‧非十二子篇》說：「假今之世，飾邪說，文姦言，以梟亂天下，矞宇嵬瑣，而好治怪說，玩琦辭，其持之有故，言之成理，足以欺愚惑眾，是鄧析也。」漢代文學家劉向也批評鄧析，說他「操兩可之說，設無窮之辭。」這種兩可之辯，還可以舉另一律師為例證：據說某一個壞律師，收一學生，雙方立下「契約」，同意等學生幫人打官司贏了，才交學費。但這學生久久不幫人打官司，老師因久久沒收學費，便向法院起訴這位學生。老師的理由很充足，他說：「我若官司贏了，你照『判決』應該給我學費。我若官司輸了，你照『契約』應該給我學費。所以不論輸贏，你都要給學費。」自認兩邊都能佔到便宜，贏定了。不料這位學生，從老師處已完全學到了「兩可」的真傳，提出相似卻相反的辯詞，駁斥的理由更為充足。他說：「如果老師贏了，照『契約』我可不給學費。如果老師輸了，照『判決』，我更可不給學費。所以不論輸贏，我都可不給學費。」（見吳俊升著《理則學》）此案的不合邏輯之處，乃是一下子以契約為對象，一下子又以判決為對象，各取有利於自己的立場來爭勝，以致黑白不分。這種人如果多了（國家不幸，現在仍然不少），競相混淆是非，會使社會永無寧日。例如目前中國海峽兩岸，正處於分治狀態，政治對立倒也罷了，竟連文字也有簡體正體之不同，各持立場，各行其是。兩岸領導者從沒人敢於倡議文字的整合統一，要僵持到哪一輩子呢？這種一國兩制，使台灣人看不懂簡體字，大陸人讀不通古書，既不合理，也愧對子孫。猶如本篇鄧析，讓兩造各有所恃，若不妥協，事情始終不會解決。

〔原文引參一〕：洧水甚大，鄭之富人有溺者。人得其屍，富人家屬請贖之，其人求金甚多。以告鄧析。鄧析曰：安之，人必莫之賣矣。得屍者患之，以告鄧析。鄧析又答之曰：安之，此必無所更買矣。（秦、呂不韋：《呂氏春秋》、離謂）

〔原文引參二〕：子產治鄭，鄧析務難之。與民有獄者約：大獄一衣（大官司收取長衣一件為代價），小獄襦褲（小官司收取短褲一條作酬勞）。民之獻衣襦褲而「學」訟者，不可勝數。以非爲是，以是爲非。是非無度，而可與不可因變。所欲勝，因勝。所欲罪，因罪。鄭國大亂，民口讙譁。子產患之，殺鄧析。（秦、呂不韋：《呂氏春秋》、離譜）

## 八一　鯉魚分三份

在一條河道彎曲處，住了兩隻獼猴。一天，他倆共同從河裡捉到一條大鯉魚，但不知怎樣分配，只好一同守在那裡。

這時，有一隻野犴（狐狸狗）正來河邊飲水，看見那兩隻獼猴不知爲甚麼事在交談，順便問道：「你們這兩個小外甥，守在這裡幹甚麼？」

獼猴答道：「犴舅舅呀，你來得正好。我們剛從河裡捉到這條大鯉魚，不知道怎麼辦，你能幫我們分一下好嗎？」

野犴說：「可以呀，我記得有個偈語（佛教中述釋教理的淺白詩句），偈語說：要把魚分成三份才成。」然後問獼猴道：「你們之中，誰最喜歡進入淺水裡去玩？」一個獼猴答道：「我最喜歡。」

野犴再問：「誰又喜歡到深水裡去玩？」另一個獼猴答道：「我最喜歡深水。」

野犴將魚分爲三份，宣佈道：「我要說偈語了，你們聽著：

喜歡淺水去玩的，分給魚尾已足夠；
喜歡深水去玩的，分給魚頭你走路；

中間這段魚身肉，應該分給誰來受？

應該分給我這知道如何分法的舅舅！」

這一分配，把問題解決了，三方面都感到滿意。

〔空蒙子曰〕：笨瓜處處吃暗虧，黠者事事佔便宜。這個寓言，正是述明此意。兩隻笨猴，智力低下，竟然不知道怎樣把鯉魚平分，必須求救於野豺。猴與豺都是四足走獸，型體差不多，但不是同一族，所以稱之為舅舅。不過，這個野豺太狡慧了，欺二猴愚昧，故意妄稱知曉佛門偈語，表示他的解說有本有源。而作為仲裁者，索取報酬自是應該，但他卻把最好的魚身判歸自己，把頭骨和尾鰭分給笨猴，便宜佔盡了也。

總之，天下事，不論是名位的爭奪，財富的攢積，都是聰黠者優先得到。由此，我們要建立一項認知，或許你認為不公平，卻是事實如此，那就是：一切作為，都是在比腦袋裡面的智慧有多高，不是比腦袋有多少個。所謂一以當十、一以當百，就是強調此點。假如十二億國民中很多是低能的愚者，而侈求國富民強，那是很難做到的。

〔原文引參〕：河曲中，有二狙，得大鯉魚，不能分，二狙守之。有野豺，來飲水，見狙語，言：外甥是中作何等？狙答言：阿舅，是河曲中得此魚，不能分，汝能分不？野豺言：能。是中說偈，分作三分。即問狙言：汝誰喜入淺？答言：是某狙。誰喜入深？答言：是某狙。野豺言：汝聽我說偈：入淺應與尾，入深應與頭，中頭身子肉，應與知法者。

（唐、釋道世：《法苑珠林》、愚贛篇）

## 八二　屠夫殺二狼

一個鄉下屠夫，每天去市鎮賣肉。有一天，生意極好，直到很晚才回家。擔子裡的肉都賣完了，只剩下一些骨頭帶回去。

在回家的路上，要經過一段荒僻無人的野徑。他正一人獨歸時，天色已經很晚了。竟然有兩匹餓狼，尾隨在他身後，跟著他走。屠夫害怕，就扔出一根肉骨頭，一匹狼停下去咬骨頭，另一匹卻仍然跟著。屠夫又丟出一根肉骨頭，跟蹤的這匹狼停下來了，而先前那匹狼啃完了骨頭，並未吃飽，又跟了上來。屠夫只好再丟骨頭，骨頭完了，而兩匹狼仍舊緊緊跟著。

屠夫大爲惶恐，害怕這兩匹狼前後一同夾擊，就很難保命。他看到路旁田邊有個大打麥場，場主人把麥桿儲集作柴，高高堆砌在場中，像個圓柱形的小山丘。屠夫便跑過去，用背緊靠麥桿堆，放下肉擔，手握著屠刀護身。兩狼不敢向前，卻用貪眼盯著屠夫不捨。

過了一會，一匹狼逕自離去了，剩下一匹仍坐守在前面。又過了好久，狼似乎累了，眼睛好像閉上了，想偷閒休息。屠夫見機不可失，猛然暴起，舉刀用力向狼頭砍去，又一連幾刀，把狼斃了。

他正轉身離開，回頭一看，見那麥桿堆後面，那匹先行離開的狼，正在挖洞，想要穿過麥桿堆，從背後偷襲屠夫，身子已經鑽進堆中了，只剩屁股和尾巴還在外面。屠夫不敢怠慢，三兩刀砍斷狼臀，也死了。這時他才明白，悟到前面那匹狼假裝打盹，乃是要鬆弛他的警戒心。野狼也太狡猾了。

〔空蒙子曰〕：蒲松齡撰的《聊齋誌異》，多是狐鬼人獸的異聞，本篇嚴格來講，謂為人狼生死之戰也可。狼性兇殘不說，竟然狡黠到兩狼暗通默契，彼此合作，一狼在前邊打麥場中穩住屠夫，一狼在背後麥桿堆中挖洞偷襲。如果前後夾擊得逞，就會置屠夫於死地，可謂險而危了。幸而屠夫一直保持警覺，逮到前狼打盹閉目的機會，即時反攻制敵，先斃前狼，再砍後狼，雖然勝了，似乎還有一線運氣存乎其間，化險為夷，值得慶幸。我們在社會上打混，遇到的兇險亦將有如此者，豈可不慎乎？

〔原文引參〕：一屠晚歸，擔中肉盡，止有剩骨。途遇兩狼，綴行甚近。屠懼，投以骨，一狼得骨止，一狼仍從。復投之，後狼止，而前狼又至。骨已盡矣，而兩狼之並驅如故。屠夫窘，恐前後受敵，顧野有麥場，場主積薪其中，苫蔽成邱，屠乃奔倚其下，弛擔持刀，狼不敢前，眈眈相向。少時、一狼逕去，一狼仍坐其前。久之，目似瞑，意暇甚。屠暴起，以刀劈狼首，又數刀斃之。方欲行，轉視積薪後，一狼洞其中，意將隧入以攻其後也。身已半入，止露尻（臀部）尾，屠自後斷其股，亦斃之。乃悟前狼假寐，蓋以誘敵，狼亦黠矣。（清、蒲松齡：《聊齋誌異》、卷十五、狼）

〔另文附錄之一：野狼貪肉弔死〕：有屠人、貨肉歸，日已暮，欻（音義同忽，忽的本字）一狼來，瞰擔中肉，似甚垂涎。步亦步，尾行數里。屠懼之以刃，則稍卻，既走，又從之。屠無計，默念狼欲者肉，不如姑（暫且）懸諸樹而蚤（早也）取之。遂鉤肉掛樹間，示以空空，狼乃止，屠即逕歸。昧爽，往取肉，遠望樹上懸巨物，似人縊死狀，大駭，逡巡近之，則死狼也。仰首審視，見口中含肉，肉鉤刺狼齶，如魚吞餌。時狼革價昂，值十餘金，屠小裕焉。（清、蒲松齡：《聊齋誌異》、卷十五、狼）

〔另文附錄之二：屠夫吹脹野狼〕：一屠暮行，爲狼所逼，道旁有夜耕者所遺行室，奔入伏焉。狼自苫中探爪入，屠急捉之，令不可去，顧無計可以死之。唯有小刀不盈寸，遂割破爪上皮，以吹豕之法吹之，極力吹。移時，覺狼不甚動，方縛以帶。出視，則狼脹如牛，股直不能屈，口張不得闔，遂負之以歸。非屠、烏能作此謀也。（清、蒲松齡：《聊齋誌異》、卷十五、狼）

## 八三　高帽人人愛

在日常俗語中，稱那當面愛聽奉承話的，叫做喜歡戴高帽子。

有一位在京都做官的人，調職到外地去當主管。上任之前，先去拜別他的恩師，一面辭行，一面聽取訓示。

老師告誡他說：「在外地作主管，要和鄉土派系及地方勢力周旋，在那個陌生的環境裡，很難應付，要小心謹愼才是。」

這位官員道：「初去新環境，從了解到紮根然後開創，要改革舊的陋規，要開創新的制度，尤以擋住了人家的財路，所遇阻力必多。學生我已準備了一百頂高帽子，逢人就送上一頂，這樣就不會有意見相左或彼此扯腿的事情了罷？」

老師一聽，禁不住生氣了，怒道：「你就只會走歪路！我以往是如何教導你的？我們正正當當做人，規規矩矩做事，爲何要送甚麼高帽子呢？」

這位官員學生連忙告罪道：「您老有所不知，如今社會上不喜歡戴高帽子的，像老師您這樣端莊正派的人，已經找不出幾個了。」

老師微微地點了點頭，徐徐說道：「唔……我想……你這番話也還算有些識見。」

學生告辭，出得門來，對別人說：「我本來有一百頂高帽子，今天還沒去上任，就送出第一頂給了老師，現在只剩九十九頂了。」

〔空蒙子曰〕：高帽人人喜歡，只看如何奉送。必要察言觀色，還須連誇帶頌。才能順利出清，對方戴來高興。須知道：拍馬者贊之於無形，受諛者聽之於不覺。推銷者黠然而有術，接受者坦然而勿卻。休要說這事太荒唐，社會上到處看得著。

〔原文引參〕：俗以喜人面諛者曰戴高帽。有京官出仕於外者，往別老師。師曰：外官不易爲，宜愼之。其人曰：某備有高帽一百，逢人則送其一，當不致有所齟齬也。師怒曰：吾輩直道事人，何須如此？其人婉語曰：天下不喜戴高帽如吾師者，能有幾人歟？師頷其首曰：汝言亦不爲無見。其人出，語人曰：吾高帽一百，今止存九十九矣。（清、俞樾：《一笑集》）

# 八四　曾國藩受欺

高明的騙徒，舌粲蓮花，能言善道，先拿高帽子慷慨免費奉送，對方聽得順耳，心頭一高興，就認爲這個騙徒眞是可人，對甜言蜜語，受之不疑，然後騙徒趁機大撈一筆，一溜不見了。

清朝廣東花縣人洪秀全（一八一四—一八六四）自稱是上帝會教主，起兵反清，攻佔了湘鄂皖蘇諸省，建立太平天國，定都南京，歷經十五年（一八五〇—一八六四），好不容易終於被曾國藩（一八一一—一八七二）平定了。

南京光復後，百廢待興，需才孔急。有位客人去見曾國藩。在交談之中，話題轉到用人要防杜欺騙，這是進用人才的首務。

這位客人揚言道：「受不受人的欺騙，也要看長官自己會不會接受欺騙。當朝袞袞諸公，例如以你曾侯爺誠篤待人的盛德（曾已封為毅勇侯），別人自然『不忍』欺騙你。例如左宗棠季高爺（一八一二—一八八五，左宗棠字季高）嚴肅方正的性格，別人自然也『不敢』欺騙他。例如胡林翼潤芝爺（一八一二—一八六一，胡林翼字潤芝）的精幹練達，明察秋毫，別人自然也『不能』欺騙他，這不是彰彰明白了嗎。至於某某那幾位大爺，別人雖然『不曾』欺騙他，他們自己卻老是懷疑受了欺騙。甚至已經被人欺騙了，自己還懵然『不知』受騙。類此者比比皆是，這就只能怪他自身無用人之度，無識人之才，無容人之量，以至於此，是可悲也。不知曾爺的睿見如何，還請多賜教導！」

曾國藩

曾國藩聽到客人捧揚自己，心中很樂，覺得這位客人看事正確，言談有見地，對當前各知名人士的分析評論也很恰當，便以上等賓客相待，不久且委派他在府衙內任職。

過不多時，這位客人拐帶了大筆錢財，逃之夭夭，不明去向。

曾國藩受了欺騙，莫可奈何，他摸著頷下鬍鬚，悠悠地自言自語道：「別人『不忍』欺騙我，別人『不忍』欺騙我呀？」身旁的人，只能暗暗地偷笑。

〔空蒙子曰〕：惡客存心騙，諛詞入耳宜。

才華堪助我，錢帛可交伊。

捲款鴻飛杳，瞞天兔脫奇。

捋鬚空自歎，何忍獨余欺？

〔原文引參〕：當金陵初復之日，有人往謁曾侯（國藩），言談中論及用人須杜絕欺騙。客因大言曰：受欺不受欺，亦顧在自己之如何耳。若中堂之至誠盛德，人自不忍欺。

左公（宗棠）之嚴氣正性，人亦不敢欺。至於某某諸公，則人雖不欺，而尙疑其欺。或已受欺，而不悟其欺者，比比也。侯大喜，待爲上客，委以政事。未幾，客忽挾重金遁去。侯乃自捋其鬚曰：人不忍欺，人不忍欺？左右聞者皆匿笑。（清、朱秋雲：《秋暉雲影錄》、卷下）

**〔另文附錄之一：子產治鄭〕**：子產治鄭，民「不能」欺。子賤治單父，民「不忍」欺。西門豹治鄴，民「不敢」欺。三子之才能，誰最賢？辯治者當能別之。（漢、司馬遷：《史記》、卷一百二十六、列傳第六十六）

**〔另文附錄之二：三不欺〕**：隋文帝問群臣：三不欺於君德孰優？太尉鍾繇、司徒華歆、司空王朗對曰：君任德，則臣感義而「不忍」欺。君任察，則臣畏覺而「不能」欺。君任刑，則臣懼罪而「不敢」欺。（《史記》、卷一百廿六、集解）

## 八五　獅子分肉

有一頭野獾，去見獅子，建議由雙方合作，共同來捕捉野獸充飢。

獅子這時已經吃飽了，聽了大笑道：「我是百獸之王，憑甚麼理由要同你合作？」

野獾說：「你常常要跋涉好遠好遠，翻山越嶺，才可能找到獵物，而獵物只要一聞到你的氣味，老早就逃開了，你花下好大的力氣去追蹤捕到牠，豈不是太辛苦了嗎？如果你我合作，由於我腿快善跑，可以由我去誘來野獸，帶到你洞口前的陡岩下，你只要等在洞口，從高處躍下，輕輕鬆鬆一撲就能成功，以逸待勞，省力多了，這不是很妙嗎？」

獅子覺得有理，就點頭同意了。

野獾出去誘敵，遠遠看到一匹野狼。野獾故意聳高頭頸，還撥動草叢，悉悉發響。野狼見到了，就向牠奔來，野獾回頭就朝獅洞跑。那野狼一心只想捉殺牠，緊跟在後直追，不覺跑到了獅洞下方的陡岩窄道裡。那獅子在岩上看得眞切，一躍而下，把野狼壓倒，張口咬斷了咽喉，野狼死了。雙方合作捕殺成功，剩下來僅是分享戰利品了。

獅子把狼肉分成大小三份：一份是全個身軀，一份是四條壯腿，另一份是頭骨和尾巴。

獅子對野獾說：「這第一份身子肉，應該先由我得，因爲我是萬獸之王嘛！這第二份腿肉，當然也該歸我，因爲是我撲殺的呀！至於第三份頭尾呢，我此刻對骨頭的興趣不高，趁這時我還有一絲仁慈之心，你就趕快拿走吧！一旦我心意改變了，不要說你分得太少，恐怕連你自己都會葬身在我的口腹之中啦！」

〔空蒙子曰〕：西方有句諺語：Lion's share。是說「獅子的一份」，一定是分到最好最大最多的歸自己，剩下最差最小最少的一點點留給別人。而這弱勢的別人，還不敢爭辯。西方另有一句諺語：Might is right。說「強權就是公理」。有的人倖居高官，有的人躋身老大，他們講的話、做的事，不論對或不對，都是正確的。有利豈能放棄？人不為己，天誅地滅。人世間這種例子太多了。我們聽到的順口溜是「你吃肉，我啃骨頭」，或「你吃肉，我喝湯」。社會上就是如此的不平，如此的不幸。何處是《鏡花緣》中的「君子國」呢？那只是「寓言」吧了！

〔原文引參〕：獾見獅，提議合作捕獸。獅說不必。獾說：你捕獵物，每須追逐甚遠。不如由我誘來，你可輕鬆捕殺，豈不甚妙？獅子同意。獾出外，一狼見之，追獾。獾向獅洞回跑，狼從後緊追而至。獅子守在高處，見得眞切，一躍而下，撲殺之。獅子將獵物分爲三份，對獾道：第一份是身軀，應由我得，因我乃萬獸之王也。第二份是四腿，也當歸我，因撲殺者是我也。至於第三份頭骨及尾巴，我對之興趣不高，趁此時我尙存一片慈心，你趕緊拿走吧。若我改變心意，恐怕連你自己亦將葬身在我的口腹之中也。（希臘、伊索：《伊索寓言》Aesop's Fables）

用一杯水，想澆滅燃燒中的一車薪的烈火，或用一條蚯蚓，想作餌釣起千斤重的鯨魚，都是無濟於事的。

## 八六　供少求多

戰國時代，七雄相爭。齊威王（齊桓公之子，元前三五九—前三二〇在位四十年）八年時，南方楚國，出動傾國大軍，進攻齊國。齊威王請淳于髡（淳于複姓，髡音坤）充任特使，撥給他黃金一百斤，馬車十輛作禮物，往趙國請求援兵。

那淳于髡本是齊國人，滑稽善辯，常出使各諸侯國，都能達成使命，《史記》中有淳于髡傳。當他知悉齊威王這項安排，不禁張嘴仰天大笑，竟然把那頸項下面繫住帽子的絲織纓帶都繃斷了。

齊威王問他道：「淳于先生難道是覺得禮物太少了嗎？」

淳于髡說：「我哪敢嫌禮物薄少呀！」

齊威王問道：「你仰天大笑，那是爲的甚麼呢？」

淳于髡解釋說：「大王有所不知，今天我從東方回來，看見田邊有個農夫，想要麥田裡的收成增多，祈請老天保祐。他用小豬蹄一隻當作供品，配上白水酒一杯，對天帝禱求說：『使我高處田裡的收成，能裝滿所有的篝籠；低處田裡的收成，能裝滿所有的麥車；五穀都要蕃盛，讓我家裡的穀倉堆得穰穰滿滿的才夠好呀！』我是看到他祭出的供物僅僅那麼一點點，而祈求的回報卻要那麼多。我想起那個農人才忍不住大笑呀！」

齊威王知道他是借這寓言來暗示禮物太薄，便增加黃金爲一千鎰，馬車爲一百輛，另加純白的璧玉十對，禮物十分豐厚了。

淳于髡即日辭別啓程，前往趙國，說服了趙王。趙國派出精兵十萬，裝甲車一千輛，來援助齊國。楚國聽到了，估算不能取勝，乘夜便退兵了。

〔空蒙子曰〕：本篇應有兩點啟示：第一、當對方、尤其是長官的決定不合宜之際，若直接戳穿說破，會傷及面子，讓人沒法下台，最好用譬喻或寓言來委婉間接表示，雙方都留有迴旋的餘地，這才高妙。太史公說淳于髡祇是個齊之贅婿，身分就不高；又身矮，狀貌並不偉。他憑藉的是口辯，用暗示之法，達成他的心意。我們若能參照，遇到彆扭的事，不但不會弄僵，反而容易成功，不失為特效藥也。第二、凡事在付出和取受之間，應當衡量其可適性，秦始皇欲以五百里土地交換安陵一城，付出太大而回收太少，所許的乃是騙局（見《戰國策》魏策）。呂不韋以千斤黃金為秦莊襄王脫困，呂由商人最後變成宰相，這是投下巨資換來大利回收，歷史上只此一樁（見《史記》卷八十五）。至於本篇寓言中的這位農人，用一蹄一盂，就想求豐收到滿田滿倉，自然是以極少想貪換極多而被人訕笑了。

〔原文引參〕：威王八年，楚大發兵加齊，齊王使淳于髡之趙請救兵。齎金百斤，車馬十駟。淳于髡仰天大笑，冠纓索絕。王曰：先生少之乎？髡曰：何敢！王曰：笑豈有說乎？髡曰：今者、臣從東方來，見道旁有穰田者，操一豚蹄，酒一盂，祝曰：甌窶滿篝，污邪滿車，五穀蕃熟，穰穰滿家。臣見其所持者狹，而所欲者奢，故笑之。於是齊威王乃益齎黃金千鎰，白璧十雙，車馬百駟。髡辭而行，至趙。趙王與之精兵十萬，革車千乘。楚聞之，夜引兵而去。（漢、司馬遷：《史記》、卷一百二十六、滑稽列傳第六十六。又見：漢、劉向：《說苑》、卷六、復恩）

## 八七　秦宓張溫論天

書要讀得多，這是求其廣。要讀得透，這是求其精。更要讀得通，就是要把不同的書融會消化，吸收成自身的營養，這才有實益。本篇所述的秦宓，他就是一位讀得多、讀得透、讀得通的好例子。何況，現今已是知識爆炸時代，書本已不是單純的限於紙上印行的平面閱讀之書，錄音廣播上課是聲音的書，電視教學是影像的書，網際網路是電腦的書，要學的東西，實在太多太廣了，必須努力趕上。下面便是秦宓張溫論天問答的一幕。

三國時代，蜀主劉備（一七〇—二二三）與吳主孫權（一八二—二五二）兩國聯盟，合力抵抗曹操（一五五—二二〇）。

吳國特派尚書張溫（字惠恕，官太子太傅）為專使，赴蜀國報聘通好。蜀國丞相諸葛亮（一八一—二三四，即諸葛孔明，封武鄉侯，《三國志》中有傳）設盛宴款待，以示隆重。百官作陪都到了，獨有秦宓（字子勑，綿竹人，任別駕中郎，後為大司農）還未到場。諸葛亮幾次派人去促駕，要等他來了才開宴。

張溫見大家等候此一人，頗為納悶，便問道：「這位秦宓先生是何許人也？

諸葛亮說：「他是我益州（蜀國的主要根據地，即今四川全省）的飽學之士。」

秦宓終於到了，座次排在張溫之旁，料必非等閒之輩。

張溫想了解他，因便問道：「秦夫子是益州「學士」，想必是唸過書的，應當「學」有所「恃」吧？」

秦宓說：「在這益州，所有小孩全都唸過書，我個人何能例外？」

張溫本也是個淵博積學的碩儒，想趁機考一考這眼前的秦宓，便問他道：「秦夫子一定上通天文，下識地理。你可知道：天有頭嗎？」

秦宓說：「有。」

張溫問道：「頭在何方？」

秦宓說：「《詩經》云：『乃眷西顧，此維與宅』（大雅皇矣章詩句）。由這句話推知，頭在西方。」

張溫問道：「天有耳嗎？」

秦宓說：「天位雖高，但聽得到下界的聲音。《詩經》說：『鶴鳴九皋，聲聞於天』（小雅鶴鳴章詩句）。倘若皇天無耳，用甚麼來聽？又如何能聽得到？」

張溫問道：「天有腳嗎？」

秦宓說：「《詩經》曰：『天步艱難，之子不猶』（小雅白華章詩句）。如果天而無足，怎樣走步？」

「天有姓嗎？」

「豈能無姓。」

「何姓？」

「姓劉。」

張溫問道：「你怎麼知道是姓劉？」

秦宓說：「當今『天子』姓劉（按指當時秦宓蜀國君主劉備，後為蜀漢昭烈帝），所以就知道了。」

他倆人一問一答，沒有停斷。問得奇怪，答得爽快。連破僻題，如響斯應。秦宓氣定神閒，游刃有餘，而且意猶未盡，使張溫大爲敬服。

〔空蒙子曰〕：本篇對談，新奇獨特，可讀性強，莫謂蜀中無高士也。但其中有與常理及常禮相異者兩處，不妨提出，姑作商榷。第一、宴請貴賓，尤其是外國特使，應俟陪宴官員在國宴餐廳到齊坐定之後，再敦請貴賓自接待室至餐廳入席。不可先讓貴賓提早入座，再等候遲誤的陪客。這形成尊卑紊亂，有違常理的。第二、外賓來訪，乃是客人身分，要遵守做客人的禮貌。不可向陌生人士無端提出與訪問主旨無關的問題來測試對方的能耐，尤其不該一連串的當眾考問。這不但有損張溫儀節身分的形象，也有礙吳蜀兩國的友誼，這是很失禮的。有此兩點，或可認為本篇之咄咄逼人，乃是刻意揑造逗趣而不是真實的，那就可以歸入寓言一類了。不過、本篇既然如此生動熱鬧，悅賞之餘，豈能無詠？因曰：腹笥博厚兮才學飽，妙答僻問兮難不倒；應聲即對兮捷智巧，蜀有潛龍兮現一爪。

〔原文引參〕：吳遣張溫聘蜀，百官皆餞焉，宓未往，諸葛亮屢催之。溫曰：彼何人也？亮曰：益州學者也。及至，溫問宓曰：君學乎？宓曰：三尺童子皆學，何必小人。溫復問曰：天有頭乎？宓曰：有之。溫曰：何方？宓曰：詩云：乃眷西顧。以此推之，頭在西方。溫曰：天有耳乎？宓曰：天處高而聽卑。詩曰：鶴鳴九皋，聲聞於天。若其無耳，何以聽之？溫曰：天有足乎？宓曰：天步艱難。若其無足，何以步之？溫曰：天有姓乎？宓曰：姓劉。溫曰：何以然也？答曰：今天子姓劉，故此知之。答問如響，應聲而出，於是溫大敬服。（晉、常璩：《華陽國志》、卷七、劉後主志。又見：梁孝元帝：《金樓子》、卷五、捷對篇十一）

## 八八　長於偷盜致富

從前，齊國有位姓國的（左傳：齊有國氏。廣韻：國、姓也，太公之後），是大富翁。宋國有位姓向的，是大貧戶。有一天，姓向的專程到齊國，往訪姓國的，請教致富之道。姓國的說：「我長於偷，善於盜。自我開始偷盜以來，一年就可以餬口，兩年就食用飽足，三年就豐饒大富了。」

姓向的聽了大喜，以爲得到了發財的祕訣和捷徑。但他只敷淺的表面聽進了偷盜的說詞，沒有深切探問偷盜的眞義。回家之後，逕就改行做了小偷竊盜，翻籬越牆，挖壁穿屋，潛入有錢人家，能看到的，能拿到的，都偷回來，據爲己有。可是沒有多久，循線追贓，查到是他犯案，不但判了罪，還將他原有的一小點財產也沒收抵償了。

姓向的認爲姓國的害慘了自己，等到坐牢出獄，又去齊國，向姓國的抱怨。

姓國的問道：「你是怎樣去偷盜的呢？」姓向的原原本本從實說了。

姓國的說：「哎喲！你誤會了我那偷盜的意義了嘛！你我都知道：天有春秋四時的循環，地有稻麥果木的生長。我偷盜天地的時利，雨露的滋潤，山上水中的產育。培殖禾苗，播種菽麥。陸地上，我獵捕飛禽走獸；江河裡，我網撈鼈鰻魚蝦。這些誰都可以去穫取的。

而禾稼果木魚蝦雀兔，都是天地所生，哪裡是我所有？即令我年年去偷去盜，也沒有罪過呀！至於金銀珍寶，珠玉財帛，這是別人辛勤努力賺來的，不是天地憑白送給他的。你去偷盜這些原都有主的私人財物，妄想攫爲己有，因此而犯罪，這是你做錯了，能怨誰呢？」

〔空蒙子曰〕：致富之道有多途：但僅是將他人口袋裡的錢賺到你的口袋裡，這是某甲的財富轉移給某乙，總的財富並未增加，不能算好。應該向自然界去賺錢，那才了不起。天地資源，取之不盡。若將海水分解為氫氧，可代汽油。若將太陽能風能吸收轉換利用，可生電力。若由原油中提出烷，可廣泛應用於紡織皮革及造紙工業。變無用為有用，化腐朽為神奇，此即國氏善盜之初意也。

〔原文引參〕：齊之國氏大富，宋之向氏大貧，自宋之齊請其術。國氏曰：吾善爲盜。始吾爲盜也，一年而給，二年而足，三年大穰。向氏大喜，喻其爲盜之言，未喻其爲盜之道。遂踰垣鑿屋，手目所及，無不探也。未及多時，以贓獲罪，沒其先居之財。向氏以國氏之謬己也，往而怨之。國氏曰：若爲盜若何？向氏言其狀。國氏曰：嘻，若失爲盜之道至此乎？吾聞天有時，地有利。吾盜天地之時利，雲雨之滂潤，山澤之產育。以生吾木，殖吾稼。陸盜禽獸，水盜魚鼈，無非盜也。夫禾稼果木魚鼈禽獸，皆天之所生，豈吾之所有？然吾盜天而無殃。若夫金玉珍寶，貝帛財貨，人之所聚，豈天之所與？汝盜之而獲罪，孰怨哉？（戰國、列禦寇：《列子》、卷一、天瑞）

# 八九　鄰兒偷斧鄰父竊財

【一】

《列子・說符》篇說：「疑心生暗鬼」。是說多疑的人，遇到可疑的對象，便暗地裡認爲他做了可疑的事。這個疑心病，犯的人不少。戰國時代，列子就記載了一個寓言：有個農夫，遺失了一把斧頭，懷疑是鄰家的兒子偷了。

農夫留神盯著鄰家兒子看，愈覺得他是小偷。看他走路的神態，是偷了斧頭的神態。瞧他臉上的表情，是偷了斧頭的表情。聽他講話的口氣，是偷了斧頭的口氣。總之，從他的各種神態表情動作態度來看，沒有哪一樣不是像偷了斧頭的樣子。

過了幾天，這個農夫要挑穀出倉，他在穀倉裡刨開穀堆時，竟然發現了那柄失去的斧頭。原來是自己不經意遺留在穀倉裡，卻又被穀粒埋起來了。

斧頭失而復得，心情大爲愉快。第二天，又見到鄰家的兒子了。這時再看那兒子，覺得他的言談、姿態、舉動、表情，都沒有一點半絲像是偷了斧頭的樣子了。

【二】

財物遭竊，「知情」的人和相關的人都犯了嫌疑，都脫不了干係。如要警察來偵查，也必是先從這方面著手。如果未能破案，這個疑團便永遠存在，這知情者的嫌疑一輩子恐都不得化解。

戰國時期，宋國（商朝封微子為宋公，今河南商丘）有位富翁，他家住宅外牆，因大雨而坍塌了一大片。

他兒子說：「牆塌了，如不趕快砌好，會有小竊來偷盜。」

鄰居一位好心腸的老父親，也看到了，同樣對這位富翁說：「牆塌了，如不趕快砌好，會有小竊來偷盜。」

富家翁整修外牆，打算要用相同材質相同顏色的磚石來修復，以求新舊一致。招工選料，很費時間。當天只能簡略的遮蔽一下，待第二天再正式開工。

很不幸當天夜裡，果然有小賊從破牆處潛入家裡，偷去了大批財物，損失不小。

這位富翁很懊惱，心中在想：我的兒子很有見識，事先料到會失竊，智慧眞高。只是隔壁鄰居那個老頭子大有問題，外人唯有他曉得牆是壞的。很可能是他知情而趁機起個歪主意，這次被竊，一定就是他幹的了。

〔空蒙子曰〕：前半篇說偷斧，是採自《列子》，後半篇記竊財，是摘自《韓非子》，都是疑心之害。「杯弓蛇影」是杜宣疑心喝下了小蛇而竟使自己生了大病，真正的原因是酒中受陽光反射照出了弓的幻影。「曾參殺人」是曾母疑心曾參犯下了大罪而竟翻牆逃禍，真正的原因是同縣同名的另一位曾參殺了人。這兩件事，杜宣是自己說給別人知道的，曾母是別人說給她知道的，都有旁人參與，不難找出真相。最壞的是：一個人獨自猜疑，這就難有解藥了。斧頭丟失了，愈看愈覺得鄰家兒子是偷斧賊。家財遭竊了，愈想愈覺得隔壁老頭是竊財犯。這是單憑我的主觀意識咬定的，暗藏在我的心底，沒有講出來，對方完全不知道，連剖白的機會都沒有。如果懷疑錯了，豈非天大的冤枉？試看某些東方國家，其判罪理論，是先認定你有罪，你必須提出無罪的證據，才能開脫。至於西方國家，其判罪理論，則是先認定你無罪，檢方必須提出有罪的確證，方可論刑。這乃是「疑」與「不疑」的分野。《史記・淮陰侯傳》說：「疑者，事之害也。」可不愼歟？

〔原文引參之一〕：人有亡鈇者，意其鄰之子。視其步行，竊鈇也。顏色，竊鈇也。言語，竊鈇也。動作態度，無爲而不竊鈇也。俄而扫其谷而得其鈇。他日復見其鄰人之子，動作態度，無一似竊鈇者。（戰國、列禦寇：《列子》、說符篇）

〔原文引參之二〕：宋有富人，天雨牆壞。其子曰：不築，必將有盜。其鄰人之父亦云。暮而果大亡其財。其家甚智其子，而疑鄰人之父。（戰國、韓非：《韓非子》、說難）

## 九〇 毒酒害丈夫

戰國時代，地處東北的燕國，國力不算雄厚。燕文侯死了，太子繼位，是為燕易王（紀元前三三三年登位）。易王初登基，國勢不穩，強鄰齊國（齊宣王），趁燕國國君新喪，起兵侵燕，奪取了十座城邑（《孟子梁惠下篇》也說：齊人伐燕，勝之）。

燕易王對蘇秦（元前？—前三一七，師事鬼谷先生，後相六國）問道：「蘇卿能夠替我燕國向齊國討回侵佔的土地嗎？」

蘇秦說：「讓我去試試看罷。」

蘇秦前往齊國，居然說服了齊宣王（齊國害怕得罪秦國），歸還了燕國的十座城邑，確是大功勞一件。

有人暗進讒言，對燕易王說蘇秦是反覆作亂之臣，不可信賴。蘇秦回到燕國，竟然原有的官職也沒有了。於是他又去見燕易王說：「這次我替大王索回了十座城邑，回來卻免掉了官職。必然是有人拿不忠不信的罪名，在大王面前中傷於我。這樣爲了忠信反而得罪，豈不是太遺憾了？」

燕易王說：「你本來就是個不忠不信的人嘛。哪有眞正講忠信的人，反而招來罪過的道理？」

蘇秦道：「這卻不然。讓我引個寓言故事來作比喻罷：

「有個人到遙遠的地方去爲官，妻子在家與姦夫私通。後來，得知丈夫要回家了，姦夫憂心私情會要斷絕，妻子說：『不必著急，我已經做好了毒酒，等丈夫回來，就可把他毒死。』

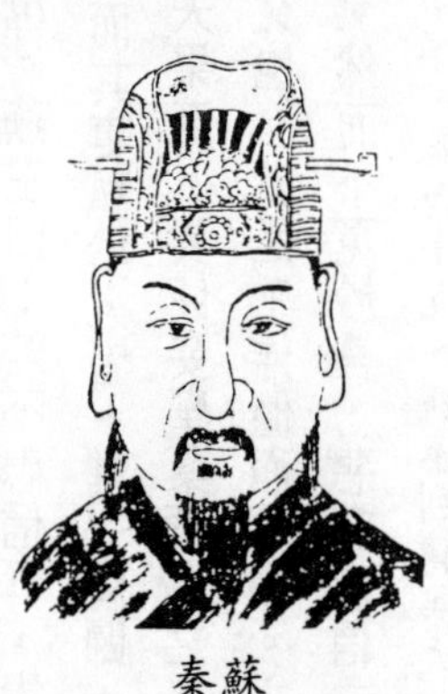
蘇秦

「隔了三天，丈夫果然回家了。妻子便叫小妾，端著毒酒，去敬丈夫。這位小妾一想：我若說穿了這是毒酒，那末大妻就會被趕出家門。如果我不說出，那末丈夫就會被毒死。在這兩難之際，小妾便假裝跌倒，把毒酒都潑了。丈夫不知眞象，還大發脾氣，竟然將小妾打了五十鞭子，以示懲罰。

「大王請看：這位小妾，跌此一跤，保全了丈夫的不死，遮掩了大妻的不貞，但卻招來了自己的不幸，領受了鞭子的責打，豈不是爲了忠信反而招來了罪過嗎？」

燕王聽後，說道：「蘇先生說來有理，請你復任原來的官職罷！」還優渥的厚待於他。

〔空蒙子曰〕：蘇秦在《史記》中有專傳，還十分精彩。他的老師鬼谷子先生，是位高隱奇詭之士，居於鬼谷山中的鬼谷洞。相傳他寫了一本《鬼谷子》書籍，流傳至今（應是僞書，恐係東漢人假冒的）。還教出了四個著名的學生：孫臏和龐涓兩人精通兵法，蘇秦和張儀兩人專擅縱橫之術，四個人在歷史上都留下了許多記載。孫龐非本篇範圍，茲不多論。蘇張乃是謀士，憑口舌之能，獵取富貴，是翻雲覆雨的政客，而非定國安邦的政治家。我們看戰國時代，列強爭雄，爾虞我詐，策士衆多，在國際間游走，都是以「利」字去說服或說動對方。至於是否守忠守信，那有甚麼重要？再說：這個「利」字，其實也是浮動的，會隨局勢的改變而轉移，不會恆久的。今日為敵，明天是友，十分平常，何足為怪？以故蘇張的功業，起得快，也落得快。如今已沒有縱橫家繼承其衣缽了。但是，他們一時的說詞，倒是很能打動人心，雞蛋裡挑不出骨頭來。例如本篇「毒酒待夫」的寓言，說來滿通順的，合情合理，無怪乎燕易王照單全收了。

〔**原文引參**〕：燕文侯卒，太子立，是爲燕易王。易王初立，齊宣王因燕喪伐燕，取十城。易王謂蘇秦曰：先生能爲燕得侵地乎？蘇秦曰：請爲王取之。蘇秦見齊王，說齊王竟歸燕之十城。蘇秦歸，而燕王不復官。蘇秦見燕王曰：今臣爲王得十城，今來而王不官臣者，人必有以不信傷臣於王者，此所謂以忠信得罪於上者也。燕王曰：若不忠信耳，豈有以忠信而得罪者乎？蘇秦曰：不然。臣聞之，客有遠爲吏，而其妻私於人者。其夫將歸，其私者憂之。妻曰：勿憂，吾已作藥酒待之矣。居三日，其夫果至。妻使妾舉藥酒進之。妾欲言酒之有毒，則恐其逐主母也。欲勿言乎，則恐其殺主父也。於是乎佯僵而棄酒。主父大怒，笞之五十。故妾一僵而覆酒，上存主父，下存主母。然而不免於笞，惡在忠信之無罪也？燕王曰：先生復就官，厚遇之。（漢、司馬遷：《史記》、卷六十九、蘇秦列傳第九）

# 九一　楚人兩妻

戰國時代，陳軫由楚國到秦國爲臣，張儀要離間他，陳軫便想離秦回楚，他對秦惠王引述了一個寓言故事：

從前，有個楚國人，娶了兩個妻子。他的鄰居，來挑逗大太太。大太太很正經，反口咒罵他，未能如願。這人轉而去挑逗小太太。小太太比較隨便，就默許了。

過沒多久，那擁有兩個妻子的丈夫死了。另外一個客人就問這位挑逗的鄰人說：「你如果要娶她們之中的一個爲妻，你娶大的呢？還是小的呢？」

這位挑逗的人答：「我娶大的。」

客人問：「大的罵你，小的私你，你爲何還要娶大的呢？」

這位挑逗的人答道：「這完全不相同。她如果是別家的女人，就希望她能應許我。但是、她如做了我的妻子，就希望她向著我而去咒罵別人嘛！」

〔空蒙子曰〕：從表面來看：情況改變之後，願望就截然相反。以前咒我的大太太如今我想娶她，以前順我的小太太如今我不要她。純然以利己為出發點，大男人沙文主義之認為當然者，蓋或全然是自私也耶？實則這個寓言的內容所指：是說大太太（陳軫）是忠於丈夫的（秦王），不會因外誘而變心，是個正派人。所以鄰人（楚國）最後仍然歡迎陳軫回去（願意娶大太太爲妻）。這就證明陳軫是個真正不錯的人才。由於這個寓言的效力，使秦惠王自此就善待陳軫了。

（原文引參）：陳軫謂秦惠王曰：楚人有兩妻者，人誂其長者，長者詈之。誂其少者，少者許之。居無幾何，有兩妻者死。客謂誂者曰：汝取長者乎？少者乎？曰：取長者。客曰：長者詈汝，少者私汝，汝何爲取長者？答曰：居彼人之所，則欲其許我也。今爲我妻，則欲其爲我詈人也。秦王以爲然，遂善待之。（漢、劉向：《戰國策》、秦策、陳軫去楚）

（另文附錄之一：挑鄰人妻）：人有挑其鄰人之妻者，挑其長者，長者詈之。挑其少者，少者報之。其後夫死，而取其長者。或謂之曰：夫非詈爾者耶？曰：在人，欲其報我。在我，欲其罵人也。（南朝宋、范曄：《後漢書》、卷二十八上、馮衍列傳。又見：唐、魏徵：《群書治要》、卷二十二）

（另文附錄之二：齊女兩袒）：齊人有女，二人求之。東家子醜而富，西家子好而貧。父母不能決，問女所欲，曰：偏袒，令我知之。女乃兩袒。問其故？女曰：余欲東家食而西家宿也。（東漢、應劭：《風俗通義》）

# 九二 娶不嫁者

西漢曹參（元前？—前一九〇），接替蕭何爲漢朝宰相，禮賢下士，世稱蕭規曹隨。他延請蒯通（原名蒯徹，因漢武帝叫劉徹，避諱改蒯通）爲上賓客卿，協助政務，相處融洽。

有人向蒯通建言：「先生輔佐曹相國，深得相國禮敬，旁人都不及你。而你素知梁石君（齊人，田榮叛項羽，不附，入山隱居）和東郭先生（齊人，田榮曾拘禁他，後亦入山隱居），都是齊之高士，超乎世俗諸人之上，你何不找機會引薦呢？」

蒯通說：「好呀！」於是去見曹參，問道：「有的女人，丈夫剛死三天，就變心要改嫁的。有的一直在家守寡，不出大門的。如果想要續絃娶妻，哪一個女人合適？」

曹參道：「自然要娶那守寡不嫁的才對。」

蒯通因說：「娶妻既然如此，求賢也當如是。那東郭先生和梁石君，可算是我們齊國的俊彥之士，且爲你所夙知（曹參以前曾為齊相九年）。他兩人隱居不

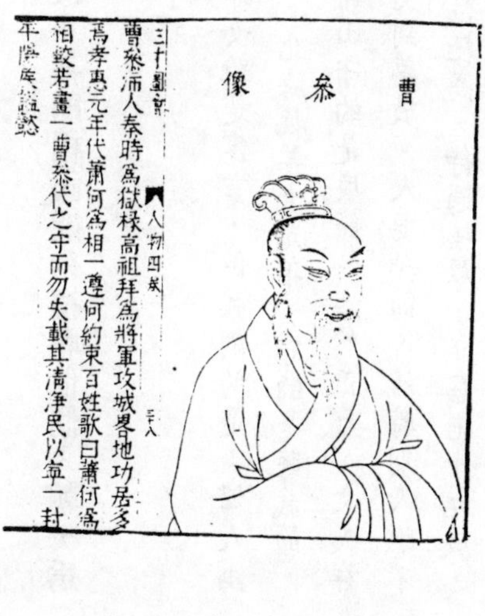

曹叅像

三才圖會　人物四卷　三十八

曹叅沛人秦時爲獄掾高祖拜爲將軍攻城畧地功居多爲孝惠元年代蕭何爲相一遵何約束百姓歌曰蕭何爲法較若畫一曹叅代之守而勿失載其清淨民以寧一封平陽侯諡懿

嫁，不肯卑躬屈節，乞求賞他作官，這是天下人的榜樣。甚願相國能夠禮聘他們入朝，爲汲引賢士開路。」

曹參欣然同意，敦請二人進入相府，都以上賓禮待。

〔空蒙子曰〕：本篇隱藏著一個「節」字。娶守節女雖是寓言，但強調的是：婦人幽居不嫁，守的是貞節。俊士隱居不仕，守的是氣節。北海牧羊十九年，守的是蘇武節。不為五斗米折腰，守的是陶潛節。飲馬投錢，項仲山守的是廉節。浩然正氣，文天祥守的是死節。人要有節，則不論活著或死後，都受到尊敬。人要無節，活時別人瞧不起，死後萬民唾棄你。宋朝夏貴，為淮西閫帥，官位極高，待遇極厚，年居七十九歲，竟還臨老變節，投降了蒙古元朝，只活了四年，死了。有人贈詩曰：「自古誰無死，惜公遲四年，問公今日死，何似四年前？」又有人在他墓碑上題詩云：「享年八十三，何不七十九？嗚呼夏相公，萬代名不朽？」（見《資治通鑑胡注表微》生死篇第十九）這便是失節的惡例（和上述文天祥生同時死相反）。遺臭萬年，可不慎乎？

〔原文引參〕：曹參爲相，禮賢下人，請通爲客。或謂通曰：先生之於曹相國，受寵莫若先生者。先生知梁石君東郭先生，世俗所不及，何不進之？通曰：諾。迺見相國曰：婦人有夫死三日而嫁者，有幽居守寡不出門者，足下既欲求婦，何取？曰：取不嫁者。通曰：然則求臣亦猶是也。彼東郭先生梁石君，齊之俊士也。隱居不嫁，未嘗卑節下意以求仕也。願足下禮之。相國皆以爲上賓。（東漢、班固：《漢書》、卷四十五、蒯通傳第十五）

## 九三　蛙蟬多噪無益

戰國魏人禽滑釐，是墨子（魯人，曾為宋國大夫，約西元前四八九—前四〇六）的學生。問墨子道：「多說話有益嗎？」

墨子是戰國初年的大思想家，名翟，主張兼愛（摩頂放踵，利天下為之）、非攻（扶助弱國），開創「墨家」一派（為九流十家之一）。他回答道：「你看那蝦蟆（鳴聲呷呷）青蛙（鳴聲閣閣）夏蟬（鳴聲知知），日夜不停的鳴叫，幾乎喉乾舌燥。然而人們都不注意聽，也沒有人願意聽，只是白費力氣吧了。

「可是當黎明到來，雄雞昂首一啼，天就破曉，人人驚醒起床，迎接朝陽，開始一天的新生活。」（《韓詩外傳》說：雞有五德：文武勇仁信。守夜報時，信也）

「如此看來，說得多有何用處？唯一須謹守的是要說得適時，那才最好。」

（空蒙子曰）：說話是孔門四科（德行、言語、政事、文學）中的第二要項（見論語先進），在精而不在多，尤其要抓對時機。若是廢話連篇，會生反效果的。戰國時代，趙國平原君去見楚王討救兵及訂合縱條約，從早晨談到中午，說了一火車的話，全無交集。毛遂看不下去，只嚷了兩句：「合縱為楚，非為趙也。」畫龍點睛，楚王就同意歃血出兵了（《史記》卷七十六）。唐太宗有玄武門之變，事先要求神問卜；張公謹自外回來，也只說了兩句：「今事無疑，為何要卜？」一語破惑，大事就成功了（《新唐書》卷八十九）。這都是可考的說得適時的實例。《論語‧憲問》說：「夫子時然後言（抓住該說話的時機然後說話），人不厭其言（人家不會討厭他的話）。」這正是我們要守的金科玉律。說到這裡，何妨自省一下：空蒙子不也是犯了聒噪的毛病嗎？坐井觀天，以蠡測海，卻對古今世事的順逆成敗，吉凶禍福，善惡曲直，正反對錯，屢作妄言。是耶？非耶？真難說得清楚。有道是：筆下嘮叨話不休，貶褒垂範見春秋，何來饒舌空蒙子？竟敢班門弄斧頭！

〔原文引參〕：禽子問曰：多言有益乎？墨子曰：蝦蟆蛙蠅，日夜而鳴，舌乾，然人而不聽。今雄雞時夜而鳴，天下振動。多言何益？唯其言之時也。（戰國、墨翟：《墨子》、附錄）

## 九四　青蛙害怕斬首

艾子（蘇東坡寄託的假名）乘船，在海上飄遊，夜間，停泊在一座海島之旁。半夜時，聽到水下有哭聲，又好像有人在講話，艾子便側耳細聽。

水下有一個聲音說：「昨天、龍王下了命令：『所有水族，凡是有尾巴的，都要斬首。』我是鼈（俗稱甲魚、團魚），生而有尾，害怕被殺，所以哭了。你是青蛙，沒有尾巴，哭個甚麼呢？」

又聽到另外一個聲音說：「我現在幸而變成了青蛙，雖然已經沒有尾巴了，可是我害怕會追究當年我的前身還是蝌蚪時，尾巴特別長，全靠它來游動。如果追溯既往，那我就太危險了。」

〔空蒙子曰〕：中國人要講出身家世和門第。若是父祖成分不好，子孫就被打入黑五類，除非平反，不得超生。因此、家族歷史的良窳，比本身的才學重要多了。往昔封建時代，常有「一人犯法，全家抄斬」的事實，連小孩也得殺掉。晉代的「門閥」陋規，是「上品無寒門，下品無貴族」（這是晉代的事，見《晉書》劉毅傳）。方孝孺不肯撰寫詔書，明成祖殺他十族，將他的學生一體株連在內（這是明代的事，見《明史》方孝孺傳)。時至今日,這種查根溯往的流毒仍在,追問你的祖宗八代,把你貼上「紅」或「黑」的標簽,永受箝制(這是近代的事)。想不到這個艾子寓言,到現在仍陰不散,還可能使青蛙悲哭,哀哉!

〔原文引參〕:艾子漂於海,夜泊島嶼。中夜、聞水下有人哭聲,復若人言,艾子遂聽之。其言曰:昨日龍王有令:一應水族,有尾者斬。吾鼉也,故懼誅而哭。汝乃青蛙,無尾,何哭?復聞另有言曰:吾今幸無尾,但恐更理會科斗時之事也。(宋、蘇軾:《艾子雜說》)

# 九五　蘇軾怕來應考

清代范進，廣東人，中了進士。朝廷委派他爲山東學道，主管國家考試，錄取士子。他上任之前，依理向恩師周司業（司業是官職，位階約為副校長）辭行。周司業說：「山東是我的故鄉。我有個學生，名叫荀玫。他若前來應考，你看在我的面子上，如能提拔錄取，也算了卻我一樁心願。」

范進牢記在心，前往山東就任。定期舉辦了考試。他在錄取榜文裡和落選考卷裡一一查對，全然不見荀玫這個名字。心中納悶道：「難不成這位荀玫，壓根兒沒來應考嗎？」他始終查不出來，還眞不知該如何向恩師交待。

那些襄試考官們也莫能幫助。一位幕客蘧景玉說：「這倒合了一個故事：多年以前，有位學官，被任命爲四川主考官。行前到他的上司何景明寓所參加酒宴，何景明一高興，喝過了量，醉中胡亂說道：『四川人如有蘇軾的文章，就該錄取。』這位四川主考官記住了。前往四川，辦了三年主考，回來向何景明稟告說：『學生我，在四川主考三年，到處細查，就是沒有見到蘇軾前來應考。想必是蘇軾（一〇三六—一一〇一，宋代大文豪，四川省人，韓柳歐蘇齊名）學問太差，臨到考期逃避不參加了。』和你現在的情況差不多嘛。」

范進答道：「我想那童生蘇軾，他的文才一定不好，所以不敢來應考，查不到也就算了吧！」

〔空蒙子曰〕：本篇顯然是諷嘲的寓言文字，在真實世界中是不存在的。進士是國家最高級的學位，約可視同現今的博士。不過博士鑽研的是「小題大作」的窄門新知，而進士則須廣泛通曉五經、子史、詩詞、策論，甚至於一手毛筆字都得勝過常人，好而又好者才獲錄取，哪會不知道宋代大文豪蘇軾的道理？本篇文中寫清代學儒，貴為主考官（清制：鄉試主考官都須進士出身），卻不識蘇軾為誰，簡直是匪夷所思。《儒林外史》刻劃出讀書人的假象，敘來純淨精鍊，文中不帶譏刺，未作批判，只是平常描繪，讓讀者自己去體會，去捉摸，的是高手。

〔原文引參〕：范進中了進士，欽點山東學道。行前，叩辭周司業。周曰：山東是我故鄉，有個學生，名荀玫，若是應考，賢契留意看看，拔了他，也了我一番心願。范進專記在心，去山東到任。考後，范進查對姓名，全然無有。心中納悶道：難道他不曾應考？心中委決不下。幕客蘧景玉道：這倒合了一個故事：數年前，一位學儒，點了四川學差，在何景明寓所飲酒。景明醉後道：四川如蘇軾的文章，是該錄取者。此學儒記在心中，作了三年學差歸來，又見何公景明，稟道：學生在川三年，各處細查，不見蘇軾前來應考，想是臨場規避了。范進學道回說：諒蘇軾文章不好，查不著也就罷了。（清、吳敬梓：《儒林外史》、第七回、范學道視學報師恩）

## 九六　竹竿入城

魯國有個鄉下人，扛著一根長竹竿進城，竹竿很長，城門的寬度和高度都不夠，橫拿著不能進去，豎著也不能進去，反覆試了好久，都無法通過城門，他呆立在城門之前，良久沒有主意。

城圖（三才圖會）

城門樓上一位聰明的年長的城裡人智叟看見了，對他喊道：「我雖然比不上聖人，但是見事也夠多了。你何不把竹竿豎起升高遞給我，我在城樓上接過來。你只管空手入城，到城門裡邊等我，我拿著你的竹竿，從牆頂外邊擎到牆頂裡邊，然後放低下來遞給你，這不就行了嗎！」

鄉下人一聽大喜，讚道：「你眞是精明透頂呀，怎麼我就想不出來呢？」

兩人上下配合，竹竿終於順利入城了。

〔空蒙子曰〕：這個鄉下人「橫柴入灶」，才會被城門欺負而不能入城。但不知當他拿著竹竿在未入城之前於鄉間道路上行走時，是橫擔在他後背上而把竹竿與左右兩肩平行地扛著行進呢（豈不會把其他路人絆倒嗎）？還是將竹竿一端朝天用手豎擎著行進呢（豈不太費勁了）？原文沒有敘明，故不得解，這裡姑不深究（因爲不是重點）。本篇焦點，應是城樓上的那位智者。他的妙法，令人叫絕。他自認為「見事多矣」，必當以為自己確是高人一等的「行家」（這種「水貨」豈敢領教）。社會上有一種人，自信滿滿的，以為是某一方面的「權威」，沒人比得上。例如從前西域有個夜郎國，國境大約等於一個縣，國君不知道漢朝轄區的廣大，目空一切，見了漢使來到，直問「漢孰與我大？」（見《漢書》西南夷傳）河伯沒有見大海之前，以為自己河面最寬，水流最深，及至到了北海，才看到海洋無邊無底（見《莊子》秋水）。這一類妄自膨脹的人，似宜有一番自省吧？

〔原文引參〕：魯國一鄉下愚公，持一長竹竿欲入城，初橫執之，不可入，既豎執之，亦不得入，計無所出。城門樓上有一智叟見之，告鄉人曰：吾雖非聖人，然見事亦多矣。君何不將長竿豎起擎高，由我自城樓上接待，汝但空手入城，余當自城樓外邊豎擎到城樓內邊，再降遞與汝，何如？鄉下愚公大喜，曰：吾公精明，我萬不能及也。依囑而行，長竿乃順利入城矣。（東漢、邯鄲淳：《笑林》）

# 九七　狗吠楊布

楊朱（即楊子，倡導「為我」之說）的弟弟楊布，有一天穿了白色的衣服外出，遇到下雨，楊布便脫下外穿的白色衣服，露著裡面的黑色衣服回來。家裡的那隻熟狗，竟然不認識穿黑衣的楊布，對他吠叫。楊布生氣，要拿棍子打狗。楊朱說：「不要打了。你也可能犯這種錯的。假如有一天，這隻白狗出去，卻變成黑狗回來，你難道不也會覺得奇怪嗎？」

〔空蒙子曰〕：本篇採自《列子》。列禦寇先生是古代賢哲。《列子》一書說：「有太易，有太初，有太素，形變之始也。故天地含精，萬物化生。」又說：「不生者能生生，不化者能化化。生者不能不生，化者不能不化。故常生常化，無時不生，無時不化」。這裡面的學問夠深的了，我們敬佩他的奧妙。但本篇則似乎稍有疏失，因為狗是色盲，牠辨識人，是憑嗅覺，不是憑顏色。狗遇到生人，初次它會繞行數圈，頻頻用鼻子嗅個夠，直到熟習了，記住了，下次便能辨認。由於每人身體散發的氣味不一樣，而狗鼻又特別靈敏之故。我們每天常換衣服，但狗不會屢吠也。本文重點在提醒我們不要只看表面，因有「分教」曰：外貌常披偽彩，內涵卻難更改；莫為表象欺迷，謹守吾心主宰。

〔原文引參〕：楊朱之弟楊布，衣素衣而出。天雨，解素衣，衣緇衣而返。其狗不知，迎而吠之。楊布怒，將撲之。楊朱曰：子無撲矣。子亦猶是也。嚮者，使汝狗白而往，黑而來，豈能無怪哉？（戰國、列禦寇：《列子》、說符篇）

〔另文附錄之一：蜀犬吠日〕：屈子賦曰：邑犬羣吠，吠所怪也。僕聞蜀之南，恒雨少日，日出則犬吠。（唐、柳宗元：《答韋中立論師道書》）

〔另文附錄之二：狗吠非其主〕：韓信以罪廢為淮陰侯，謀反被誅。臨死歎曰：悔不用蒯通之言。高帝曰：是齊辯士蒯通也。迺召蒯通。通至，上欲烹之。曰：若教韓信反、何也？通曰：「狗吠非其主。㈠當彼時，臣獨知齊王韓信，非知陛下也。且秦失其鹿，天下共逐之，高材者先得。天下匈匈，爭欲為陛下所為，顧力不能，可殫（盡也）誅耶？上迺赦之。（見：東漢、班彪撰、未竟、子班固續成：《前漢書》、列傳第十五）

# 九八　父子騎驢

自己沒有主意，受人擺弄，還都不討好，眞是可憐又可笑。我們身邊，有沒有這種缺少定見的人呢？那可不敢說一定沒有。

有鄉下父子兩人，牽著一頭驢子，進城去賣。在路上，遇到一群閒人，批評道：「這兩個傻瓜，不怕累？寧願走，空著驢子不騎，眞是太不聰明了！」

父子一聽，認爲有理。於是父親騎上驢背，兒子步行跟隨。

復往前行，遇到一夥媽媽，挑剔道：「這健壯的父親自己騎驢，貪圖舒服；卻讓瘦弱的兒子辛苦趕路，眞是太不慈愛了！」

驢圖

父子一聽，認爲有理。於是換由兒子騎驢，父親走路。

又往前行，遇見一些老人，議論道：「年輕力壯的兒子騎驢，讓衰老疲弱的父親走路，眞是太不盡孝了！」

父子一聽，認爲有理。於是兩人一同騎上驢背前進。

重往前行，遇到一批保護動物的義工，指責道：「驢子太受罪了，哪能馱重雙倍？這兩個人眞是太不仁慈了！」

父子一聽，認爲有理。但該怎麼辦呢？終於想到了一個主意。順便在路旁的竹林裡，砍下一根粗竹，做爲槓子，把驢臥倒，將驢足分前後兩兩綁著，然後用竹槓穿過足間，兩人抬起驢子行進。

再往前行，遇到一幫城裡人，大聲道：「大家快來看呀！這裡來了兩個笨蛋，竟然抬著驢子進城，眞是太稀奇了！」

父子一聽，也認爲不妥。但牽著不對，父騎不對，子騎不對，雙人共騎不對，抬著走也不對，究竟該如何是好呢？倘若掉頭回家，這一大串指指點點，豈不又將重演而難以避免？回想起這些麻煩的根源，都是這頭驢子惹出來的。在無可奈何之下，只好不要驢子，將它放走，就再也沒有人可以挑剔自家的不對了。

〔空蒙子曰〕：這是個粗淺的寓言，但願從這俚俗的故事中，體悟出較深一層的道理。申言之，吾人對事，若無定見，便不能堅守原有的立場，將隨著別人的節拍而起舞，不好。鄉人進城，不論牽驢或騎驢，任何一種都可，都無大礙，不必因不同的喜惡而屢作改變，也難得有某一種方式能讓大家全滿意。到最後，只好抬著驢子進城，而抬驢也必惹人譏笑，如此就一無是處了，這不是處事的良方呀。

〔原文引參〕：父子二人，由鄉下牽驢進城。途遇士人，評曰：有驢不騎，何其不智也？二人認爲有理，乃由父騎驢，兒子步行跟隨。復前行，遇婦人，評曰：父壯而騎，弱兒步行，何其不慈也？二人認爲有理，乃換子騎驢，而父徒步。復前，遇老者，評曰：子騎驢，父步隨，何其不孝也。二人認爲有理，乃雙雙共乘。復前行，遇動物保護者，評曰：驢子何辜，乃受兩人之重虐，何其不仁也。二人亦認爲有理，乃於道旁竹林中，砍來竹槓一支，將驢足綁起，以竹槓穿過，兩人抬著前進。復行，遇城市人，大呼曰：諸位看啦！兩傻抬驢進城，此乃天下奇觀，何其愚而罕也？父子無奈，只得鬆綁，將驢放走，乃無人挑剔矣。（清、朱秋雲：《秋暉雲影錄》、卷下）

## 九九　拙婦鑿褲

清、黃宗羲《明儒學案．凡例》：「依樣葫蘆者，流俗之士」。這是說：照原樣倣做，格調高不起來，搞不好還會壞事。

鄭國有個鄉下人，名叫卜子，他的褲子舊了，且有破洞。要妻子給他做條新褲。妻子問道：「你現在要做的新褲，想要做成個甚麼樣子呢？」

卜子說：「就像我那舊褲一樣好了！」

妻子做好新褲了，又設法日曬水漂，使它變舊，還故意戳了好幾個破洞，使得看上去和舊褲完全一樣。

〔空蒙子曰〕：宋代陶穀，官翰林學士。有人誇他的文章了不起，宋太祖笑道：「陶先生負責撰寫皇帝的詔告文書，只是照著以前現成的舊有格式和詞句，把姓名年月改換一下就交差了，這是俗話說的『依樣畫葫蘆』罷了。」陶穀為這作詩曰：「堪笑翰林陶學士，年年依樣畫葫蘆。」（見宋、魏泰《東軒筆錄》）俗語說：「照葫蘆畫瓢」「外孫打燈籠，照舊（舅）」都是行事依照往例去辦之意。漢朝蕭何做宰相，死後曹參接任，一切規章法令，都與蕭何一樣，竟然政簡刑清，這是做效得好的「蕭規曹隨」

的例子。西施皺眉很美，鄰女東施也學著來皺眉，卻醜得把人嚇壞了，這是倣效壞了的「東施效顰」的故事。「刻鵠類鶩」是說倣效雖欠逼真，但還相去不遠。「畫虎類犬則是說學來相差太遠，被人譏笑。我們若死讀古書而不知變通，那叫「食古不化」，譬如「刻舟求劍」，就是守著墜劍的舊處，固執不通，可不要被《呂氏春秋》譏評我們「不亦惑乎」才好！

〔原文引參〕：鄭人卜子，使其妻為褲。妻問曰：今褲何如？夫曰：象吾故褲。妻作新褲成，鑿新褲為孔，令如故褲。（戰國、韓非：《韓非子》、外儲說、左上）

〔另文附錄之一〕：蕭規曹隨〕：「蕭也規，曹也隨。」按漢代律法制度，多出自蕭何所創，曹參依成法行事，遵行無改也。（漢、揚雄：《法言》、淵騫）

〔另文附錄之二：刻舟求劍〕：楚人有涉江者，其劍自舟中墜於水，遽刻其舟曰：是吾劍之所從墜。舟止，從其所契者入水求之。舟已行矣，而劍不行。求劍若此，不亦惑乎？（秦、呂不韋：《呂氏春秋》、察今）

# 喻意第九

## 一〇〇　窮和尚朝拜普陀山

達成一個心願，不能止於空想。如果萬事俱備，但欠決心，那仍是紙上談兵。必須躬身實踐，才是處事之道。

在四川省西北邊陲地方，有兩個和尚，一個窮，一個富。有一天，兩人相遇了，窮和尚對富和尚說：「浙江省定海縣東方（今舟山市）有個普陀山，峙立在海洋中，通稱南海。普陀山就是《華嚴經》中所述的『補坦洛伽山』（梵名 Potalaka 的音譯），是觀音菩薩當年說『法』之處，乃是我們佛教的名山聖地（按山西五臺山供奉文殊菩薩，安徽九華山供奉地藏菩薩，四川峨嵋山供奉普賢菩薩，浙江普陀山供奉觀音菩薩，為佛教四大名山）。我打算前往這『海天福國』朝拜。登臨達摩峰和白華頂，去普濟寺（前寺）慧濟寺（佛頂山寺）和法雨寺（後寺）禮佛，還想在普陀山上參觀千步沙、多寶塔、潮音洞、梵音

南無觀世音菩薩

洞等勝景，了卻我多年的心願。你認爲如何？」

富和尚說：「從這裡川邊遠去南海，要經過六七個省，少說也有萬里之遙，你用甚麼方法前去呢？」

窮和尚說：「這個嘛，走路就可來回。我的兩條賤腿，在這川邊翻山越嶺走慣了，並不覺得辛苦。在路上，我只要帶個水瓶裝泉水解渴，帶個飯缽募化齋飯充饑，就足夠了，隨時都可以動身呀！」

富和尚說：「我們出家人，誰都應當去普陀山朝聖參佛。我早就有這個心願，也籌劃了好多年了。我打算包租一艘快船，帶足素食，從川北岷江順流南入長江，再從川東出三峽，直下湖北湖南江西安徽到江蘇，經浙江進入南海，在普陀山各名剎中頂禮之後，再乘船由原路回川。這是大事，由於路程很遠，花錢很多，到今天還沒有全部準備週全，以致遲遲還未兌現。我看你嘛，阿彌陀佛，你一點憑藉都沒有，怎麼有膽動身遠行呢？」

過了明年，窮和尚居然愉快地自普陀山拜佛回來了，又遇見了富和尚。他把那仙山的勝蹟和參佛的經過，講給富和尚聽，並讚譽那「磐陀夕照」「蓮池夜月」的絕好美景。而富和尚的偉大計劃，仍在籌辦之中，還不知哪一天成行，不免一臉羞色，十分慚愧。

〔空蒙子曰〕：要達成一項目標，就須認真去做。例如欲通英文，第一應有動機（它是世界語言），第二有急需（常要出國），第三有信心（刻意投入，定有收穫），第四有步驟（聽廣播，請家教），第五有恆心（發憤兩三年），就能把它搞好。如果光說不練，那是紙上談兵的空想。這其中，信心是原動力，十分重要。既然具有強烈的企圖心，雖然自身條件很差，只要努力去克服，目的仍會達成的。反之、儘管條件很好，若瞻前顧後，遲疑不決，必然一事無成，愧對自己。國父在《孫文學說》序言中說：「吾心信其可行，雖移山填海之難，終有成功之日；吾心信其不可行，則反掌折枝之易，亦無收效之期。」本篇窮和尚普陀山遠行靠信心順利完成，可為例證。

〔原文引參〕：蜀之鄙，有二僧。其一貧，其一富。貧者語富者曰：吾欲之南海，何如？富者曰：子何恃而往？曰：吾一瓶一缽足矣。富者曰：吾數年來，欲買舟而下，猶未能也，子何恃而往？越明年，貧者自南海還，以告富者，富者有慚色。（清、錦江書院主講、彭端淑：《白鶴堂集》、為學）

# 一〇一 飛燕傳書促夫歸

長安城的女子郭紹蘭，嫁給當地商人任宗爲妻。任宗是個大貿易商，買賣進出，貨物種類多而且數量大。這一次，也是爲了好多筆生意，他離家遠赴湖南省，卻因諸事羈留，幾年都沒有回家了。那時天下不寧，書信都無由傳達。

郭紹蘭在家中盼望著丈夫，日夜懸念。在一個晴和的春日裡，她看到簷前一對燕子，雙雙在廡樑之間飛逐嬉戲，細語呢喃，好不親密，觸動了郭紹蘭的心事。她不覺長吁了一口氣，癡癡地對燕子禱訴道：

「燕兒呀燕兒！我聽說你們是從南海向北飛來，那麼當你們往還時，一定會經過湖南省的吧？我的丈夫，離家遠去湖南，好多年也沒有寄來家書了。我今想請你帶個訊息給他，如果燕兒你願意幫我，就請飛下來落在我的膝上，好不好呢？」

其中有一隻燕子，果眞飛到郭紹蘭的膝上停了，紹蘭不敢怠慢，即刻作詩一首：

我婿去重湖　臨牕泣血書
慇懃憑燕翼　寄與薄情夫

他用細字寫在一小片薄紙上，短短的二十個字，摺成圓條狀，輕而且小，將它綁在燕子的腿腳處。那燕子一面啁啾唱歌，一面展開兩翼，就飛向天空去了。

那時，任宗已因商務需要而遷往荊州的江陵府。他在寓所中看到一隻燕子，又飛又叫地在他頭頂上盤旋，腳上似乎還綁了一件小小東西。正疑惑間，那燕子飛了下來，任宗解開燕子腳上的小紙箋一看，原來是他的愛妻寫的一首催歸詩，辭情懇切，感動得落下了眼淚。過了年，便回長安團圓了。

**〔空蒙子曰〕**：燕子原是乖巧可愛活潑善飛的候鳥，本篇更表現出這般聰慧幾近通靈的能耐。在鳥類之中，有「飛雁傳書」的故事（漢蘇武自匈奴北海傳書到京都），有「飛鴿傳信」的故事（唐張九齡用鴿傳家信），此篇則是「燕子傳詩」的故事。由於內容溫馨，我們視它為柔情濃郁人禽交感的美談可也。古代交通不便，山川阻隔，跨省往返，動輒經旬累月，信函寄遞，也沒有制式通道。今安排請燕子當郵差，不妨賞識一下作者構思的婉良佳妙也。

**〔原文引參〕**：長安郭紹蘭，適巨商任宗，爲賈於湘中，數年不歸，音書不達。紹蘭目睹堂中有雙燕戲於樑間，長吁語燕曰：我聞燕子，自海北來，往復必經湘中。我婿離家，不歸數歲，蔑有音耗。欲憑爾附書投於我婿，爾若相允，當泊我懷中。燕遂飛落膝上。蘭吟詩云：我婿去重湖，臨牕泣血書，慇懃憑燕翼，寄與薄情夫。遂小書其字，繫燕足，燕飛鳴而去。任宗時在荆州，忽見一燕，飛鳴於頭上，有一小封繫於足上。宗解而視之，乃妻所寄之詩。宗感而泣下，次年，歸。（五代、王仁裕：《開天遺事》、亦名《開元天寶遺事》）

# 一〇二 惠子十說廿一辯

戰國時代，惠施（又稱惠子，曾為梁國宰相）是個善譬善辯的智者，喜好說寓言作爲比喻，思想十分高超，大大的增廣我們的視野。他認爲一切事物，都是相對而存在的（《漢書藝文志》有惠子一篇，已亡失）。他舉了十個觀點，以歷述宇宙間事物的大概：

㈠「至大無外，至小無內」：最大的是無窮大，包羅一切，大到外無他物。最小的是無窮小，小到內不容物。

㈡「無厚、不可積也」：無厚是指抽象的平面，想像中的平面只含長和寬，沒有厚度，所以不可能堆積。

㈢「天與地卑，山與澤平」：地球在空中運行，四周上下都是天空，故天與地互相處於卑下的對應地位。又高山上有低窪的水，這水與其他的山齊高，故說山與澤平。

㈣「日方中方睨」：睨是側視。在此地看太陽是在正中央，在別處斜著看太陽會覺得它偏在一側。正與偏是沒有定準的。

㈤「萬物畢同畢異」：萬物含許多種類。這一類和那一類共有的通性，便是大同，便叫畢同。同理，相異的便是大異，便叫畢異。

㈥「南方無窮而有窮」：南方代表一個方向，例如從無盡的宇宙看，任何方向都是沒有窮境的。但是既稱南方，它就有了界限，例如從地球自身看，就有窮境了。

㈦「今日適越而昔來」：今天要到越國去，昨天作成決定時，心意早已先來越國了，所以說「昔來」。

㈧「連環可解」：連環是兩環在環內的空處相穿套，環的實體沒有粘在一起，可以轉動。如果擊斷一環，他環無損，則連環豈非已解？

㈨「天下之中央，燕之北，越之南是也」：地球是圓的，懸在空中，沒有邊，天也沒有盡處。誰會知道天下之中，不在北燕之北？或是南越之南呢？

㈩「氾愛萬物，天地一體也」：氾是廣博普遍之意。我們要博愛萬物，物我融洽平等，就與天地同爲一體了。

以上是惠施的「歷物十事」，他以爲這是天下的大道理，而當時天下的辯士，如桓團（列子稱他為韓檀）公孫龍（有白馬非馬論）等人，也喜歡這些論點。以下更進一步，惠施尙有廿一辯。我國辯者之遺留於今日的，以這廿一辯爲最著名：

第一、「卵有毛」：雞蛋裡怎會有毛？但卵變爲雞，雞是有毛的。無中不能生有，如果蛋裡面沒有毛的因素，何能生出雞毛來？

第二、「雞三足」：雞走路時，除了兩隻腳外，還要依賴命令牠那兩隻腳行進的心智（若無這第三者，雞不會有走的意願），是第三隻腳。

第三、「郢有天下」：郢是南方楚國的國都。楚君一旦稱王，自號「天子」，就可以說大到擁有天下了。

第四、「犬可以爲羊」：犬羊都是人取的名字，約定俗成的這樣稱呼牠。命名只是給予一個符號，不是動物的本身。如果當初稱狗是羊，那末犬便可以爲羊了。

第五：「馬有卵」：馬是胎生，非卵生。但究其本源，仍是精子與卵子的結合，沒有卵不能成胎（戰國時代的惠施，僅憑一己的思考，竟可說出生命的奥祕，太了不起）。

第六、「丁子有尾」：楚國稱蝦蟆（蛙的一種）爲丁子。蝦蟆沒有尾，但牠乃由蝌蚪變成，蝌蚪原是有尾的。

第七、「火不熱」：對冷熱的感覺是人。烤火時，人覺得暖熱，但火的自己只是氧和物質化合，本身無所謂「熱」的感覺。

第八、「山出（有）口」：對著深山呼喚，山谷會有回音，稱爲山鳴谷應。故說山有嘴，不然怎會有聲音發出來呢？

第九、「輪不蹍地」：地平而輪圓，圓輪只有一個點與平地相接。這一個點，一觸地即轉過，不會與地面研磨，否則怎可滾動呢？

第十、「目不見」：人眼看物，因有光亮。貓頭鷹看物，由於黑暗。如果沒有光明黑暗，人和貓頭鷹的眼睛就都看不到東西了。

第十一、「指不至」：用手指指物，手指沒有直接碰到物件，但別人會知道他的意向所示乃是那個物件，叫指不至。

第十二、「龜長於蛇」：龜的壽命比蛇長。另一解釋是：巨大的老龜比初出生的幼蛇的身軀爲長。

第十三、「矩不方」：人們先有方形的概念，然後才造出矩來作測量的工具。並不是因爲先有了矩，才有方形。

第十四、「鑿不圍枘」：鑿子有個孔，將木柄納入孔中的榫頭叫枘。可以說洞孔包圍著木枘，但也可說木枘自己嵌入洞孔裡去的。又可以說：枘雖在孔中，但那孔是虛空的，虛空不等於鑿，故說鑿不圍枘。

第十五、「飛鳥之影，未嘗動也」：影子是鳥產生的。飛的動的是鳥，不是影子。另一解釋是：影子雖似在動，但實際是前影消失，後影繼之，看來像在動，所見到的乃是後來產生的新影，非故影也。

第十六、「鏃矢之疾，而有不行不止之時」：箭射出來，看似飛快，如將時間分成過去現在未來，那箭是積許多「現在」而前進的。每一現在（例如萬分之一秒）都僅佔一個點。從這現在的一點來看，箭是不行不動的。

第十七、「狗非犬」：狗是牠的名稱。犬是指那個活的實際動物。參照第四項所述，名稱只是個代表符號，不是實物的本體，故說狗非犬。

第十八、「黃馬驪牛三」：馬是一物，牛是一物，黃與驪是顏色（黑色曰驪），顏色也是一物，故共爲三樣。

第十九、「白狗黑」：白和黑都是人們爲顏色取的不同的名稱，若當初稱黑爲白，又稱白爲黑，也是可以的，那末白狗就叫黑狗了。

第二十、「孤駒未嘗有母」：小馬生時，總是有母的。母馬死後，牠才無母，叫孤駒。這時牠被稱爲「沒有母親的小馬」。有人聽到後，把「喪失母親」與「從來沒有母親」不去分辨清楚，就會出現這小馬「從來就不曾有過母親」了。

第廿一、「一尺之棰，日取其半，萬世不竭」：理論上言：一尺長的棍子，去掉一半，還剩二分之一。第二次去掉餘下的一半，還會留下二分之一。如此分割下去，總是有二分之一的留存，終久不可能分完歸零的，故曰萬世不竭。

以上這三十一種說辭（十歷物加二十一辯），在戰國時代形成了風氣，但其中有些難免與常識有距離，雖然一時頗能以口舌勝人，終究不能使人內心佩服。我們要從這座迷魂大陣中跳脫開來，認清方向而不再迷路，才不愧爲聰悟之士。

〔空蒙子曰〕：寓言多含譬喻，「意在此而言寄於彼」。所謂譬喻，是把甲事物與乙事物的類似之處，兩相比擬：「為政以德，譬如北辰」（論語爲政）、「有為者，譬若掘井……」（孟子盡心上）、「譬若錐處囊中，其末立見」（史記平原君），都是譬喻，且有明喻隱喻借喻之分。用喻有個基本條件，必須學富五車（莊子天下篇：惠施多方，其書五車），才能說得高妙，寫得通透，聽得忭愜。本篇引惠施的話，大可提升我們的思路，開拓我們的眼界，以期有助於對寓言的領悟，這是選用本篇的目的。看看古希臘哲學家季諾(Zeno)也留下有名的「追龜辯」。他說最會跑的人，永遠追不上前面爬行的龜。因為人龜之間有一段距離。如要追上牠，先要趕上這距離的一半，而剩餘的一半又可再分為一半，這樣永遠餘留一半，和惠施「一尺之棰」相類似。至於像惠施「至大無外」的定義，應算不錯。其他有些則是近乎詭辯，我們不要被他「蓋」住了。猶之如共產主義說階級鬥爭是進化的原動力，邪說惑眾兩百年，卻是錯的（馬克思生於一八一八年）。但願大家能分辨是非，做個騙不倒的明理人。

〔**原文引參**〕：惠施多方，其書五車。歷物之意曰：至大無外，至小無內／無厚不可積也／天與地卑，山與澤平／日方中方睨／萬物畢同畢異／南方無窮而有窮／今日適越而昔來／連環可解也／我知天下之中，燕之北，越之南是也／氾愛萬物，天地一體也／惠施以此為大觀於天下，而曉辯者，相與樂之：卵有毛／雞三足／郢有天下／犬可以為羊／馬有卵／丁子有尾／火不熱／山出口／輪不蹍地／目不見／指不至／龜長於蛇／矩不方／鑿不圍枘／飛鳥之影未嘗動也／鏃矢之疾，而有不行不止之時／狗非犬／黃馬驪牛三／白狗黑／孤駒未嘗有母／一尺之棰，日取其半，萬世不竭／辯者以此與惠施相應。（戰國、莊周：《莊子》、雜篇、天下）

# 一〇三　晏平仲三毀三譽

爲官從政，有所謂「政聲」和「風評」，就是說對施政好壞聲譽的評議，如今更有個新名詞叫「民意調查」。這原該公正客觀，殊不知這些都是可以製造的，遠在兩千五百多年前便有實例。

春秋時代，齊國有位晏平仲（就是晏嬰。前？—前五〇〇，孔子說：晏平仲善與人交，久而敬之）做了阿縣（古齊國東阿，今山東陽穀縣）縣長三年了。滿朝官員聽到的，都是指責他不好的壞話。國君齊景公很不高興，把他召回朝廷，要免掉他的官職。

晏平仲奏請道：「我知道我的過失何在了。請准我再做一段時期，也好補正我的錯誤，那時再銓衡我的功過罷。」晏平仲是三朝老臣，歷仕靈公莊公景公三代，本就受到尊重，所請應允了。

又做了三年，這時通國聽到的，都是讚美他的好話。齊景公很快慰，打算要獎賞他。但晏平仲拒絕受獎。

齊景公問道：「你的政聲這麼好，爲何不肯接受獎賞呢？」

晏平仲回覆說：「治績的好壞與外界的政聲可以大不相符的。前三年，我以嚴正的『直道』治理阿縣，糾懲不法，有罪就辦，朝廷應該獎賞我的。但那些黑道刁民和白道權貴都討厭我，因爲我擋住了他們的財路，要攆走我，四處散播我的壞話，故此你要免我的職。後三年，我改用諂諛的『曲道』來治理阿縣，凡事和稀泥，貪贓不追究，巧取豪奪假裝沒看見，你應當重罰我的。但那些流痞刁民和豪門權貴都喜歡我，因爲我方便了他們的暴利，還怕我不會久幹，四處傳佈我的好話，因此你要獎賞我。這是行正道要免職，走歪路卻受獎，不合我的心意，所以不願接受。」

子華子（本篇採自《子華子》，作者程本自號子華子）評論說：「晏子可謂正直不阿了。本來人之常情，乃是對於順同我的人，便讚美他，幫助他，愛護他。對於反叛我的人，便憎惡他，排擠他，詆毀他。可是一般身爲首長的，常常觀察不到實情，每每壞了大事。國家的治亂，就決定在這譽和毀，愛和憎，助和擠的正反之間了。」

〔空蒙子曰〕：民調是正確的嗎？風評是真實的嗎？都未必是。名譽聲望，不但自己可以刻意製造（實例：有位高官，要求公關：每天報紙上都要報導他的名字），而且別人也會扭曲栽誣。南北朝劉宋的檀道濟（？——四三六），平京邑，征洛陽，伐北魏，三十餘戰都捷。但立功太多，威名太重，朝廷懷疑，被殺了。臨刑時，道濟目光如炬，脫帽擲地，怒道：自壞汝萬里長城！這是例一（見《宋書》檀道濟傳）。又如明末袁崇煥（？——一六三〇）在遼東抵抗滿清入關，戰功最大，不料朝廷誣賴他通敵而被殺，明朝也亡了，這是例二（見《明史》袁崇煥傳）。孔子說：「目猶不可信，心猶不足恃」（見

第九篇）。侯嬴說：「人固未易知，知人亦未易也」（見《風俗通義》窮通）。要知道：「疑行無成，疑事無功」（見《商君書》更法）。「疑者，事之害也」（見《史記》淮陰侯傳）。君記否：「周公恐懼流言日，王莽謙恭下士時，倘使當年身便死，一生忠偽有誰知？」這才是對疑忌體會極深的詠歎警句。

〔原文引參〕：晏子治阿三年，毀聞於朝。公不悅，召而將免焉。晏子曰：臣知過矣，請復之。三年而舉國善之。公將賞，晏子辭焉。公曰：何謂也？晏子對曰：昔者臣之所治，君之所當取也，而更得罪焉。今者臣之所治，君之所當誅也，而更得賞焉。非臣之情，臣不願也。子華子聞之曰：晏子可謂直而不阿者矣。夫人之常情，譽同於己者，助同於己者，愛同於己者。愛之反則憎，助之反則擠，譽之反則毀，然而人主不之察也。世之治亂，蓋常存乎兩間。（春秋、晉、程本：《子華子》、上卷、北宮子仕第三）

## 一〇四　苛政猛於虎

孔子坐著馬車，學生子貢（姓端木，名賜，字子貢），駕車，從泰山（東嶽，又名岱嶽、岱宗，在山東泰安縣）旁邊經過。見山麓有位婦人，正在墳前哭泣。孔子用手扶著車前橫木，俯身聽那哭聲，覺得十分悲切，便叫子貢去探問。

子貢問那婦人道：「你哭得這樣傷心，定是有很重的憂戚，是爲了甚麼呢？」

婦人回答說：「我太慘了哇！我住在這泰山之側，日子向來過得很好。但山中多虎，常會傷人。前些時候，我的阿公（丈夫的父親）被虎咬死了。不多久，我的丈夫也被虎咬死了。於今、兒子又被老虎咬死了。我哪能不痛心呀！」

孔子忍不住問道：「既然山裡有虎傷人，你爲何不搬家到城裡去住呢？」

婦人答道：「只因爲這裡沒有嚴酷的虐政時時來擾民，也沒有苛雜的捐稅月月來催繳，所以我才不願搬到城裡去住呀！」

孔子深有所感，告誡子貢說：「你可要記住了，苛政比老虎還要兇猛呀！」

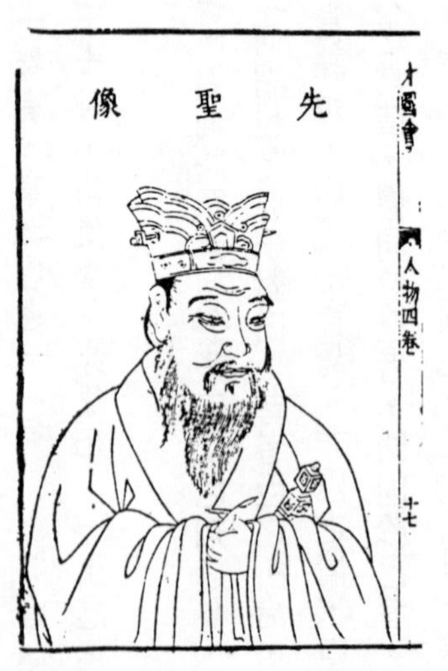

〔空蒙子曰〕：本篇說：寧可受老虎之害，不肯受苛政之擾。出自《禮記》，是西漢經學家戴聖著的，距現在近兩千年了，今昔情況有多少改變呢？所謂苛政，不僅是強徵不合理的釐捐雜稅而已，一切侵犯人權、箝制自由的惡法劣政，都該廢掉才是。舉例說：有人可以在華府白宮前方的南草坪上，高呼布希總統應該滾下台，不會有罪的。如果在天安門廣場上高呼，會如何？台北報紙，屢屢撰文指摘李登輝總統的不是，沒有抓人（只能宣稱『罷看』），北京報紙可以嗎？更不必談集會結社組黨信教居住遷徙等基本人權了，這些限制，一概都是苛政。反過來看，台灣亦非樂土，只是在自由上略勝一籌而已。何以見得？只要看近年來投資卻步，工廠外移，資金出走，有錢的急著移民他國，還不是法令苛擾，不適合久居。留不住人、錢、產業。已有多位權威者警告說：這樣下去，恐將淪為菲律賓第二，我們的子孫，要到他國去作外國勞工了。

〔原文引參〕：孔子過泰山側，有婦人哭於墓者而哀。夫子式而聽之，使子貢問之曰：子之哭也，壹似重有憂者。而曰：然。昔者、吾舅死於虎，吾夫又死焉，今吾子又死焉。夫子曰：何爲不去也？曰：無苛政。夫子曰：小子識之，苛政猛於虎也。（漢、戴聖：《禮記》、檀弓下。又、漢、劉向：《新序》、卷五、雜事第五）

〔另文附錄：油燈有稅〕：唐、李茂貞，爲鳳翔節度使，賦稅煩苛，油燈皆有稅，遂不許松薪入城，恐百姓以燃松作燈光，減少油稅，故嚴禁之。時有伶人爲戲語諷之曰：擬請併禁月明。（明、蕭良有：《龍文鞭影》、初集、卷下）

## 一〇五　歧路亡羊

戰國時的學者楊朱（生卒年代不詳，但知在墨子之後，孟子之前），衛人，世稱楊子（也稱陽子）。他主張「爲我」，與墨子的「兼愛」思想對立。他的學說，散見於《孟子》《淮南子》《列子》諸書中。本篇寓言，即出《列子》，故事雖屬尋常，寓意卻很深遠。

楊子的鄰居，走失了一頭羊，除了邀集許多親人去追尋之外，又請楊子的家僮幫忙去追，想把那失羊找到。

楊子問：「嗳呀！只丟了一頭羊，幹嘛要那麼多人去追呢？」

鄰人答道：「前面的岔（音詫，兩路分叉，叫歧路）路太多了呀！」

好久，家僮回來了。楊子問他追到沒有？回答道：「羊走丟了，不見了。」

楊子問：「這麼多人去追，怎麼追不著呢？」

家僮回答說：「前面有好多分岔的路，岔路前頭又有岔路。不知道羊兒往哪條路上跑了，追尋不到，只好空手回來了！」

楊子聽了，心中起了鬱結，一臉不快之色，好久都不肯講話，整天也不見笑容。弟子們都很納悶，請問老師道：「羊兒乃是低賤的家畜，又不是你的，而且只丟失一頭，老師爲這件事弄得不言不笑，爲的甚麼呢？」

楊子說：「大道上因爲歧路太多，羊兒便走丟了，追不見了。我們追求知識學問，也往往想要貪多涉廣。如若不能專心致志，獨攻一科，而欲樣樣都學，那也會貽誤一生呀！」

〔空蒙子曰〕：本篇主旨，在「學者以多方喪生」一句。胡適曾說：「為學有如金字塔，要能廣大要能高」。話是不錯。廣大是博，精通是高。精是獨擅一門，廣是百科全懂。既博又精，那是上上，胡適得了幾十個博士學位，他做得到，我們卻難。如果自知做不來，則宜先通一門，以立其本；繼及他科，以榮其枝。但要懂得本末先後，賓主輕重。倘貪多務得，將會在歧路中再遇歧路，在學問之海中迷航，永遠找不到那隻失羊了。觀諸今日世界，複雜多樣，雖同一學源，亦可衍生出若干支派。茲舉另一寓言為例：有弟兄三人，向同一老師求學，學成了仁義之道回家，父親問仁義怎講？老大說：仁義使我愛身而後名。老二說：仁義使我殺身以成名。老么說：仁義使我全身也全名（見《列子》說符）。這三人源出一宗，卻表達互異，或係各有所偏罷？這樣如何找到真理（那走失的羊兒）？毋怪乎楊子之憂，不能釋了。

〔原文引參〕：楊子之鄰亡羊，既率其黨，又請楊子之豎追之。楊子曰：嘻，亡一羊，何追者之衆？鄰人曰：多歧路。既反、問：獲羊乎？曰：亡之矣。曰：奚亡之？曰：歧路之中，又有歧焉，吾不知所之，所以反也。楊子戚然變容，不言者移時，不笑者竟日。門人怪之，請曰：羊賤畜，又非夫子之有，而損言笑者何哉？曰：大道以多歧亡羊，學者以多方喪生。（戰國、列禦寇：《列子》、說符篇）

# 一〇六　曾參殺人

謠言殺人不見血。它的利害處是：眞假分不清，來源查不到，暗算沒法防，本人不知道。例子很多，本篇舉其一。

戰國時代，秦武王（秦始皇的曾祖父輩）命令甘茂（甘羅祖父，官任左相）帶兵去攻打韓國的宜陽（今河南宜陽縣），幾乎要出國遠征半年。甘茂耽心有人背著他對秦武王散佈誹謗的謠言，對自己不利。他臨誓師之前，假借一個寓言來增強秦武王的信任：

「從前，孔子弟子曾參（曾子，公元前五〇五—前四三六，後人尊為宗聖），住在費邑（今山東魚台縣）。費邑有個與曾參同姓同名的殺了人。有位好心人奔告曾子的母親說：『曾參殺了人！』

「曾子母親正在織布，回絕道：『我的兒子不會去殺人。』若無其事地繼續紡織。

「一會兒，又有人告訴她說：『曾參殺人了！』他母親聽到了，默然沒有答話，但仍舊操機織布。

「再過了一會，又有人警告她說：『曾參眞的殺了人了！』曾母沒法再不相信，心生懼怕，丟下織機上的梭子（繞緯線的織具，就是杼），翻過屋後矮牆，躲避開了。

「這個寓言是說：曾參本是大賢，母親也極相信他。但接連三個人都傳來壞話，弄得親生母親也害怕了。可見謠傳的殺傷力之大。如今我甘茂的賢良，絕對不及曾參；而大王你對我的信任，自也趕不上曾參之母，再則朝廷中文武百官，想要排擠我的又何止三個人？我這次遠赴外國作戰，只恐怕大王你也會丟掉機梭罷？」

秦王安撫甘茂說：「甘卿你放心好了，我不會聽信那些壞話的。」爲堅定出征信心，君臣二人，在息壤地方共相約誓。甘茂免除了後顧之憂，率師一心作戰，只打了五個月，就把宜陽攻下來了。

〔空蒙子曰〕：本篇出自《戰國策秦策》，另外《戰國策魏策》尚有「三人成虎」寓言，與本篇性質雷同，因收進篇後的【另文附錄】中，請對參合看。三人成虎，是說街市上有老虎，那根本不可能是事實，純然是無風起浪，無事生非，但後果竟是真正有小人在背後向魏王讒說龐蔥的壞話，離間終於得逞，弄到龐蔥不克再見魏王，這就十分可怕了。古往今來，積非成是，混淆黑的事例不少，有的是無心的傳播，有的是故意來栽贓，連親生慈母曾參的媽都由鎮定到懷疑終至翻牆走避，影響可真很大。列寧說：「假話說上多遍，人民就會相信是真理」。《戰國策秦策三》說：「三人成虎，十夫揉椎，眾口所移，無翼而飛」。西漢鄒陽《獄中上梁孝王書》說：「眾口鑠金，積毀銷骨」。甚矣讒言之可畏也。設身處地，誰都可能會被謠言所傷，因為我們都不是聖人，一生之中，雖有佳譽，也必會有壞評。如果別人抹殺掉我那好的一面，誇張我那壞的一面，就會形成十惡不赦，前途無亮。可歎的是背後損我，自己全然不知，冤屈難伸，連辯白的機會都沒有。「周公恐懼流言日」，就是無可奈何的顯例。此時唯有韜光養晦，終會有撥雲見日、否去泰來的一天。至於在拒絕為謠言所惑的這一面來說：如何能判別其是非真偽，不能不承認是一門很難的功課。卻還是必修之課。怎樣才可修習到深宏的智慧，凝鍊高度的定力，免除盲從和誤信呢？敬盼多讀好書，多看歷史，多增閱歷，多用思考，鑑古且觀今，對我們當有大助。

**〔原文引參〕**：秦王使甘茂伐韓之宜陽。茂恐有謗之者，謂秦王曰：昔者、曾子處費，費人有與曾子同名族者而殺人。人告曾子母曰：曾參殺人。曾子之母曰：吾子不殺人，織自若。有頃焉，人又曰：曾參殺人。其母尚織自若也。頃之，一人又告曰：曾參殺人。其母懼，投杼踰牆而走。夫以曾參之賢，與其母之信之也，三人疑之，其母懼焉。今臣之賢不若曾參，而王之信臣，又不若曾參之母，疑臣者非三人，臣恐大王之投杼也。王曰：寡人不聽也。遂與盟於息壤。（漢、劉向：《戰國策》、卷四、秦二）

**〔另文附錄之一：魯有兩曾參〕**：昔、魯有兩曾參。南曾參殺人，見捕。人以告北曾參母。（宋、吳均：《西京雜記》、秋胡篇）

**〔另文附錄之二：三人成虎〕**：龐蔥與太子質於邯鄲，謂魏王曰：今一人言市有虎，王信之乎？王曰：否。二人言市有虎，王信之乎？王曰：寡人疑之矣。三人言市有虎，王信之乎？王曰：寡人信之矣。龐葱曰：夫市之無虎明矣，然三人言而成虎。今邯鄲去大梁也，遠於市。而議臣者過三人，願察之矣。王曰：寡人自爲知。於是辭行，而讒言至。後太子罷質，果不得見魏君矣。（漢、劉向：《戰國策》、卷二十三、魏二）

（另文附錄之三：**樂羊謗書一篋**）：魏文侯令樂羊攻中山，三年而拔之。樂羊反而語功，文侯示之謗書一篋。（都是誹謗樂羊的告狀之書信）樂羊再拜曰：此非臣之功，主君之力（國君堅信樂羊忠誠，不生疑心）也。（劉向：《戰國策》、秦策）

# 一〇七　盜亦有道

春秋時代，魯國有位坐懷不亂的君子叫柳下惠（姓展名獲，又叫展禽，字季。居柳下，諡惠）。可惜的是，他有個壞弟弟，叫盜跖（音質。史記伯夷傳索隱正義作蹠），殺人越貨，無惡不作，嘯聚匪徒九千人，橫行天下，沒有人可以制服他。

有一天，盜跖的徒衆問他說：「我們當強盜的，也會合於『道』嗎？也會有『正道』要遵守嗎？」

強盜頭子盜跖慨然答道：「做任何一件事都要合於『正道』呀！我們當強盜的，別人說我們爲非作歹。但是在我們這個團體裡，哪一個動作不是合於『道』呢？譬如說：盜取別人屋內的東西，預先要準確判斷他家有沒有財物藏著，這豈不是『聖』嗎？領先第一個翻牆越壁，冒險潛行進屋，這豈不是『勇』嗎？財物盜夠了，讓同伴先走，自己最後才出來，這豈不是『義』嗎？決定時間，見機行事，判斷今天可盜不可盜，這豈不是『智』嗎？公平分贓，參加的人人有份，這豈不是『仁』嗎？以上聖勇義智仁五項準則，我們統統有了，完全合乎大『道』。這五項如果沒有齊備，而妄想要做個大盜的，天下沒有這樣便宜容易的事呀！」

〔空蒙子曰〕：聚眾結夥，強搶財物，這大前提便是大惡大錯，何敢自誇仁聖義智勇？乃是仁聖之賊也。倘人人結夥為盜，社會豈不大亂？按我國刑法，這是要判死刑的。《呂氏春秋》也引此文（見篇末【另文附錄】），開頭就說：「辨而不當論（不合於公評），信而不當理（不達於理），勇而不當義（不符正義），法而不當務（不洽於世務），大亂天下者，必此四者也」。它最後又說：「辨若此，不如無辨」。今日政治上社會上國際間人際間邪說歪論很多，黑的說成白的，錯的說成對的，無理說成有理，非法說成合法。吾人切莫被詭言所惑，誤以為造反有理，誤以為作亂的反而捧作英雄。

〔原文引參〕：跖之徒問於跖曰：盜亦有道乎？跖曰：何適而無有道耶？夫妄意室中之藏，聖也。入先，勇也。出後，義也。知可否，智也。分均，仁也。五者不備，而能成大盜者，天下未之有也。（戰國、莊周：《莊子》、胠篋）

〔另文附錄：盜跖辨道〕：辨而不當論，信而不當理，勇而不當義，法而不當務。大亂天下者，必此四者也。跖之徒，問於跖曰：盜有道乎？跖曰：奚啻其有道也。夫妄意關內中藏，聖也。入先，勇也。出後，義也。知時，智也。分均，仁也。不通此五者，而能成大盜者，天下無有。辨若此，不如無辨。（秦、呂不韋：《呂氏春秋》、十二紀、當務）

## 一〇八　半個剩桃

我們做任何事，有時會受到稱讚，說我好。有時會受到批判，說我壞。君不見：鄉下父子騎驢進城，無論怎樣遷就都難愜路人之意（請參見第九八篇），這該怎麼辦呢？本篇另是一例。

春秋時代，衛國有個彌子瑕（與孔子同時代。《孟子萬章上》說：「彌子謂子路曰：孔子主我，衛卿可得也。」），是衛君的幸臣（以嬖倖獲得寵愛）。衛靈公十分喜歡他。

衛國的法律規定：凡是未經許可，私自駕駛國君的御車外出的，要處以刖足（又叫跀足，把腳砍斷）之罪。彌子瑕的母親生了急病，別人在晚上才告訴他。他來不及稟告衛靈公（公元前五三五—前四九三在位四十三年），就假稱已獲特准，駕著御車出去請醫。衛靈公知道後，不但沒有罰他，反而讚美他道：「彌子瑕很孝順嘛，爲了母親醫病，竟連砍足都不顧了！」

又有一天，他陪同衛靈公在御果園內巡遊。彌子瑕摘了一個桃子，咬了一口，覺得桃味甜美，便把還未吃完的半個桃子給衛君嚐鮮。衛靈公又讚美道：「他很愛我嘛，爲了桃子味道好，竟然留下半個給我吃！」

到後來，彌子瑕的寵愛衰褪了，而且因故得罪了衛靈公。衛靈公提起從前的往事，責備道：「這個彌子瑕，壞透了，從來就不是個好人。以前，他曾假傳命令，偷駕我的御車出去，犯了禁令，對我不忠。又曾經拿吃剩了的半個桃子給我吃，有虧臣禮，對我不敬。我要辦他。」

由這兩事看來，彌子瑕的行爲，當初並未改變，以前原認爲是好的，以後卻反認爲是壞的。這全是由於喜歡或厭惡的心情變化所招致的兩極表現。

**〔空蒙子曰〕**：我們一生行事，如果件件都想讓人人滿意，那是辦不到的。有首民謠說：「做天難做五月天，蠶要溫暖麥要寒；種菜哥兒要雨水，採桑娘子要晴乾」。這暖寒晴雨，各有所求，哪能四樣同時如願？上天只是按正常規範運行，大家也就相安無怨了。這便是我等要效法的。《中庸》說：我行我素。就是說：作自己本份之內該作的事，不必為環境或外力的干預而遷就，這才是「真我」。人際關係，有炎涼，有厚薄，《論語顏淵篇》說：「愛之欲其生，惡之欲其死」。《孟子告子篇》說：「趙孟之所貴，趙孟能賤之」。同一行為，可毀可譽。但我仍是我，別人說我好，說我壞，我實在管不到，也不必管；聽不完，也不必聽。只要我問心無愧，就該擇善而行。唯有謹守自己的原則，真金豈怕火燒也耶？

**〔原文引參〕**：昔者、彌子瑕有寵於衛君。衛國之法：竊駕君車者罪刖。彌子瑕母病，人聞之，夜告彌子。彌子矯駕君車以出。君聞而賢之曰：孝哉！爲母之故，忘其犯刖罪。

異曰，與君遊於果園，食桃而甘，以其半啗君。君曰：愛我哉！忘其口味，以啗寡人。及彌子色衰愛弛，得罪於君。君曰：是固嘗矯駕吾車，又嘗啗我以餘桃。故彌子之行，未變於初也。前之所以見賢，而後之所以獲罪者，愛憎之變也。（戰國、韓非：《韓非子》、說難第十二。又見：漢、劉向：《說苑》、卷十七、雜言）

**〔另文附錄：趙孟之所貴〕**：「欲貴者，人之同心也。趙孟之所貴，趙孟能賤之。」朱熹注曰：趙孟，晉國之世卿，能以爵祿與人而使之貴，也能奪之而使人賤。《焦循（孟子）正義》云：晉有三趙孟：趙朔之子曰趙武，謚文子，稱趙孟。武之子曰成，成之子曰趙鞅，謚簡子，亦稱趙孟。鞅之子曰趙無恤，謚襄子，亦稱趙孟。（戰國、孟軻：《孟子》、告子章句上）

## 一〇九　卞莊子刺虎

戰國時代，魏國和韓國（都是七雄之一）互相攻戰，一年都不分勝敗。西邊就是強大的秦國，有人對秦惠王說要早去解救才好，有人說遲去才好，似乎都有理由。

秦惠王不知應如何決策才對，便詢問陳軫（音診，善於說話）的意見。陳軫反應快捷，才智高明，引個寓言，把情況比喻得簡單切要。他說：

「可曾有人把《卞莊子刺虎》的掌故告訴過大王嗎？

「從前有個勇士，叫卞莊子（春秋魯國卞邑的大夫，極有勇力，齊國害怕他，不敢侵魯。《論語憲問》也說：卞莊子之勇，可以為成人矣）。他極為神武，力可殺虎。有一天，他看到山坡上有兩隻老虎，就想直接去殺它。

「旁邊有個牧童對卞莊說：『且慢！你看這兩隻老虎正在吃牛，為了搶食好肉，一定會起爭執。爭執不下，就會相鬥。鬥到最後，力小的鬥死了，力大的也受重傷了。到那時你再去刺殺那隻傷虎，豈不是一揮劍不太費力就得了兩隻老虎嗎？』

「卞莊子認為有理，站著等候。不一會兒，兩虎果然相鬥。弱的鬥死了，強的也受了重傷。卞莊子輕易地刺死了受傷的虎，一舉而獲兩虎之功。

「如今韓魏兩國相攻，一年都不得和解，最後勢必小國敗亡，大國重傷。那時你再對傷國發兵，一役就可降服兩國。這就如同卞莊子刺虎一樣的道理呀！」

秦惠王一聽，這寓言很妙，理由也很足，說道：「好呀！等著瞧瞧再行動吧！」於是不急於去干預。果然大國殘疲了，小國破亡了。這時秦國才起兵，一舉把兩國都剋服了。

**〔空蒙子曰〕**：不是遲早之分，而是得失之別。蓋因國與國之間，只講利害關係，不甩公理正義，古今中外，一律如此。試看兩國互鬥，有如鷸蚌相爭，到頭來平白讓第三者的漁翁得利了。漁翁是不勞而獲，卞莊子還須一刺之功。「不勞」固然是世間最便宜的事，但究竟很難碰到。如能在「費力小，成功大」的原則下獲利，豈不就是事半功倍了嗎？今天我們如將這一原則移植到人際關係上，也當把牢這一點。甲單位與乙單位或老張與老李相忌相鬥，結果必兩敗俱傷。旁邊的人，會早一步勸開息爭呢？還是遲一步任他鬥垮呢？很難說了。有的人正樂於看到壞的結局，你衰他才盛，你弱他便強，你失敗了他才可以取你而代之。遇到這種情況，有人隔岸觀火，幸災樂禍。更有人落井下石，背後捅你一刀，你可得防一防呀！

**〔原文引參〕**：韓魏相攻，期年不解。或謂秦惠王早救便，或曰晚救便，秦惠王不能決，問於陳軫。軫曰：亦嘗有人以卞莊子刺虎聞於王者乎？卞莊子欲刺虎，館豎子止之曰：兩虎方且食牛，食甘必爭，爭則必鬥。鬥則大者傷，小者死。從傷到刺之，一舉必有雙虎之名。卞莊子以為然，立須（須者、等待也）之。有頃，兩虎果鬥，大者傷，小者死。卞莊子從傷而刺之，一舉果有兩虎之功。今韓魏相攻，期年不解。是必大國傷，小國亡。從傷而伐之，一舉必有兩實，此猶卞莊子刺虎之類也。惠王曰：善，卒弗救。大國果傷，小國亡。秦興兵而伐，大剋之。（漢、司馬遷：《史記》、卷七十、張儀列傳）

〔**另文附錄：鷸蚌相爭**〕：趙且伐燕，蘇代爲燕謂惠王曰：今者臣來，過易水，蚌方出曝，而鷸啄其肉，蚌合而拑其喙。鷸曰：今日不雨，明日不雨，即有死蚌。蚌曰：今日不出，明日不出，即有死鷸。兩者不肯相捨，漁者得而並擒之。今趙且伐燕，燕趙久相持，以弊大衆，臣恐強秦之爲漁父也。惠王曰：善。乃止。（漢、劉向：《戰國策》、燕策）

## 一一〇 唸佛一千遍

朋友王先生，告訴我一事，諒必非眞，但可作爲談助。他內弟柯正明，太太信佛很誠，每天早晚，都要誦唸觀世音菩薩一千遍。柯正明實在受不了。有一天，柯正明故意喊他太太的名字，太太答應，正明仍舊在喊，而且隨應隨喊，一直不停。他太太動了肝火，大聲吼道：「你這是發甚麼神經？爲甚麼不斷的叫我，喧喧嚷嚷，喊個不停，犯了甚麼毛病？」

柯正明慢慢回覆道：「我不過叫你幾分鐘，你就大發脾氣。那觀世音菩薩被你早上叫了一千遍，晚上又叫一千遍，天天如是，難道不對你厭煩嗎？」他太太便不再唸佛了。

〔空蒙子曰〕：燒一炷香，就要求福求財，叫我怎生施捨？唸千遍佛，妄想免災免禍，看你何等嘮叨！

〔原文引參〕：友人王君，告余一事，諒必不眞，然可供談助。王君內弟柯正明，妻信佛，晨夕每念觀音菩薩千遍。正明不耐。一日，呼妻名，至再至三，隨應隨呼，弗輟。妻怒曰：何聒噪若是？正明徐應曰：僅呼八九，汝即我怒。觀音菩薩，晨夕被你呼千遍，安得不怒汝耶？其妻遂止唸佛。（清、朱秋雲：《秋暉雲影錄》）

# 一一一 請東越王救溺

戰國時代，有位哲學家惠子，名施（曾為梁國宰相，善辯），與莊子很友善，留下了很多寓言故事。

有一次，惠子家裡太窮，餓了好幾天了，沒有米來炊火做飯。不得已，只好去見梁王，希望能得些幫助。

梁王說：「好呀，小事一樁嘛！這樣好了：今年夏季的麥子快要成熟了，到時割下送給你，可以罷？」

惠子說：「我這次來見你時，在半路上，正遇到大小河流都在漲水，有個人掉進河裡，隨水沉浮，呼喚我救他。

「我說：『我不會游泳。這樣辦罷，待我爲你去見東越王（勾踐的後裔為東越王，在浙閩地區），請他選派精於游水的好手來救你，可以罷？』

「那個溺水的人叫道：『我現在只要抓到一隻瓢杓（剖開瓠瓜的硬殼就成為兩片盛水的瓢），借著它的浮力就可活命了。如果等你向東越王告急，再讓他挑人來救我時，還不如到這河裡深淵之下、魚龍腹中來找我的好呀！』」

〔空蒙子曰〕：《拍案驚奇・卅三》一書說：「此正是急驚風遇到了慢郎中」。飽人不知餓人饑，真是哭笑不得。惠子幾天沒有炊飯，希望有斗升之米延命就可以了，但關鍵是必須立即伸出援手。事後的許諾雖豐，由於緩不濟急，沒有幫助。大凡以自己之所餘，濟他人之不足，在我並無大損，在人則靠它存活，因而救人一命，可謂善莫大焉。與本篇性質相同的寓言，還有莊子的「涸轍鮒魚」，也錄附同參。

〔原文引參〕：惠子家窮，餓數日，不舉火，乃見梁王。王曰：夏麥方熟，請以割子可乎？惠子曰：施方來，遇群川之水漲，有一人溺流而下，呼施救之。施應曰：我不善游，方將爲子告急於東越之王，簡其善遊者以救子，可乎？溺者曰：我得一瓢之力則活矣。子方告急於東越之王，簡其善游者以救我，是不如求我於重淵之下、魚龍之腹矣。（晉、苻朗：《苻子》）

〔另文附錄之一：涸轍鮒魚〕：莊周家貧，故往貸粟於監河侯。監河侯曰：諾，我將得邑金，將貸子三百金，可乎？莊周忿然作色曰：周昨來，有中道而呼者，周顧視，車轍中有鮒魚焉。周問之，曰：鮒魚來，子何爲者耶？對曰：我東海之波臣也。君豈有斗升之水而活我哉？周曰：諾、我且南遊吳越之王，激西江之水而迎子，可乎？鮒魚忿然作色曰：吾失我常與，我無所處。吾得升斗之水然活耳，君乃言此，曾不如早索我於枯魚之肆。（戰國、莊周：《莊子》、外物）

〔另文附錄之二：莊周貸粟於魏文侯〕：莊周貧，往貸粟於魏文侯。曰：待吾邑粟之來而獻之。周曰：今者，周之來，見道傍牛蹄中有鮒魚焉，太息謂周曰：我尙可活也。周曰：須我爲汝，南見楚王，決江淮以漑汝。鮒魚曰：今吾命在盆甕之中耳，乃爲我見楚王，決江淮以漑我，汝則求我枯魚之肆矣。今周以貧，故來貸粟，而曰：須我邑粟來也而賜臣。即來，亦求臣傭肆矣。文侯於是發粟百鍾，送之莊周之室。（漢、劉向：《說苑》、卷十一、善說）

## 一一二　賭本多的常勝

殘唐五代時（唐末的梁唐晉漢周五朝），後周的建國者叫郭威（九〇四—九五四，死後尊為後周太祖，又稱後周高祖）。他在未稱帝之前，在後漢朝中，官任樞密使，奉派領兵，去討伐叛將李守貞（為河中節度使，叛漢）。

這時候，前任宰相馮道（八八二—九五四，他歷任唐晉漢周四朝十君）退休養老，住在河陽（在河南省）。郭威這次出兵，經過馮道的郡邑，便去拜訪他，同時請教用兵之策。

馮道開口就問他說：「你懂賭博嗎？」

郭威年輕時，出身微賤，耍過流氓無賴，也很喜歡賭博。如今官居一品，以爲馮道提起當年往事，有意揿他的底牌，一時怒起，臉色也變了。

馮道解釋說：「這個賭錢的譬喻，和用兵是相通的，你可不要誤會。大凡賭博的人都知道：錢多的就常勝，錢少則常敗。不是他的賭博技巧差，其所以輸錢，乃是氣勢不如人之故。今天你統合全國兵力，去

攻一座孤城，只要比一比兩邊士卒的多少，輸贏就可斷定了，這不是擺明了嗎？」

郭威本精賭術，一聽之下，恍然大悟。他徵發了五個縣城的兵丁，建構了三個兵寨，互相支援，圍困敵城，打的是消耗戰。每次李守貞出兵交鋒，常有三四成的傷亡。經過一年多，城內士卒所餘無幾，兵源無法補充，而糧食也耗光了，郭威便把叛城攻下了。

〔空蒙子曰〕：這位退休的馮道先生，想必也是個好賭之徒，而且富於心得。郭威（未來的周太祖）出師平亂，向馮道請教用兵之策，一個是前任宰相，一個是當今樞密使，何話不好講？卻談起「賭經」來了。但這一談，反而言簡意賅。兩人都精賭術，一說就通。原來在賭場中，錢是壯膽的。賭資充足，便不會分心掛念賭本夠不夠的問題，即使小輸，不會損傷元氣，仍可專注在賭技上。該拼的時候，大膽下注，氣勢如虹，一次大贏，可抵多次小輸還有餘。至若賭本不足時，便會畏首畏尾，唯恐輸兩次賭本賠光了，沒錢玩了。膽子既弱，便不敢放手一搏，該贏時不敢贏，以致常常打敗仗者，氣勢不如人也。郭威鬥李守貞，便是消耗對方的賭本，李軍的士兵日有死傷，賭本漸變漸少，等到所剩不多時，便保不住了，城被攻破了。賭博本非正道，今賭經竟也可以用於作戰，歪論引上了正途，該是「孫吳兵法」的外一章吧？岳飛說：「運用之妙，存乎一心」。就看你如何施為耳。

〔原文引參〕：後周太祖郭威，後漢時爲樞密使，率兵擊李守貞。是時，馮道罷相，居河陽。威出兵，過道家，問策。道曰：君知博乎？威少無賴，好蒲博。以爲道譏己，艴然而怒。道曰：凡博者，錢多則多勝，錢少則多敗。非其不善博，所以敗者，勢也。今合諸將之兵以攻一城，較其多少，勝敗可知矣。威大悟，乃發五縣兵丁，以連三柵。守貞出兵，常失十三四。如此逾年，城中兵無幾，而食又盡，威攻而破之。（宋、歐陽修：《新五代史》、卷五十二、雜卷第四十）

**（另文附錄之一：章得象一夕輸錢三十萬）**：宋、章得象好學，美姿表，爲人莊重。楊億以爲有公輔器，薦之。章得象嘗與楊億戲博（賭錢）李宗諤家，一夕負錢三十萬，而酣寢自如。他日博勝（贏了），得宗諤金一奩，數日博又負（輸了），即反奩與宗諤，封識未嘗發也。其度量宏廓如此。（元、脫克脫：《宋史》、章得象傳）

**（另文附錄之二：李安民五擲皆勝）**：南齊明帝大會新亭，勞接諸軍，主摴蒱（擲骰賭錢，皇帝做莊）官賭。安民五擲皆盧（五顆骰子都出黑點曰盧，是最勝之采，安民連贏五次）。帝大驚，目安民曰：卿面方如田，封侯狀也。安民少時貧窶，有一人，從門過，相之曰：君後當大富貴，與天子交手共戲。至是，安民尋此人，不知所在。（南朝梁：蕭子顯：《南齊書》、李安民傳）

## 一一三 眞山雉假鳳凰

世問本無鳳，野雉來冒充；訛語傳全國，弄假竟成眞。

楚國有人擔著山雉（就是野雞，體毛閃彩，形態麗美，尾羽長）進城去賣。路上有人問他：「這是甚麼鳥？」

擔山雉的人騙他說：「這是鳳凰（傳說中的鳥，大家都未見過。毛兼五色，象徵祥瑞。《書經・益稷》說「鳳凰來儀」。《論語・子罕》說「鳳鳥不至」）。」

路人問：「我聽說鳳凰是世上最美的鳥，今天竟然眞的看到了，算我的運氣好。你這鳳凰賣不賣？」

「賣呀！」

路人出價十金，賣鳥的人敖價錢，不肯。路人加倍，出二十金，才肯賣給他。路人買下此鳥，乃是打算獻給楚王的。

可是很不幸，過了一晚，鳥兒死了。這位路人倒不可惜買鳥的大筆金錢白費，而只可惜未能將鳳凰獻給楚王，一連許多天，都惋惜不已。他這番美意，被遠近傳開了，都以爲是隻眞鳳凰，而且是誠心準備獻給楚王的，大家都稱讚他的誠敬。

最後，這個傳聞給楚王聽到了，很感謝這位好心國民的一片摯意，便將他召來皇殿，厚厚的賞賜他，竟然超過了原來買鳥價値的十倍。

〔空蒙子曰〕：俚詞調寄《憶江南》：真山雉，騙說是鸞凰。兩倍價錢求到手，鳥亡
無計獻荊王，情摯百金償。

〔原文引參〕：楚人擔山雉者，路人問：何鳥也？擔山雉者欺之曰：鳳凰也。路人曰：我聞有鳳凰，今直見之。汝販之乎？曰：然。路人出十金，弗與。請加倍，乃與之。將以獻楚王，經宿而鳥死。路人不遑惜金，唯恨不得以獻楚王。國人傳之，咸以爲眞鳳凰，欲以獻王。遂聞於楚王，王感其欲獻於己，召而厚賜之，過於買鳥之金十倍（戰國、齊、尹文：《尹文子》、大道上）

〔另文附錄之一：淳于髡獻鵠〕：淳于髡獻鵠於楚，道失其鵠。徒揭空籠，詐辭見楚王曰：臣來獻鵠，過於水上，不忍鵠之渴，出而飲之，去我飛亡。吾欲刺腹而死，恐人之議吾王也。吾欲買鳥代之，是欺吾王也。欲赴他國奔亡，是痛吾兩君不通也，故來叩頭受罪。楚王曰：齊有信士若此哉！厚賜之，財倍鵠在也。（司馬遷：《史記》、卷一百二十六、滑稽列傳）

〔另文附錄之二：齊使獻鴻〕：齊使獻鴻（就是鵠，又稱天鵝）於楚王，鴻渴，使者飲鴻，鴻飛而失。使者見楚王曰：臣獻鴻，鴻道飲，飛而失之。臣欲亡，爲失兩君之使之不通。欲拔劍而死，人將謂吾君賤士貴鴻也，願領罪。王賢其言，留而賜之。（韓嬰：《韓詩外傳》、卷第十）

# 一一四　陰間寓言書館

清代朱秋雲（一八六二—一九二九），號桂公，行五，湘潭人。通經史，撰有《秋暉雲影錄》。因見清政不綱，國勢衰弱，未應科舉。又以妻蕭氏多病，中年後居家日多，照顧弱妻，及督課童齡長孫習字。每日抽驗孫兒大字二張，小字一張。用紅筆圈勾優劣，滿意即獎以銅幣數枚，以示鼓勵。

朱原擬創辦一新制學堂，自任學監，幾經覓地集款，迄未如願而罷。晚年以才未用世為憾，其「自輓」聯上片寫道：「說甚麼浮名虛利，說甚麼裕後光前，半生勞碌枉奔波，建樹毫無，負我負人負孫子」，含壯志未酬之意。

朱秋雲喜讀。一晚，重溫《山海經》（多神話靈怪故事），疲倦了，他闔上書本，暫且假寐。恍惚間覺得身軀變為輕捷，出入不必經由門戶，且可虛空飄浮，任意所之，不覺進入陰間，所見的和陽世間並無兩樣。

他在懸浮游蕩之際，不經意穿入思賢學院的書室，有一人獨睡床上，那枕頭兩端透空，枕中似乎有物。朱秋雲一時好奇，就將自己身子縮小，從枕端昂首大步跨入探看，只見空枕中僅是平放了一大册攤開的《漢書》，並無別物。他從枕中出來，使身體恢復原狀。再對睡覺的人審視，竟認出這人就是同縣已故的文友王闓運兄（即王壬秋，撰有《湘軍志》《湘綺樓文集》等），不禁低喚道：「怎麼這麼巧？在這裡碰到好朋友了？」

這時王闓運也醒了，見到老友朱秋雲在旁，大喜，說道：「我雖然已入鬼籍，但察覺陰間的文風不盛，原因是此間不辦科舉考試，才學無用。不過我仍喜歡讀書。我把書冊攤開放進枕頭裡陪我睡覺，讓腦內記憶細胞與書本接近，腦象會幫助記憶。如此睡上幾次後，書本就熟記了。這就是我吸收知識的祕訣。」

在交談之間，身邊陡然又顯現一人。在陰間，出入不必經由門戶，幽靈可以自由顯身，自由隱沒。兩人一看，來的竟是紀曉嵐（即紀昀，督修《四庫全書》，撰有《閱微草堂筆記》等）。他是來邀王闓運在今晚夜半子時，前往奈河橋畔的望鄉臺樓上開會。由於陰間活動，多在晚間進行，夜半集會，時辰本最適合。紀看到朱也在旁，就說朱亦是奉邀的對象之一，正好一齊出發。

於是三人同往，紀曉嵐和王闓運本是靈魂，往來方便。朱秋雲此時就縮身變成一隻適合夜間飛行的小蝙蝠，體已極輕，他用足爪鉤牢王闓運頸後的衣領邊，倒身掛在後背上，全不礙事。紀王兩人連袂騰空而起，共趁高風，剎時就到了望鄉臺，進入樓上大廳，已有多人在座了。

朱秋雲掃瞄全場，認識的有東方朔、淳于髡、廣成子、優孟、阮籍這些名人在場，而莊周、惠施、列禦寇則另坐於榮譽指導席。集會主題是：爲提升陰界文化涵養，特發起建立一座陰間寓言圖書專館，收集新的寓言，鼓勵大家努力創作，並於每年陰曆七月十五日，對新創特優寓言頒發「閻羅獎」，位階等同於陽世的諾貝爾獎。會中要訂立規章，並共推王閻運撰寫新創寓言之徵文公告，以拓廣寓言來源。

討論正進入白熱之際，突然有個白無常長舌大鬼，率領衆多鬼卒，分從屋樑牆壁及門窗透入，喝道：不准動！奉閻羅王命令，有奸細擅自潛入陰府，妄謀暴動，特來嚴查云云。在場者唯有朱秋雲是外界人，鬼簿上無名，確是偷入，如非主犯，也是從犯無疑。鬼卒把他綁銬，打入囚車，直駛油鍋地獄。用長叉叉起，抛入滾沸熱油中。朱驚駭而醒，只見一燈熒然，天尚未白。

〔空蒙子曰〕：這篇多係虛構。大凡從事筆耕者，都很辛苦。司馬光撰《資治通鑑》，進呈御覽，自謂一生精力，盡瘁於斯。原稿堆集兩屋，無一字潦草，共費十九年才成（見《宋史》司馬光傳）。左思寫《三都賦》，門庭藩溷，各處都擺紙筆，得句就記，賦成後競相傳抄，洛陽紙貴，但他構思了十年（見《晉書》左思傳）。這些算是辛勤而受到肯定的了。至於曹雪芹撰《紅樓夢》，時間花了十年，先後增刪五次。生前無人欣賞，沒有機會出版。他困居北京，靠友朋接濟度日，潦倒極了（該書原名《石頭記》，後人改稱《紅樓夢》）。再有那與日本首相伊滕博文一同留學英國考第一名的嚴復，回國後，國家不識才，他蝸居上海租界一小閣樓中，靠譯西書勉強餬口（他翻譯了《法意》《原富》《天演論》等大著）。此外請看二〇〇〇年諾貝爾文學獎得主高行健，他的得獎作《靈山》一書，獎後才暢銷，獎前的十年中，賣出不到一千本（功利社會中，文學書籍不受青睞）。又筆者曾請問一位今代巨擘，知他一生就是一部近代史，何不寫下出書？他說：已經出版了，但沒人買，也不好見人就送（這些辛勤實例，徒喚奈何）！暢銷書不是沒有，但其他的多數作家則必要自甘淡泊，忍耐寂寞才行（書籍定歸不是商品）。反之，災梨禍棗之作，自也不少，本書也算其中之一吧？不過，寓言乃是言語中的精芒，亦是漢藥中的甘草，言近而旨遠，深入卻淺出，應可裨益人心。故筆者不避譾陋，黽勉輯譯，盼能略盡「寓」莊於趣，「言」皆合義，「新」語解頤，「話」中寄意之微旨。只是力薄才疏，尚祈高明詧鑒。

〔原文引參〕：朱秋雲，耽經史，撰有秋暉雲影錄。朱嗜讀，某晚，閱山海經，覺倦，釋書假寐。恍惚身體輕小，浮游無礙。不覺飄入陰府，任其所之，竟穿入思賢書院之書室。見一人獨臥，其枕中空，中似有物。朱將身軀縮小，步入枕內遊觀，見枕中平放漢書一巨册。出枕後恢復原形，審視間，認出臥者乃同邑亡友王闓運也。王亦醒，見朱，甚喜。告以雖入鬼籍，仍極用功。置書枕中，臥之數次，即可熟記，此乃其吸納書旨之祕訣也。交談間，故人紀曉嵐飄然進入，請王即赴奈何橋畔之望鄉臺開會。蓋陰間集會，夜半正是良辰，而朱亦恰爲受邀者之一。三人同往，紀王因係靈魂，本無重量，朱乃縮身爲幼蝙蝠，亦極輕小，三人連袂，共趁高風，剎時即至，則多人在焉，有東方朔、淳于髡、廣成子、優孟、阮籍等，而莊周、惠施、列禦寇則列榮譽指導席。討論成立一陰間寓言圖書專館，收集新創寓言，每年七月十五日，對新作特優寓言頒發閻羅獎。並推王闓運撰徵集新寓言之公告，以廣其源。正熱烈討論間，忽有無常率鬼卒多人闖入，曰奉閻羅命，清查奸細。唯朱係外來人，鬼簿無名，係偷入者。乃將朱綁銬，打入囚車，逕駛油鍋地獄，以長叉叉起，拋入滾油中。朱驚駭而醒，唯見一燈熒然，天尚未白也。（清、朱秋雲：《秋暉雲影錄》）

英國文學家約翰密爾說：

「從來沒有人真正付足書價——他所付的僅僅是印刷費而已。」

"No one ever really paid the price of a book — only the price of printing it."

——*John Mill*

# 書名索引

十六畫



十七畫



十八畫



十九畫以上

# 人名索引（數字代表篇章）

國家圖書館出版品預行編目資料

寓言新話 / 朱培庚編著. -- 初版. -- 臺北市: 文史哲,民 90

面; 公分. --(文學叢刊 ; 119)

ISBN 957-549-357-5 (平裝)

856.8 90006030

# 寓言新話

編著者：朱 培 庚

出版者：文 史 哲 出 版 社

登記證字號：行政院新聞局版臺業字五三三七號

發行人：彭 正 雄

發行所：文 史 哲 出 版 社

印刷者：文 史 哲 出 版 社

臺北市羅斯福路一段七十二巷四號

郵政劃撥帳號：一六一八〇一七五

電話 886-2-23511028・傳真 886-2-23965656

售價新臺幣三六〇元

中 華 民 國 九 十 年 四 月 初 版



ISBN 957-549-357-5